김호

서울대학교 국사학과를 졸업하고 동 대학원에서 「허준의 동의보
감 연구」로 박사학위를 받았다. 서울대학교 규장각한국학연구원
책임연구원과 경인교육대학교 사회교육과 교수를 거쳐 현재 서울
대학교 아시아연구소에 재직 중이다. 조선의 통치 시스템과 위기
극복의 역사에 관심을 기울이면서 미래 지향의 한국학을 모색 중
이다.

저서로 『허준의 동의보감 연구』, 『조선 왕실의 의료문화』, 『조
선의 명의들』, 『정조의 법치』, 『정약용, 조선의 정의를 말하다』,
『100년 전 살인사건: 검안을 통해 본 조선의 일상사』, 등이 있고
『신주무원록』, 『다산의 사서학』(공역) 등을 우리말로 옮겼다.

KB108810

평 허
겯 준

許浚

허준

평전

네 얼굴의
유의

김 호

민음사

평전 원고를 탈고했다. 오래된 글 빚을 갚아 홀가분하면서도 오히려 더 큰 숙제를 부여받은 느낌이다. 20여 년 전 『동의보감(東醫寶鑑)』을 주제로 박사학위 논문을 작성한 후 다시 한번 『허준 평전』 집필에 도전했다. 쉽지 않았다. 무언가 새로운 내용이 없다면 아니 쓴만 못하다. 그럼에도 이 책을 쓰기로 마음먹은 이유는 조선 시대에 대한 필자의 연구와 생각이 예전과 많이 달라졌기 때문이다.

여전히 조선을 평가하는 주된 견해는 근대화에 실패하고 나라를 빼앗긴 무능한 국가라는 면이 우세하다. 부정적인 평가의 핵심에는 성리학(유학)에 골몰한 나머지 주체적인 사유 체계를 고안하지 못한 점, 정치적 이익을 추구하느라 민생을 돌보지 않은 지배층에 대한 비판이 크게 자리 잡고 있다. 백성들의 삶을 개선하려던 실학(實學)은 조선 후기에나 성행했으니 그 이전은 이른바 허학(虛學)의 시대에 불과했다. 아무리 퇴계 이황과 율곡 이이의 학문을 논의하고, 공존을 위한 붕당 정치의 숙고(熟考)를 강조한다 해도, 조선의 절반 이상을 암흑의 시기로 규정하고 나면 돌아볼 것이 별로 남지 않는다.

과연 조선 300년을 허학의 시대로 규정해도 좋을까? 조선은 신분을 세습하는 양반들만의 나라였을까? 조선 정부는 지배층의 안위를 고려할 뿐 백성의 삶에는 무관심했을까? 허준과 그의 시대가 흑백이 갈라지듯 어두웠다면 굳이 이 책을 쓰지 않았을 것이다. 허준은 양반 가문의 후손이지만 서자 출신이었고, 문·무과 합격자가 아니라 천거로 내의원에 입성한 의원이었다. 그의 학문은 성리학을 넘어 도가와 불교를 출입했고, 누구보다 고거(考據), 즉 실증의 중요성을 강조했다. 그는 조선의 의료 전통을 존중하면서도 새로운 의학의 도입을 주저하지 않았으며, 오래된 풍속의 편안함을 인정했지만 믿기 어려운 미신들을 배격했다. 특히 인간과 자연에 대한 깊은 이해를 바탕으로 각종 질병과 뜻하지 않은 역병의 발생을 합리적으로 설명하고자 했다. 임란이라는 국가 위기 속에서 백성의 구급을 위한 다양한 실용서가 필요했고 허준은 그 일을 도맡았다. 그의 평생은 유의(儒醫)로서의 공공(公共)의 삶이었으며 그의 학문은 공공을 위한 이용후생학이자 실학이었다.

필자는 무실(務實)을 지향한 허준의 일생을 '네 가지 얼굴'로 그리고자 했다. 허준과 교류했던 당대 학자들이나 도가의 양생에 심취했던 이들, 조선의 물산(物産)을 실증해야 했던 시대적 과제 등 허준과 그의 학문에 직간접적으로 영향을 주었을 배경과 인물들을 다루었다. 또한 허준의 최고 업적인『동의보감』편찬의 의의를 조선의 역사적 맥락에서 평가하고자 했다. 특히 한 번도 상상해 보지 못했던 코로나 팬데믹을 직접 겪으면서, 노성한 칠순의 의학자가 새로운 역병을 관찰하고 연구하는 모습을 존경스럽게 보지 않을 수 없었다.

　다양한 사료를 탐구하고 글 쓰는 일을 업으로 삼은 지도 수십 년이 되었다. 그럼에도 여전히 익숙해지지 않는 것은 기분 탓일까? 해가 갈수록 탈고 후에 뿌듯함보다 무언가 미진함이 남는 이유는 무엇일까? 아마 연구의 시간이 오랠수록 더욱 좋은 글을 써야 한다는 부담감 때문이 아닐까 싶다. 의미 있고 통찰의 깊이가 더한 글을 쓰려는 의지가 샘솟을 때마다 주변의 동학(同學)들에게 고마운 마음이다. 논문 한 편, 책 한 권을 마무리할 때마다 이들의 소중함에 절로 머리가 숙여진다. 10여 년 이상 함께 공부해 온 지성사 세미나 팀원들에게 마음속 깊이 감사드린다. 글 쓰는 동안에 직장이 바뀌기도 했다. 오래 근무한 대학을 떠나 새로운 환경에 적응하는 것이 쉽지만은 않았지만 연구소의 새로운 동료 학자들은 기왕의 연구를 보다 넓은 시야로 확장할 수 있도록 격려해 주었다. 이 기회를 통해 감사드린다. 하염없이 원고를 기다려 준 경기문화재단과 민음사에 다시 한번 사과의 말씀과 진심의 감사를 전한다. 마지막으로 오랜 학문적 동지인 김지영의 한결같은 지지에 큰 힘을 얻었다고 고백한다. 함께한 시간이 증명하듯 눈빛만 보아도 직감이 온다. 두 딸 또한 장성하여 이러저러한 주제로 갑론을박이 많아졌다. 점점 글쓰기가 어렵지만, 나아질 때까지 계속할 생각이다.

2024년 새해를 맞으며

김호

차례

일러두기

이 책의 1장 '역사 속의 허준'은 필자의 『허준의 동의보감 연구』(일지사, 2000)의 2장 '허준의 생애와 동의보감 편찬'을 새로 밝혀진 자료를 반영하여 재서술했으며, 4장의 '1612년 온역 발생과 『신찬벽온방』'은 필자의 「1612년 溫疫 발생과 許浚의 『新纂辟溫方』」(《조선시대사학보》 74, 2015)을 평전의 취지에 맞추어 재정리하여 수록했음을 밝힌다.

　근래 몇 년간 우리는 한 번도 경험해 보지 못한 팬데믹(역병)의
재앙을 겪었다. 감염에 대한 우려로 불편한 마스크를 감수함은 물론
이고 수차례에 걸친 예방 접종, 외부 활동과 단절하는 고립을 실천했
다. 자의 반 타의 반으로 이루어진 사회적 격리로 인간이라면 누려야
할 관계 형성의 의지마저 꺾이고 만 것은 아닌지 우려스러울 정도였
다. 물리적인 단절은 유지하더라도 서로에 대한 호혜의 마음을 어떻
게 북돋울지 고민하지 않을 수 없는 상황이 이어졌다. 아울러 팬데믹
의 예방 및 치료와 관련하여 의료 공공성의 중요성을 더욱 실감하는
시간이기도 했다.

　『허준 평전』의 집필을 준비하고 자료를 정돈하는 동안 역사 속
에서나 접했던 역병의 시기를 몸소 겪게 되자, 평전의 방향도 상당
히 수정될 수밖에 없었다. 사실 그동안 허준은 무엇보다 『동의보감』
의 저자로 우리에게 익숙한 인물이었다. 그런데 그의 일생을 들여다

보면『동의보감』이외에도『언해두창집요(諺解痘瘡集要)』,『언해구급
방(諺解救急方)』및『언해태산집요(諺解胎産集要)』와 같은 일상의 구급
의서는 물론, 말년에는『신찬벽온방(新纂辟溫方)』과『벽역신방(辟疫神
方)』등 역병 의서를 연구하고 집필하는 데도 상당한 시간을 보냈다.
이러한 감염병 연구자로서 허준의 면모는『동의보감』의 저자 허준의
명성에 가려 널리 알려지지 않았다.

  이번 기회에 필자는 허준의 면모를 조금 더 다양하게 묘사해 보
려 했다. '네 얼굴의 유의'라는 다소 극적인 제목을 설정하여 허준의
생애를 다각도로 살펴보고자 한 이유이다. 상상도 못 했던 코로나 역
병을 현실에서 맞닥뜨리면서, 400여 년 전 역병 극복에 헌신했던 허
준의 실천을 조금 더 부각하고자 했다.

  전 인류의 역사를 통해 다양한 질병들과 대규모의 역병 유행은
많은 사람의 삶을 끊임없이 괴롭히는 주요한 요인이었다. 팬데믹의
피해는 이루 말할 수 없을 정도였다. 조선 시대라고 예외는 아니었
다. 500년 역사 내내 여러 가지 역병이 다발했고 많은 사람이 희생되
었다. 운 좋게 살아남은 자들도 고통의 트라우마를 끌어안은 채 어렵
사리 삶을 이어 갈 수밖에 없었다.[1]

  무엇보다 국가는 의약학 지식을 정리하여 인민들에게 보급할 필
요가 있었다. 동시에 각종 약재를 지방에 공급할 책임도 있었다. 더
많은 이들에게 의료 혜택을 주려면 가능한 한 향약(鄕藥)을 널리 유
통시켜야만 했다. 선초(鮮初)부터 각 도(道)의 한두 군데를 정해 의국
(醫局)을 설치한 후 지방의 약재를 중앙에 납입하도록 하고 이를 다

시 지방에 재분배한 이유가 여기 있었다. 의국에는 중앙의 의료 기관에서 심약(審藥)이 파견되어 중앙에 보내는 약재를 검사하는 동시에 지방민의 의료 요구에 부응하여 각종 구급에 필요한 약물들을 제조했다. 일부 향촌 사족들은 지방 의국에서 유의로 활동하기도 했다. 유의는 사서삼경과 같은 유학의 기본 경전을 공부했지만 과거에 응시할 수 없는 서자이거나 과거에 합격했지만 이러저러한 이유로 출사를 포기하고 지방에서 의약의 인술(仁術)을 베풀던 지식인이었다. 알려진 대로 허준 역시 경전과 역사서에 밝았지만, 서자라는 신분 때문에 일찍이 과거를 접고 의술을 연마하여 경향에 이름을 날린 유의 중 한 사람이었다. 각 지역의 지방관들은 사족의 자제들 가운데 유의가 될 만한 사람들을 골라 지방에서 활동할 의생(醫生)을 양성하기도 했다.

의학 지식의 보급은 더욱 절실했다. 의학 지식의 확산은 의약학 정보의 수집과 편찬 사업과 맞물려 있었다. 선초에 간행된 『의방유취(醫方類聚)』나 『향약집성방(鄕藥集成方)』과 같은 거질의 의서는 여말 선초의 의학 지식을 집대성할 계획으로 정부 주도하에 편찬되었다. 거질의 의서는 많은 의약학 정보와 지식을 담고 있었지만 정작 지방 의료 현장에서는 활용이 어려웠다. 쉽게 사용할 만한 간편 의서와 구급방이 필요했다.

1489년에 간행된 『구급간이방언해(救急簡易方諺解)』가 좋은 실례다. 서문을 쓴 허종(許琮)은 "우리나라는 조종을 이어 백성을 보호하고 기르는 데 힘쓰지 않은 바 없으니 특히 의술에 뜻을 두어 수집하고 정리한 바가 많았다. 『의방유취』는 이미 의가(醫家)들이 크게 이룬 바를 수집했는데, 번거로운 것을 깎고 핵심만을 정리한『향약제생방(鄉藥濟生方)』과『구급방』등이 있으나 간혹 취사선택이 정밀하지 못하며 상세하고 소략함이 적당치 않아 사용하기가 불편했다. 임금이 이를 걱정하여 민생을 돕고 병을 치료하는 용도에 맞게 의서를 만들고자 널리 뽑되 간략히 정리하여 민생과 치병의 쓰임에 편리하게 하도록 했다. 병은 중요한 것들을 취하되 급한 것을 우선하고, 약은 적게 하되 구하기 쉬운 것에 힘썼다. 내용은 반드시 정밀하게 해서 소략하지 않았으니 이를 언해하여 사람들이 쉽게 알도록 했다. 책을 완성하니 무릇 8권 127문으로『구급간이방(救急簡易方)』이라 이름했다. 다량으로 인출(印出)하여 각 도에 나누어 주고, 널리 배포하여 집집마다 천금(千金)의 비결로 삼아 사람마다 큰 효과가 있도록 했다. 사람들이 조금이라도 괴로운 바가 있으면 방방곡곡 돌아다니며 묻고 다닐 필요 없이 부녀자나 아동이라도 책을 열고 처방을 검토하면 치료법을 확연히 알게 되고 쉽게 구할 수 있는 약재로 목숨을 이을 수 있었다.”라고 강조했다.[2] 서문을 보면 왜 간이한 의약학 정보를 담아 사용하기에 편리한 의서가 필요한지 그 취지가 잘 드러나 있다.

간편 의서를 편찬한 주체는 백성을 직접 대면하는 지방관들이었다. 조선 전기 이후 국가 차원의 대규모 의서 간행 사업을 제외한 상당수 구급방이나 역병 의서의 간행은 팔도의 관찰사 이하 군현 지방관들의 몫이었다. 1423년(세종5) 전라도 창평 현감 박흥생(朴興生)은 자신의 경험을 토대로 목민관을 위한『촬요신서(撮要新書)』를 편찬한 바 있다. 책의 상당 부분이 일상의 구급방에 관한 내용이었다. 단방(單方) 위주로 정리하여 관내 백성들에게 도움을 주려 한 것이다.[3] 이

보다 몇 년 앞선 1417년(태종17) 경상도 의흥 현감 최자하(崔自河)는 자신이 소장하던 『향약구급방(鄕藥救急方)』을 중간(重刊)했다. 이른바 조선 판본 『향약구급방』의 간행이었다.

1487년(성종18) 경상도 관찰사 손순효(孫舜孝)는 전순의(全循義)가 세조의 명을 받아 편찬한 『식료찬요(食療撰要)』를 상주에서 재간하여 관할 지역에 배포했다. 1497년 의성 현령 이종준(李宗準)은 까치무릇을 이용한 구급방으로 많은 이들의 목숨을 구했다. 『신선태을자금단방(神仙太乙紫金丹方)』으로 알려진 이종준의 처방은 원래 중국 명나라의 주권(朱權, 1378~1448)이 지은 『활인심법(活人心法)』에 수록된 옥추단(玉樞丹)에서 유래했다.[4]

의서 간행은 어진 정치[仁政]의 주요 수단이었다. 1498년(연산군4) 홍귀달(洪貴達)은 『구급이해방(救急易解方)』 언해를 간행하면서 '의료야말로 어진 정치[仁術]의 방편'임을 강조했다. 16세기에도 지방관들의 의서 간행은 계속되었다. 1541년 전라도 관찰사에 부임한 안현(安玹)은 명나라의 『활인심법』을 조선의 판본으로 간행했고, 기묘사화로 경기도 고양에 은거하다가 1538년(중종33) 전라도 관찰사에 복귀한 김정국(金正國, 1485~1541)의 첫 번째 사업은 향촌 백성들을 위한 『촌가구급방(村家救急方)』의 출판이었다.[5] 지방관의 공공 의료 사업에 호응하여 향촌의 유의들도 자신의 경험을 의서로 집필했다. 16세기 초 영주 의국 제민루(濟民樓)에서 활동했던 이석간(李石澗, 1509~1574)은 의료 경험을 모아 『이석간경험방(李石澗經驗方)』을 세상에 내놓았다.[6] 1559년 전라도 정읍에서는 유의 임언국(任彥國)의 『치종방(治腫方)』이 출판되었다. 당시 전라도 관찰사였던 안위(安瑋)

는 사라진 것으로 알려진 임언국의 종기 치료법을 수소문 끝에 정읍에서 발굴하여 간행했다. 안위는 의학과 구황법에 관심이 많았던 지방관이었는데 이미 침술에 뛰어난 임언국이 수천 명의 목숨을 살려낸 사실을 알고 있었다. 임언국은 정읍 출신으로 종기를 앓던 어머니가 위독하자, 영은사(靈隱寺)의 스님으로부터 침술을 전수받아 모친의 병을 치료한 효자였다. 그는 스스로 침술의 묘법을 터득하여 어떤 환자이든 시술하여 낫지 않는 경우가 없었을 만큼 솜씨 좋은 유의로 이름을 떨치고 있었다. 심지어 죽은 사람마저 침을 놓아 살려 냈다는 소문이 돌자, 정부에서 그를 예빈시로 불러들여 주부(主簿)의 직함과 녹봉을 주며 많은 환자들을 치료하도록 했다.[7] 흥미롭게도 안위는 자신의 동생인 좌의정 안현이 내의원 어의(御醫)들과 함께 편찬한 『구급양방(救急良方)』을 『치종방』에 붙여 인쇄했다. 관찰사로 근무하다가 혹시 병이라도 생기면 좋은 의원이 필요했다. 만일 양의(良醫)를 만나지 못하면 치료할 방도가 없었다. 이러한 상황에 대비하여 안위는 관찰사 부임 전에 의서를 구비했고 이 의서를 자신만이 아닌 백성들과 공유하고자 치종방에 붙여 간행했던 것이다.[8]

이처럼 향촌의 유의들은 자신과 가족의 건강은 물론 향촌의 환자를 치료하는 데 앞장섰고, 지방관도 각종 구급방 의서를 출판하거나 유의들의 저작을 발굴하여 관료로서 소임을 다하고자 했다.

역병 유행에 적극적으로 대처하려면 전문적인 역병 의서, 더욱이 한글로 풀이된 언해본 간행이 절실했다. 경상도 관찰사에 부임했던 김안국(金安國, 1478~1543)은 1517년 『창진방촬요언해(瘡疹方撮要諺解)』를 경주에서 출판했다. 선초에 『창진방(瘡疹方)』이 간행되었지만 널리 보급되지 않아 두창(천연두)으로 죽는 사람이 많다고 비판한 그는 경상도에 부임하자 경주 부윤 유희저에게 책의 인쇄와 배포를 명령했다. 김안국은 지방관들이 백성들의 삶에 필수적인 역병 의서나 구급방을 직접 인쇄하고 보급해야 한다고 주장했다.[9] 김안국이 언급했던 『창진방』은 세조의 명으로 임원준(任元濬)이 세종 대의 창진 의서를 증보한 『창진집(瘡疹集)』을 말한다.[10]

조선 전기의 창진에 관한 의학 지식은 대부분 송과 금·원대 의서를 정리한 수준이었다. 점차 16세기 후반에 이르러 명나라의 최신 의서들이 수입되자, 다시 한번 새롭게 입수한 두창 치료법을 정리할 필요가 있었다. 그 첫 번째 증보의 결과물이 허준의 『언해두창집요』였다. 선조(宣祖)는 임란 중에 두창 치료에 관한 의서 편찬을 허준에게 명령했다. 1608년 총 2책의 『언해두창집요』가 완성되자, 허준은 '마마 고칠 중요한 비결'이라는 제목을 붙이고 매우 자랑스러워했다. 이 책에서 허준은 당시의 풍속이 마마 귀신을 두려워한 나머지 일체의 약물 치료를 꺼린다고 강하게 비판했다. 일반적인 미신을 극복하는 일과 약물에 기초한 치료법이 얼마나 절실한지 강조한 것이다. 그는 편목을 나누어 두창의 원인과 구체적인 처방을 자세하게 수록하고, 모든 구절을 언해하여 많은 사람들이 활용하도록 만들었다.

두창 이외에 대규모 유행이 잦았던 온역(瘟疫)의 치료법도 필요했다. 1524년(중종19) 평안도에서 온역이 창궐하자, 『간이벽온방(簡易辟瘟方)』을 인쇄하여 나누어 주었다. 『의방유취』의 온역 항목을 살피던 중종(中宗)은 벽온방(辟瘟方)의 편찬을 지시했고 닷새라는 짧은 기간에 역병 의서가 완성되었다. 애초에 필사본으로 배포하려 했으

나 계획이 수정되어 인쇄본이 각 지역으로 지급되었다. 1525년(중종 20)의 일이었다.[11]

1542년(중종37) 함경도에 역병이 창궐하자, 의서 편찬의 명을 받은 김안국은 호군 박세거(朴世擧) 이하 내의원의 여러 의원들과 함께 온역 치료법을 연구하여 『분문온역이해방(分門瘟疫易解方)』을 간행했다. 다양한 온역 치료법을 수집한 후 액막이법, 전염되지 않는 법, 약물 복용법 등으로 구분하여 서술하고, 향약명과 약재 채취법을 알려 주어 활용하도록 했다.[12] 이처럼 김안국, 김정국 형제는 역병 치료와 구급에 필요한 의서 간행을 주도했던 실무형 관료였다. 김안국은 『창진방촬요언해』와 『분문온역이해방』을, 김정국은 『촌가구급방』을 편찬했는데, 뒤에서 살펴보겠지만 이들은 허준의 오촌 당숙이기도 했다. 두 사람이 허준의 의서 편찬 사업에 미친 영향은 너무도 자연스러웠다.

조선 전기의 온역 처방은 허준에 의해 한 차례 정비되었다. 1610년 『동의보감』의 편찬을 마무리한 칠순의 노숙한 어의는 쉬지 않고 역병 의서를 집필했다. 1612년과 1613년 두 해에 걸친 온역과 독역(毒疫)의 유행에 맞서, 허준은 각종 처방을 수집하고 임상 경험을 보태 『신찬벽온방』과 『벽역신방』을 완성했다. 역병 학자로서의 허준의 면모는 필자가 주목한 '네 가지 얼굴' 가운데 하나이다. 이 책의 4장 '병에 맞서 백성을 구하다'에서 자세하게 다루었다. 미신에 휘둘려 적극적인 약물 치료를 거부했던 당시의 풍속을 비판하고 역병의 원인을 합리적으로 파악하여 정확한 처방을 내린 칠순의 노학자의 모습이 그가 남긴 의서들의 행간에 역력하다.

허준은 역병의 원인을 단지 자연의 질서가 무너진 데서 찾지 않고, 정의롭지 못한 사회 질서에서도 찾았다. 자연과 인간은 상응하는 관계다. 자연의 질서가 무너지면 인간의 세상에 혼란이 찾아왔고, 억울한 사람들이 많아지면 이에 호응하여 천재지변이 발생했다.

좋은 정치로 백성들의 삶이 풍족하면 역병이 일어나도 견딜 수 있었다. 조선의 역병 유행이 심각했던 이유는 대부분 수재와 한재, 기근을 동반하는 경우가 많았기 때문이다. 먹을 것이 부족하여 영양 상태가 열악하면 역병 등 각종 질병에 더욱 취약했다. 곡식을 대신하여 풀뿌리 등 각종 식재료의 활용법이 중요했다. 구황(救荒)이야말로 지방관들이 보급해야 할 가장 시급한 후생(厚生)의 지식[必知]이었다.

세종 대에 『구황벽곡방(救荒辟穀方)』이 저술되었다고 알려졌지만 전하지 않는다. 현존하는 최초의 구황서는 1541년 충주 목사 안위가 관내의 기근을 구제하려고 펴낸 『구황절요(救荒切要)』이다. 당시 전국적으로 가뭄이 극심한 데다 역병마저 돌아 많은 사람이 죽었는데, 충주의 피해가 가장 컸다. 안위는 구황에 긴요한 내용을 정리하고 이두로 표기하여 백성들이 읽을 수 있게 했다. 처음에는 관청 근처의 진휼소(賑恤所)에 붙여 둘 계획이었지만 마침내 책으로 인쇄했다. 안위는 충주 향교에 사업을 맡기고 책이 간행되자 유향소(留鄕所)를 통해 지역으로 보급했다.[13]

1554년(명종9) 영·호남에 기근이 극심하자, 다시 한번 구황 의서가 전국으로 보내졌다. 당시 『구황촬요(救荒撮要)』의 서문을 쓴 우부승지 이택(李澤)은 느릅나무 껍질[楡皮], 솔잎 등은 오곡보다 사람의 위장에 유익한 데다 장수에 도움이 된다고 강조했다. 후일 조익(趙

翼, 1577~1655)과 김육(金堉, 1580~1658), 신속(申洬, 1600~1661) 등은 『구황촬요』를 온역 치료법인 『벽온방』과 합본하거나 다른 구급 처방들을 첨가하는 방식으로 다양하게 응용했다.

1609년(광해군1) 조익은 『제기활민방(濟飢活民方)』이라는 책을 저술했다. 그는 솔잎, 느릅나무껍질, 콩깍지[豆殼] 세 가지 재료야말로 일상에서 쉽게 구할 수 있는 데다 생명을 유지할 수 있는 최상의 구황식이라고 칭송했다.[14]

수재와 한재가 연이어 발생하고, 해마다 기근이 끊이지 않았던 조선에서 오랜 구황 지식은 백성들의 일상에 가장 필요한 내용이었다. 허준은 평생을 조선 의료의 전통 지식을 수집하고 정리하는 데 바쳤다. 그는 수백 수천에 달하는 조선의 식물과 동물에 대한 지식, 조선의 자연을 활용하여 삶을 이어 가는 방법을 연구했다. 믿기 어려운 지식도 있지만 조선 사람들이 오랜 시간 경험하고 효과를 누려 온 전통을 속방(俗方)이라는 이름으로 의서에 남겨 두었다. 필자가 허준 평전을 새로 쓰면서 속방에 주목했던 이유이다. 속방은 단순히 세간의 방법이 아니었다. 다양한 속방 안에는 조선 왕실의 의료를 담당했던 내의원의 비법에서부터 왕실에서 즐긴 특별한 음식과 술, 민간에서 활용했던 다양한 구급의 기술과 기근을 이겨 내는 구황의 지혜가 모두 기록되어 있다.

『동의보감』의 속방은 한마디로 오래된 조선 의약학의 정보와 지식을 모아 놓은 창고와도 같다. 『동의보감』 이전의 조선 의약학 전통은 허준의 손을 빌려 비로소 조선 후기로 이어질 수 있었고 오늘날까지 전해졌다. 얼마나 다행스러운 일인가. 필자가 허준의 네 얼굴 가

운데 2장 '동의의 전통을 수립하다'와 3장 '조선의 생물을 탐구하다'
를 할애한 이유이다.

　허준의 학문을 한마디로 정의한다면 '이용후생(利用厚生)의 실
학'이라 할 수 있다. 의학은 농학과 함께 인간의 삶을 유지하는 기본
적인 지식이자 실천이다. 먹을 것이 있어야 삶(生)을 유지하고, 병든
몸을 치료할 방법을 알아야 죽음(死)을 피할 수 있다. 이처럼 농업과
의술은 인간의 생사(生死)와 직접적으로 연관되어 있는 기술이자 지
식이었다. 유교의 성왕(聖王)들은 모두 백성의 삶을 안정시키는 데
큰 공을 세운 자들이었다. 조선의 왕들이 선정(善政)의 주인공이 되
고자 할 때, 우선 농업 기술을 발전시키고 의료 혜택을 확산해야 했
다. 두 가지는 선정의 필요충분조건이었다.

　백성들을 위한 의료는 무엇보다 값싸고 손쉽게 구할 수 있는 약
재(향약)와 복잡하지 않으면서 큰 효과를 지닌 의약 정보를 활용하
는 데서 가능했다. 그러나 이보다 더 중요한 사실이 있었다. 중국 고
대 이래 선정의 핵심은 혼란하기 전에 예방하는 일이었다. 아프기 전
에 미리 건강을 돌볼 수만 있다면 약물을 사용할 일이 없었다. 어찌
보면 가장 효율적인 의료 대책이다. 물론 아무리 대비를 잘한다 한들
몸이 병들거나 역병이 유행하는 일을 모두 예방할 수는 없다. 그래서
사후의 치료법과 약재가 필요했다. 성왕들이 덕(德)으로 인도하고 예
(禮)를 펼쳐도, 범죄를 근절할 수 없었기에 형벌의 통치가 불가피했
던 것과 마찬가지이다. 형벌이 필요악이었던 만큼 의약의 지식과 기
술은 반드시 구비해야 할 통치의 제도였다. 하지만 근본적으로 최선
은 사후의 약방(藥方)이 아니라 사전의 양생(養生)이었다.

허준은 경사(經史)에 밝은 유의로 명성이 자자했다. 당대의 쟁쟁한 학자들과 함께 허준이 『동의보감』 편찬에 참여할 수 있었던 이유는 단순히 의술이 뛰어나서가 아니라, 그가 어려서부터 유교 경전을 공부했을뿐더러 수많은 도불(道佛)의 저술과 역사서에 밝았기 때문이다. 허준이 활동했던 16세기 후반, 조선의 성리학자들은 이와 기의 상호 작용과 마음의 이발(已發) 및 미발(未發)의 문제를 두고 논쟁하고 있었다. 몸과 마음의 문제를 둘러싸고 인간이란 무엇인지 깊은 논의가 이루어지고 있었다.

성인과 일반인의 혈기(血氣)가 다르지 않지만 성인은 수양을 통해 욕망대로의 인심을 억제하고 도심(道心)을 기를 수 있다고 보았다. 배고플 때 먹고 싶고, 목마를 때 마시고 싶으며, 추울 때 두꺼운 옷을 입고자 하고, 가려울 때 긁고 싶은 것은 성인과 일반인이 다르지 않다. 그럼에도 성인은 수양을 통해 욕망에 휘둘리지 않았다.

비유하자면 마치 집에서 기르는 말이 성질이 아무리 온순해도 그대로 놔두면 제멋대로 뛰어다닐 수 있기에 평소에 길들여 순종하게 하는 것과 같다. 그렇게 하면 말의 행동을 견제하지 않아도 스스로 바른길을 갈 수 있다고 보았다.[15] 미리 말을 훈련하듯 식색(食色)의 혈기가 문제를 일으키기 전에 심신의 수양이 절실했다.

성리학자 허준은 이러한 미발의 마음공부가 얼마나 중요한지 잘 알았다. 욕망이 발하여 마음이 이미 흔들린 후에는 거두어들이기가 쉽지 않았다. 성인도 거부할 수 없는 인간 본연지성을 보통 사람들은 더욱 보존하기 어려웠다. 허준의 양생론은 유학의 수신(修身)과 깊이 연관되어 있었다. 필자가 허준을 유의로 정의할 수 있었던 배경은 단지 사서삼경을 독서한 데만 국한하지 않는다. 허준은 『동의보감』을 통해 양성(養性)과 양생이 두 가지 길이 아님을 보여 주었다.

평전 집필을 시작하면서, 소설이나 드라마와 다른 허준의 진면목을 '네 가지 얼굴'에 모두 담을 수 있을지 가늠하기 어려웠다. 하지만 그럴수록 역사 속의 허준을 깊이 탐구하고, 이를 통해 허준의 서로 다른 모습을 제대로 보여 줘야겠다는 마음이 요동쳤다. 현존하는 허준 관련 사료는 생각보다 적은 데다가 허준이 직접 남긴 글도 많지 않다. 그렇기에 1장 '역사 속의 허준'에서는 허준을 둘러싼 전언(傳言)과 그가 남긴 의서의 구절들로부터 그의 생애를 그려 보려 했다. 넉넉하게 살진 허준의 얼굴을 상상하며 그 너머로 평생 의학에 몰두한 한 지식인의 참모습이 드러나길 희망한다.

역사와 허구

조선 시대를 대표하는 명의(名醫)를 꼽으라면 누구든지 주저 없이 『동의보감』을 편찬한 허준(許浚, 1539~1615)을 언급한다. 여러 번 드라마로 제작되었을 만큼 허준의 이야기는 신분을 극복한 극적인 인생 그 자체로 감동적이다. 그런데 이렇게 알려진 허준의 실체가 역사적 사실과는 사뭇 다르다는 점 또한 아이러니가 아닐 수 없다.

사실을 고증해야 하는 학계의 부담과 달리 대중 매체는 자유롭게 허구와 진실을 오간다. 자유로운 만큼 오해의 위험도 커진다. 영화나 드라마가 대중에 미치는 영향력은 한 편의 역사 논문이나 한 권의 책이 따라갈 바가 아니다. 허준에 대한 잘못된 정보는 드라마 등 대중 매체의 책임임을 무시할 수 없다. 가령 예전에 인기리에 방영되었던 드라마는 허준을 경상도 지리산 자락의 산청에서 태어나 자란 것으로 비정할 뿐 아니라 허준보다 150년 뒤의 의원 유이태(劉以泰 또는 劉爾泰, 1652~1715, 극중 이름 유의태)를 그의 스승으로 삼았다. 심지어 밀양의 한 얼음 동굴 안에서 스승 유이태의 몸을 갈라 의학의 진수를 얻은 허준의 모습을 그리면서 사람의 몸 안을 들여다보는 해부학으로 조선의 의학을 소개하기도 했다.

필자는 이미 오래전에 허준을 둘러싼 허구를 비판한 적이 있다.[1] 이후로 틈이 나면 조금씩 허준에 관한 역사적 사실들을 수집하고 몇몇 지면을 통해 공개했다. 그러나 대중의 마음속에 한번 각인된 허준의 이미지를 수정하기는 쉽지 않았다.

이번에도 허준을 둘러싼 오해의 장막을 걷어 내고 역사적 실체에 다가서려 한다. 의심스러운 과거의 편린과 이야기들을 수집하고 가능한 한 믿을 만한 사실들을 골라내는 작업이 필요하다. 당대에는 물론 후대에도 워낙 명성이 뛰어났던 허준이기에 그를 둘러싼 전설 같은 이야기가 많다. 이 가운데 대표적인 설화를 하나 살펴보자. 전국의 민담과 구전 설화를 채록하던 국문학자가 충청도를 방문했을 때 팔순 노인으로부터 들은 이야기다.[2]

전설 같은 이야기는 가난한 허준이 부인의 핀잔을 견디지 못하고 돈 몇 푼을 얻어 장사에 나서기로 마음먹고 시장에 가는 데서 시작한다. 시장에 들러 보았으나 장사에는 별다른 재주가 없던 허준은 매일 허탕만 치고 집으로 돌아오길 반복했다. 어느 날 시장에 나가 있던 허준은 풍채 좋은 노인이 삿갓을 매매하여 이득을 보자 그를 따라가서 배우기로 작정했다. 노인은 산속으로 마냥 들어가더니 자신을 따라오는 허준에게 자신을 귀찮게 하지 말고 하산하라고 종용했다. 그러나 허준은 노인을 졸라 제자가 되기로 마음먹은 이상 포기할 수 없다고 답했다. 노인은 허준에게 10여 년 이상 고생할 각오가 되어 있냐고 물었고 허준은 그러겠노라고 대답했다. 이에 노인은 허준에게 의술을 가르쳤고, 의업을 마친 허준은 고향에 돌아가 명의로 이름을 떨치게 되었다. 허준의 명성은 중국에까지 알려져 중국의 황자를 고치는 수행 길에 오르게 되었다. 중국에 가는 도중 허준은 아픈 호랑이를 치료하게 되었는데, 호랑이는 보은의 선물로 침과 회혼포(回魂布)라는 보물을 허준에게 선사했다. 중국에 도착한 허준은 천자의 병을 고치지 못해 곤란을 겪다가 마침내 호랑이의 선물을 활용하여 황제를 치료하고 많은 상과 칭송을 받게 되었다는 내용이다. 현재 전국적으로 전해지는 허준 관련 전설은 10여 가지가 넘지만 이야기의 구조와 내용은 위와 유사하다. 고생 끝에 의술을 배워 이름을 떨치던 허준이 황제를 치료하고자 중국에 가던 도중 맹수를 치료해 주고 선물로 받은 기이한 약과 침으로 황제의 병을 고쳐 더욱 유명해졌다는 이야기다.

전설의 원형은 18세기까지 거슬러 올라간다. 조선 후기의 학자 이희령(李希齡, 1697~1776)이 저술한 『약파만록(藥坡漫錄)』이라는 책에는 앞에 소개한 허준 전설과 유사한 내용이 채록되어 있다. 이야기의 구조 역시 거의 동일하다. 특히 맹수의 질병을 치료해 주고 명의로 도약한다는 모티브, 중국의 황제를 치료한 후 더욱 이름을 날리게 되었다는 이야기의 틀이 유사하다. 다만 호랑이 대신에 코끼리가 등장하는 점이 살짝 다를 뿐이다. 조금 길지만 『약파만록』에 수록된 허준 전설의 원형을 소개한다.[3]

허준의 아버지는 허연(許礹, 『약파만록』에 기록된 이름)으로 준은 그의 서자(庶子)이다. 어려서 의학(術業)에 정통했으나 아직 이름을 얻지는 못했는데, 일찍이 심약으로 중국에 가게 되었다. 하루는 의무려산(醫巫閭山)에 도착했는데 근처 길가에 한 무리의 큰 짐승들이 엎드려 있었다. 그중 한 놈이 홀로 허준이 탄 말 앞으로 나와 가로누워 막으면서 옷을 끌어 말에서 내리게 했다. 허준이 놀라 말에서 내려 길에 서 보니 코끼리였다. 코끼리는 엎드려 절하면서 눈물을 흘리는데 무언가 고할 것이 있는 듯했다. 허준이 그 이유를 물었다. "너는 어쩐 일로 지나가는 사람의 길을 막으면서 나를 해치려 하는가?" 코끼리는 머리를 흔들며 몸을 구부려 타라는 시늉을 하면서 먼 산을 바라보았는데 그 모양이 함께 가자는 것 같았다. "좋다. 가 보자꾸나." 허준이 말하자 코끼리는 금방 허준을 등에 태워 달리는데 마치 날아가는 듯했고, 높은 산과 험한 봉우리도 평지 달리듯 했다.

한참을 달린 후 깊숙한 산속에 도달하여 굴이 하나 보이자 이내 허준을 그 옆에다가 내려놓았다. 허준이 굴로 기어들어 가니 세 마리의 코끼리 새끼들이 나란히 누워 있었다. 새끼들은 모두 피를 흘리고 있었다. "한 나쁜 맹수가 나타나 모두 물어뜯고 밟아 이렇게 상처를 입었습니다. 새끼들의 원수를 갚게 해 주십시오. 새끼들을 치료하기 위해서 당신을 모셔 온 것입니다." 허준이 상처를 살펴보니 그렇게 심하지는 않아 모두 살릴 수 있을 것 같았다. "약간 치료를 하면 모두 살릴 수 있을 것 같구나." 그는 어미 코끼리에게 자신의 약주머니에서 상처를 치료할 만한 약을 꺼내 주었다. "이 약을 새

『약파만록』
삼국 시대부터 당대까지 역대의 사실(史實)을
정사와 야사에서 두루 뽑아 편년체와 기전체
를 절충해 엮은 역사서이다. 한국학중앙연구
원 장서각 소장.

끼들의 상처에 잘 붙이면 오래지 않아 나을 것이네. 나는 이제 돌아
가 사신 일행에 합류해야겠네." 그러나 어미는 들은 척도 하지 않
았다. 허준은 "나는 여기 오래 머물 수가 없다. 내가 여기 있겠다고
해도 먹을 것이 없어 곧 굶어 죽을 것 같은데 어찌 이러느냐?"라고
따져 물었다. 어미 코끼리는 곧바로 산으로 달려 나가더니 노루, 토
끼, 산돼지 등을 잡아다가 허준에게 바쳤다.

사정이 이렇게 되자 허준은 어쩔 수 없이 코끼리가 잡아 온 고기를
구워 먹으면서 굴속에 머물렀다. 며칠 후 새끼들의 상처가 모두 나
아서 이제는 밖에 나가 뛰놀 수도 있었다. 어미는 너무 기뻐 껑충
껑충 뛰면서 좋아하다가 허준 앞에 엎드렸다. 허준은 "이미 새끼들
의 병이 다 나았거늘 나를 돌려보내지 않는 이유가 무엇이냐?"라
고 물었다. 그러자 어미는 이내 등을 허준에게 보이면서 타라는 시

늉을 했다. 이제 가자는 것 같았다. 코끼리 등에 실린 채 허준은 하루 이상 걸려 수십여 리를 달려갔다. 옥하관(玉河館)에 도달하자 코끼리는 허준을 내려 두고 어디론가 사라져 버렸다. 사신 일행은 아직 중국에 도착하지 못했다. 사신들과 다시 합류하게 된 허준을 만난 사람들이 이상히 여겨 코끼리에 잡혀 간 일을 물었다. 허준이 자초지종을 모두 이야기해 주자 사람들은 모두 경탄했다. 이 일로 인해 허준은 명성을 더욱 떨쳤으며 후일 내의(內醫)에 오르게 되었고, 임진왜란 때 호성공신으로 양평군에 봉해졌다.[4]

이런 전설과 이야기들만으로 허준의 진실에 다가갈 수는 없다. 다만 전설을 통해 중국의 황제를 치료했다는 상징적 비유를 함으로써 허준이 당대 중국의 선진 의학을 도입하여 전통적인 향약 의술을 한 단계 고양시킨 공로를 짐작할 수 있다.

흥미롭게도 허준의 스승이었던 명의 양예수(楊禮壽, ?~1597)도 동일한 전설의 주인공이었다. 19세기에 유재건(劉在建, 1793~1880)이라는 학자가 이 동네 저 마을의 전래되는 이야기들을 수집해『이향견문록(里鄕見聞錄)』이라는 야담집을 편찬했는데, 이 책에 양예수가 맹수를 치료하고 명의가 되었다는 전설이 수록되어 있다. 내의원 어의였던 양예수가 도사인 장한웅(張漢雄)이라는 사람에게 배워 의학의 오묘한 이치를 터득했으며『의림촬요(醫林撮要)』를 저술했다는 것이다.

양예수가 언젠가 중국으로 가는 사신을 따라 갔을 때의 일이다. 압록강을 건너 노숙을 하는데 호랑이가 야음을 틈타 양예수를 업고 달리더니 높은 언덕 위에 내려놓고 새끼들을 물어다가 앞에 늘어놓았다. 양예수가 보기에 호랑이가 절을 하면서 땅바닥에 엎드려 무언가 애걸하는 시늉을 하고 있었다. 양예수는 혼자 생각에 호랑이 새끼들 중 병든 놈이 있나 보다 싶어 살펴보았더니 그중 한 마리의 다리가 부러져 곧 죽을 듯 보였다. 이에 양예수가 약주머니에서 환약을 꺼내 붙여 주고 송진을 갈아 발라 주는 시늉을 하며 손가락으로 소나무를 가리키니 호랑이가 이를 알아듣고 고개를 끄덕였다. 어미 호랑이는 무릎을 꿇고 거듭 고맙다는 시늉을 하며 검은 돌 하나를 양예수에게 선물로 주었다. 북경에 도착한 양예수가 호랑이에게 선물 받은 돌을 박물가(博物家)에게 보여 주며 용도를 묻자 박물가는 매우 놀라면서, 주천석(酒泉石)이라는 희귀한 돌인데 물에 담가 놓으면 물이 술로 변하는 세상에 둘도 없는 보물이라고 설명했다. 과연 시험해 보니 그러했다.[5] 술은 그 자체로 약이 되거나, 약재의 효능을 배가하기 위해 약물과 함께 복용하던 음료였다.

　양예수와 허준 모두 당대의 명의로 누구도 둘째가라면 서러워할 명성을 지니고 있었다. 특히 허준보다 먼저 내의원 수의로 활동했던 양예수는 중국 명대의 최신 의학을 가장 먼저 집대성한 『의림촬요』의 저자였다. 허준도 『동의보감』에 최신의 명대 의서를 정리하여 수록한 바 있다. 양예수와 허준의 공통점은 명나라의 의학을 조선에 수입한 장본인이고, 이는 중국의 황제를 치료할 선물(처방)을 받을 만한 공로와 함께 전설로 재구성되었다. 18세기 이래 양예수의 전설과 허준의 전설은 맹수를 치료해 주고 명의가 되었다는 동일한 모티브를 가지게 되었다. 젊은 시절의 허준은 유희춘의 천거로 내의원에 들어가 양예수를 만나면서 본인의 의술이 더욱 깊어지고 정밀해졌던 것으로 보인다. 따라서 조선 후기에 이르러 허준의 실질적인 스승으로 양예수가 거론되었다. 허준의『동의보감』이 양예수의 업적을 이어받아 완성한 것이었으므로 전설상으로도 두 사람의 이야기는 서로 동일한 모티브를 공유했을 뿐 아니라 거의 유사한 이야기 구조로 전해질 수 있었다.

그렇다면 역사 속 허준의 진실은 무엇인가? 젊은 시절, 전라도 지역에서 유의로 이름을 날리던 허준은 30세에 내의원에 출사한 이후 76세를 일기로 사망할 때까지 인생의 대부분을 내의원 어의에 종사했다.

허준의 일생은 대략 세 단계로 구분할 수 있다. 먼저 성장기다. 30세 내의원에 출사하기 전 허준은 전라도 지역과 경기도 파주 및 서울 지역을 오가면서 의술로 이름을 떨쳤다. 두 번째는 인생의 황금기라 할 수 있는 내의원 어의 시절이다. 30세에서 60세 전후에 이르는 30여 년을 허준은 내의원의 어의로 활동했는바 당시 그는 의학의 스승인 양예수를 만날 수 있었다. 마지막으로 의서를 집필하던 말년의 시간이다. 우리에게 잘 알려진『동의보감』은 허준의 노년 작품으로 그의 오랜 경험과 성숙한 의학 지식이 집대성된 결과물이다. 허준은『동의보감』편찬 이후에도 당시 유행하던 성홍열이나 온역을 치료하기 위한 전문 역병 의서를 집필했다.

허준은 한마디로 평생 의술을 연마하고 의학을 연구한 의학자다. 허준 사후 250여 년이 흐른 뒤에도 조선 사람들은 허준을 "어려서부터 공부하기를 좋아하여 경학과 역사에 널리 밝았으며 특별히

의학에 정밀했다.(自幼好學 博通經史 尤精醫學)"라고 기억했다.[6]

허준의 젊은 시절

허준의 본관은 양천, 호는 구암(龜巖)이다. 그의 아버지 허론(許
碖)은 무과 출신으로 지방관을 두루 거쳤으며, 어머니는 영광 김씨
무인 가문의 서녀(庶女)였다. 대부분의 서녀들이 그랬듯이 허준의 어
머니도 허론의 첩이 되었고 결과적으로 허준을 서자로 낳았다.

조선 시대 서자는 과거에서 불이익을 받았기 때문에 대부분의
서자들은 의원과 역관 등 중인직에 진출하거나, 지방에 남아 유의로
활동하는 경우가 많았다. 허준도 예외가 아니었다. 비록 어려서부터
경학과 역사를 공부했지만 그가 최종적으로 택한 학문은 의학이었
다. 허준은 젊은 시절 이미 명의로 경향에 이름을 떨치고 있었다.

허준의 내의원 출사 이전을 논하기에 앞서 잠시 그의 출생 연도
와 출생지에 대해 언급하고자 한다. 허준의 출생 연도는 그동안『양
천허씨세보(陽川許氏世譜)』에 근거하여 1547년으로 알려져 있었다.
하지만 허준 당대의 기록에 의하면 1539년이 정확해 보인다. 근거로
는 다음 두 가지 자료를 살펴볼 수 있다.

먼저「태평회맹도(太平會盟圖)」의 기록이다. 임란 당시 선조 임금
은 왜군을 피해 의주로 피난을 갔는데, 많은 신하들이 왕의 의주 행
차에 따라 나섰다. 왜군의 예봉(銳鋒)을 피하고 전황(戰況)을 새로이
정비하기 위한 왕의 피난길에는 정치를 보조하고 신변을 보호하는

「태평회맹도」 병풍
선조가 왜란 때의 공신들을 위해 1604년에 베푼 연회 장면을 그린 4폭의 채색 병풍.
좌목에 공신의 본관, 생년, 성명 등이 기록되어 있으며 허준도 포함되어 있다. 개인 소
장(사진 제공 국립진주박물관).

것은 물론 왕의 질병을 치료하고 음식을 마련하는 일이 필요했다. 당연히 내의원 어의였던 허준도 의주에 동행했다. 후일 전쟁이 끝나고 평화의 시기가 오자, 1604년(선조37) 선조는 피란 당시 동고동락했던 신하들의 노고에 감사하며 잔치를 베풀어 이들의 충성을 치하하고자 했다. 이때의 연회 장면을 도화서 화원에게 그리도록 했는데 그림에는 공신(功臣)으로 참여했던 이들의 명단과 간단한 이력이 함께 기록되어 있다. 잔치 그림은 병풍으로 제작되어 신하들에게 지급되었으니 바로 「태평회맹도」 병풍이다.

이 병풍은 1980년에 보물(제668-3호)로 지정되어 현재 국립진주박물관에 소장 및 전시되어 있다. 가장 중요한 연회 장면을 보면 중앙에 장막이 쳐져 있고 탁자 위에 술동이들이 놓여 있으며, 술을 데우기 위한 화로 등이 보인다. 그리고 연회에 참석한 공신들의 모습이 작게 그려져 있다. 앞서 언급한 대로 병풍 좌목(座目, 참석자 명단)에 여러 명의 공신들이 기록되어 있는데 허준도 그 가운데 한 명이다. 허준에 대한 설명[細註]을 보면, "충근정량 호성공신 숭정대부 양평군 허준 청원 기해생 본 양천(忠勤貞亮扈聖功臣崇政大夫陽平君許浚 淸源 己亥生 本 陽川)"이라고 기록되어 있다. 허준의 자는 청원, 본관은 양천, 출생 연도는 기해생 즉 1539년(중종34)이다.[7]

허준의 동료이자 당대 최고의 문장가로 알려진 최립(崔岦, 1539~1612)의 시문도 허준의 출생 연도를 가늠하는 데 참고할 수 있다. 이 글에서 최립은 허준과 자신이 동년배라는 사실을 밝히고 있다. 최립은 선조의 죽음에 대한 책임을 지고 내의원 수의(首醫)였던 허준이 평안도 의주로 유배되었다가 얼마 지나지 않아 풀려나자 이를 축하하는 글을 지어 보냈다. 이 글에서 최립은 허준을 나의 동갑〔同庚〕 친구라고 표현했다. 명의는 삼대를 거쳐 나온다고들 하는데, 나의 친구 허준은 그렇게 하지 않았는데도 명의로 이름을 떨쳤다고 칭송했다.〔名良古不須三世〕 간혹 의원 가운데 명의로 이름을 떨치지 않아도 뛰어난 의원이 있기는 하지만, 명성을 떨치면서 서투른 의원은 있을 수 없다며 허준의 의술이 높다고 평가했다.[8] 이상의 자료를 통해 허준의 출생 연도가 『양천허씨세보』에 기록된 1547년생이 아니라 기해생, 즉 1539년이라는 사실을 알 수 있다.

허준의 생년만큼이나 그의 고향도 논란이 되어 왔다. 과연 허준의 출생지는 어디인가? 현전하는 자료를 통해서는 정확하게 알 수 없지만, 이를 둘러싸고 기왕의 양천이라는 주장과 필자가 제기한 전라도 설이 대립하고 있으므로 이에 대해 약간 언급해 두기로 한다.

그동안 허준의 출생지에 대해서는 경기도 양천(현재의 서울 강서구 가양동)이라는 주장이 통설이었다. 경기도 양천이야말로 양천 허씨들의 세거지였기 때문이다. 아울러 허준의 묘소가 양천에서 멀지 않은 파주 지역이라는 점 등으로 양천설이 설득력을 얻고 있다. 그러나 오랫동안 양천에서 허씨들이 살아왔다고 해서 허준의 고향도 그렇다고 단정할 수는 없다. 양천설을 확인해 줄 문서나 사료 등이 발견되지 않았기에 몇 가지 전설이나 민담에 근거하여 양천을 허준의 출생지로 확정하기는 아직 일러 보인다. 그렇다면 양천 허씨 문중의 묘가 집중되어 있는 데다 허준 묘소가 있는 파주를 허준의 출생지로 생각해 볼 수도 있지 않을까? 그러나 이 역시 확정할 만한 기록이 없다.

결국 허준이 서자였던 점을 감안하면 그의 생모인 영광 김씨의

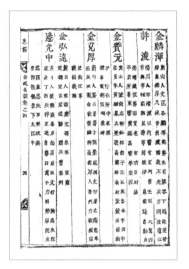

『장성읍지』의 허준 항목
서울대학교 규장각한국학연구원/중앙도서
관 소장.

근거지가 출생지였을 가능성이 높아 보인다. 허준의 생모와 외삼촌
은 전라도 광주와 장성 등지에서 활동했던 것으로 보인다. 이와 관련
하여 1927년 간행된 전라도 장성 지역의 읍지를 주목할 필요가 있다.
현재 서울대학교 규장각에 소장 중인 『장성읍지』에는 장성을 본향으
로 하는 유명 인사들의 이름과 행적이 소개되어 있다. 이 읍지에 장
성을 대표하는 인물로 허준이 기록되어 있다. 보통 읍지에는 해당 지
역 출신으로 유명했던 관리나 충·효·열 등 자랑할 만한 인물들이 수
록되어 있다. 20세기 초 장성의 유림(儒林)들이 명의 허준을 장성의
인물로 삼을 만한 근거를 발견했기에 자신들의 읍지에 수록했으리라
짐작된다. 물론 20세기 초 일제 강점기의 기록이므로 읍지의 진위 여
부를 완전히 신뢰하기 어렵고, 현재까지 규장각에 보관 중인 『장성읍
지』 이외에 다른 장성 지리지나 읍지에는 허준 관련 정보가 수록되어

있지 않다. 그럼에도 허준의 출생지와 관련한 유일한 문헌 자료인 점을 고려할 때 전라도 장성은 허준의 출생지와 관련해 주요 후보지로 간주할 만하다. 앞으로 많은 자료들이 발굴되어 허준의 출생과 관련된 그의 이력에 대해 완벽한 고증이 이루어지기를 기대한다.

허준의 출생지와 출생 연도보다 중요한 사실은 그가 양천 허씨라는 선초 이래의 거가대족(巨家大族)의 구성원이었다는 점, 16세기 호남 지역의 대표적인 학자이자 관료였던 미암(眉巖) 유희춘(柳希春, 1513~1577)과 인연이 깊었다는 점이다.

앞서 언급한 대로 청년 시절의 허준은 서울과 호남 지역의 학자들과 교류하면서 성장했던 것으로 보인다. 선조 대에 정승을 지낸 미암 유희춘의 일기에는 젊은 시절 서울 이외에 전라도 광주와 담양 등 전라도에서 유의로 활동하던 허준의 일상이 묘사되어 있다. 유희춘은 해남 출신의 대표적인 호남 사림이었다. 전라도에서 성장한 허준은 외가가 광주에 있었던 관계로 일찍부터 유희춘 집안과 인연을 맺을 수 있었다. 특히 유희춘의 스승이 김안국이었는데, 김안국은 허준의 오촌 당숙이기도 했다. 김안국, 김정국 형제의 아버지 김연(金璉)이 허준의 조부인 허곤(許琨)의 사위였으므로 김안국은 양천 허씨의 외손이 된다. 허준과도 멀지 않은 인척 관계였음을 알 수 있다.

김안국은 외가인 양천 허씨 문중의 족보 편찬에 참여한 바 있다. 1529년(중종24) 족보가 완성되자 김안국은 서문을 지어 외가인 허씨 문중이 조선 최고의 갑족(甲族)이라는 사실을 강조했다.

우리 동국(조선)은 예의지국으로 위에서 세우는 정책이나 아래에 따르는 풍속이 모두 중화를 숭상했지만 오직 보첩(譜牒) 한 가지 일은 크게 신경을 쓰지 못했다. (중략) 조선의 영토는 중국처럼 광대하지 않으며 사족으로 문호를 가진 자도 그 수가 많지 않아 중국처럼 모두 기록하지 못할 정도는 아니다. 중국은 사해가 매우 광대하고 인민이 많아도 오히려 보첩을 숭상하여 편찬하는데 하물며 아국(我國)은 어떻겠는가? 만약 제도가 갖추어진다면 그 일은 크게 어렵지 않을 터이니 교화에 실로 큰 도움이 될 것이다. (중략) 근세에 『안동권씨족보(安東權氏族譜)』가 권제(權踶, 1387~1445)에서 시작하여 달성 서씨 서거정(徐居正, 1420~1488)의 손으로 성취되었으니 지금의 사족들이 원파(源派, 선조의 근원과 지파)를 알고 보본추원의 생각을 일으키니 풍화(風化)에 도움되는 바가 적지 않았다. 그러나 애석하게도 제창하는 자는 있어도 화답하는 자가 없으니 그 효과가 지속된다는 소식을 듣지 못했다. 나의 외가인 양천 허씨는 시조인 허선문(許宣文)이 고려 태조의 삼한 통일을 도와 공암으로 사읍을 받은 후 역대로 현달하여 덕업과 공명으로 세상에 빛나기를 지금까지 끊이지 않았으니 동국의 갑족이 되었다.[9]

허씨가 아닌 김안국이 왜 양천 허씨 족보의 편찬을 주도했을까? 조선 전기의 족보는 고려 시대 이후 양측적 친속 체계의 풍속에 따라 내외 족친들의 명단을 모두 정리하여 수록했다. 따라서 제목은 '양천 허씨족보'이지만 허씨 문중의 인사들만을 기록하지 않고, 외가와 사위 등 내외 족친들의 명단과 이력이 모두 정리되어 있다.

서문에서 밝혔듯이 김안국은 선대에서 편찬한 가보(家譜)와 누

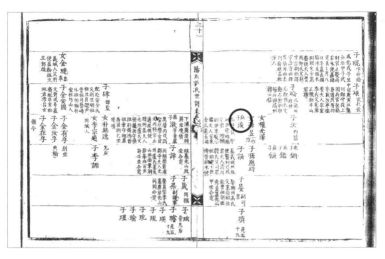

『양천허씨세보』의 허준 항목

대에 걸친 내외 족친의 세차(歲次), 관직과 본관 등을 정리하여 허씨
족보를 편성하고자 했다. 외손인 김안국이 허씨 문중의 족보를 편찬
하려 했다는 사실은 부계 친족 중심의 조선 후기 족보 전통에 익숙한
우리에게 매우 생소하게 느껴지기도 한다. 하지만 김안국의 사례에
서 알 수 있듯이 외손인 그는 양천 허씨 문중의 사업을 남의 일로 여
기지 않았고 동국 갑족인 허씨 문중의 일원이라는 사실을 매우 자랑
스럽게 생각했다. 이처럼 조선 전기의 가문 의식은 조선 후기와는 상
당히 차이가 있었다.

　『양천허씨세보』에는 허준의 가계와 함께 그의 당숙인 김안국이
수록되어 있다. 허준과 김안국은 서로를 가까운 친족으로 인식하고
있었다. 김안국이 1542년 역병 유행에 대응해 기왕의 온역 의서 내
용을 정리한 『분문온역이해방』은 후일 허준의 『신찬벽온방』으로 이

어졌다. 『분문온역이해방』 서문에 학자이자 관료로서 의서 출간에
매진한 김안국의 생각이 잘 드러나 있다.

1542년(중종37) 여역이 치발하여 각 도에 유행하니 임금께서 측은
히 생각하고 의원을 파견하고 약방문을 연구하고 약제(藥劑)를 만
들어 치료하도록 명하셨다. 그럼에도 궁촌 벽지에는 의원들이 두
루 파견되지 않아 백성들이 역병에 걸려도 치료할 방도가 없어 많
은 이들이 요사할 걱정이 있었다. (중략) 신(김안국)이 가만히 생각
하건대 천지운화는 오직 사물을 살리는 마음뿐인데 제왕은 이러한
하늘의 뜻을 받들어 왕위에 올랐으니 그의 정치가 실로 인민(仁民),
애물(愛物)하지 않는 바가 있겠는가? 특히 의약을 제조하여 생명을
구활하는 일은 가장 간절한 바인 데다 여러 질병 가운데 역병이 치
발하여 한 집안(一家)과 한 마을(一鄉)로부터 멀리 원근에 이르도
록 멸문의 걱정이 이어진다면 그 참혹함은 이루 말할 수 없을 터이
다. 주상께서 이에 진념하여 사물을 살리려는 천지의 마음을 체득
하여, 동국(조선)의 백성들로 하여금 만세토록 그 은혜를 받아 대대
로 목숨을 부지하고 즐거운 인생을 누리도록 한다면 화기가 충만
하고 여역의 재앙은 스스로 사라질 것이니, 황천(皇天)께서 복을 내
리고 신령스러운 조짐은 무궁할 터이니 너무도 지극한 일이로다.
중앙에서는 서국(書局)과 의사(醫司)의 관리들이, 밖으로는 감사와
수령들이 능히 주상의 지극히 어진 정치를 본받아 마음을 다해 이
책을 인쇄하고 널리 배포한다면 활인의 선한 뜻이 마땅히 하늘을
감동시켜 복을 내리도록 할 것이다. 1542년(중종37) 5월 숭정대부

『분문온역이해방』
서울대학교 규장각한국학연구원/중앙도서
관 소장.

행 예조 판서 겸 지경연 춘추관 성균관사 홍문관 대제학 예문관 대
제학 오위도총부 도총관 신 김안국은 삼가 서문을 쓴다.[10]

김안국은 이에 앞서 1517년 경상도 관찰사로 부임했을 때『창진
방촬요언해』를 경주에서 출판했다. 그는『창진방』이 선초에 언해되
어 간행되었지만 널리 배포되지 않아 역병으로 사망하는 자가 많다고
판단했다. 세조 대에 내의원 어의 임원준이 증보한『창진집』은 3권으
로 상권은 두창 전반을 다루었는데, 대부분의 내용이『태평성혜방(太
平聖惠方)』을 비롯한 송대 의서의 이론을 발췌했다. 중권과 하권은 두
창의 진행 상황을 9단계로 나누어 단계별로 처방을 정리한 내용이었
다. 조선 전기의 두창(창진)에 관한 지식은 대부분 송 및 금·원대 의서
를 정리한 수준이었다. 김안국은 경상도에 부임하자 곧바로 경주 부
윤 유희저에게『창진방』을 언해하여 배포하도록 명했다. 그는 백성들

의 삶에 필수적인 역병 의서나 구급방을 중앙과 지방에서 대량 인쇄하여 널리 보급하는 일이 무엇보다 중요하다고 강조했다.

> 관찰사 김안국이 『창진방』을 가져와 보여 주면서, "우리나라는 수많은 처방(의서)과 약재를 중앙과 지방에 나누어 주고 질병에 따라 치료하도록 했으니 이에 힘입어 산 자들이 많았다. 그러나 이 병(창진)만은 그 피해가 더욱 심한데도 병을 치료하는 데 어두워 죽는 이들이 한둘이 아니다. 중국에서 창진 의서를 구매했으니, 이를 널리 펴내어 역병을 치료하고자 한다. 그대(경주 부윤 유희저)가 나를 도울 수 있겠는가."라고 했다. 내가 명을 받들고 즉시 장인(匠人)에게 책판에 새기도록 명했으니 열흘이 안 되어 마칠 수 있었다. 아! 교화를 받들어 펴는 지방관으로서 백성의 치병을 급히 여기니 어찌 훌륭하지 않은가?[11]

각각 중앙 관료이자 지방관이었던 당숙 김안국, 김정국이 주도한 여러 의서 편찬 사업은 허준에게 많은 영향을 끼쳤던 것으로 보인다. 허준이 직접 김안국과 김정국의 의서에 대해 언급하지는 않았지만, 유의로 활동했던 허준의 이력을 감안했을 때 김안국이 1517년 경상도에서 출판한 『창진방촬요언해』나 1542년(중종37)에 출판한 『분문온역이해방』, 그리고 김정국이 1538년 전라도에서 간행한 『촌가구급방』 등을 참고했을 가능성이 적지 않다. 예를 들어 일체의 발열을 내리기 위해 조선에서는 오랫동안 월경수(月經水)와 야인건(野人乾, 똥물)을 활용한 바 있다. 김정국은 이를 본조방(本朝方)이라 하여 조선의 전통적인 처방으로 소개했는데,[12] 허준도 이를 속방(조선의 고유 처방)의 하나로 『동의보감』과 『벽역신방』에 수록했다. 조선 사람들이 마른 똥을 물에 담갔다가 즙을 마시는데 야인건이라고 부른다는 것이다.[13] 허준 역시 온역으로 인한 고열과 가슴이 답답한 증상을 치료하는 데 야인건 처방을 권했다.[14]

김안국은 성리학자이면서도 백성들의 삶에 필수적인 의학에 관심이 깊었다. 김안국의 제자였던 유희춘도 유학자이면서 의술에 밝은 허준을 크게 신뢰했다. 유희춘이 허준을 특별하게 배려했으리라는 추측은 무리가 아니었다. 1569년 윤6월 유희춘은 이조 판서 홍담(洪曇)에게 허준의 내의원 천거를 부탁했다. 허준의 나이 30세로 그의 첫 번째 출사(出仕)였다. 그동안 허준의 의술은 경향 각지의 사족들에게 훌륭하다고 정평이 나 있었지만, 정식으로 직함을 받지는 못했다. 그러나 이제 유희춘의 도움으로 젊은 허준은 모든 의원들이 선망하는 내의원에 근무할 수 있었다. 서른의 청년 허준은 이후 칠순에 이르기까지 내의원 어의로 줄곧 활동했다. 『동의보감』과 같은 거질의 의서는 물론 구급방과 역병 의서를 편찬했으니 그의 한평생은 바로 중국 의학을 바탕으로 오롯이 조선 의학을 수립하는 삶이었다. 특히 조선의 향약재를 활용하려면 중국의 약재들을 조선의 고유명사로 풀이할 수 있어야 했다. 중국의 약재에 향약명을 부기하는 일은 생각보다 쉽지 않았다. 허준의 실증학 즉 기초 학문은 유희춘에게서 받은 영향으로 보인다.

미암 유희춘과의 인연

유희춘은 선조 대 초반에 활동한 학자이자 정치가로 사림 정치를 이끈 대표적인 호남 사림이었다. 그는 30대 중반 을사사화에 연루되어 제주도와 함경도 종성 등지를 떠돌며 19년간 유배 생활을 했다. 55세가 다 되어서야 복권된 유희춘은 중앙 정부에서 몸소 겪은 정치 경험부터 지방에서 보낸 사생활에 이르기까지 다양한 일상 세계들을 자세하게 일기로 남겨 두었다. 이 책이 바로 『미암일기(眉巖日記)』다. 『미암일기』는 일제 강점기의 총독부가 탈초하여 신식 활자로 발간했을 정도로 이미 오래전부터 세간의 주목을 받았다. 특히 선조 임금 사후 실록 편찬에 주된 자료로 활용되었다는 사실에서 『미암일기』가 얼마나 중요한 자료인지, 유희춘이 당대 정치에서 어느 정도 중차대한 지위를 확보하고 있었는지 짐작할 수 있다.[15]

미암 유희춘의 생애를 간단히 소개하면 다음과 같다. 1513년 12월, 유희춘은 전라도 남쪽 끝 해남에서 태어났다. 부친은 유계린(柳桂隣)으로 『표해록』의 저자인 최부(崔溥)의 딸과 결혼하면서 처의 고향인 해남에 거주하게 되었다. 1537년 25세의 유희춘은 신재(新齋) 최산두(崔山斗)와 모재(慕齋) 김안국을 스승으로 모시고 공부했다. 당해 생원시에 합격한 후 이듬해인 1538년 별시에 급제하고 곧바로 성균관 학유가 되었다. 유희춘의 학문이 나이에 비해 얼마나 숙성했는지 말해 주는 이야기가 전한다. 1542년 30세의 젊은 유희춘은 인종 임금에게 『대학연의(大學衍義)』를 강의했다. 당시 김안국은 유희춘과 함께 경연에 참석하면 아무런 걱정이 없다며 유희춘의 학문을 칭찬한

『미암일기』및 미암집 목판

미암 유희춘이 선조가 즉위한 1567년부터 11년에 걸쳐 수기로 쓴 일기. 공무와 개인사를 아울러 매일의 일을 기록했다. 조선 시대 개인이 쓴 일기 중 가장 방대한 규모이며 각 관서의 기능과 관리들의 생활, 당대의 사회, 경제, 풍속, 문화를 상세히 보여 주어 사료로서 가치가 크다. 일기와 미암집 목판이 함께 보물 제260호로 지정되었다. 담양 미암박물관 소장.

바 있다.

　관료로서, 학자로서 승승장구하던 유희춘은 1547년 35세에 이른바 양재역 벽서사건(壁書事件)에 연루되어 제주도에 유배되었다가 고향과 가깝다는 이유로 함경도로 보내졌다. 이후 20년에 가까운 유배 생활이 이어졌다. 1567년 55세에 선조가 즉위하면서 마침내 유희춘은 사면될 수 있었다. 19년의 유배를 마친 그는 성균관에 복직했고, 이후 홍문관 응교 및 사헌부 장령, 사간원 사간, 성균관 대사성을 비롯하여 홍문관 부제학·예조 참판·사헌부 대사헌 등 중앙의 주요 관직을 역임했다.

1571년 59세의 유희춘은 전라도 관찰사에 제수되었다가 10월 사헌부 대사헌으로 복귀한 후 줄곧 경연의 강독을 주관했다. 당시 선조는 유희춘의 기억력과 광폭의 학문을 적극적으로 지지했는데, 유희춘의 『미암일기』에는 이때의 수업 장면이 자세하게 기록되어 있다. 60대의 노성한 관료 유희춘은 교서관에서 일하면서 중요한 성리학 경전과 역사서의 간행을 담당했다. 특히 그는 주자 문집과 어류(語類)를 교정하면서 사전(字學)과 음운학 등 기초 학문의 중요성을 깊이 깨달았다. 대표적인 기초 학문의 공구서인 『신증유합(新增類合)』을 편찬한 일도 이때였다. 서적 간행에 몰두하던 그는 1577년 65세로 사망했다.

성리학자로서 유희춘의 학문적 특징은 기왕의 연구들을 통해 잘 알려져 있는 만큼 필자는 기초 학문으로서의 자학 즉 '소학(小學)'[16]을 강조한 그의 학문에 대해 부연하고자 한다. 뒤에서 다시 언급하겠지만 『동의보감』의 백미 가운데 하나는 본초에 대한 충실한 번역과 해석이다. 허준은 수많은 약재들을 조선의 이름으로 명명했다. 향명(鄕名)의 실증은 충실한 문자학의 전통 위에서 가능한 일이었다. 필자가 보기에는 그 배경에 어느 정도 유희춘의 영향이 드리워져 있다.

유희춘은 "길을 떠나기 전에 먼저 갈 바를 알아야 한다."라는 정자(程子)의 말을 인용하여 실천에 앞서 정확하게 아는 것(知)이 우선임을 강조했다. 그는 후배들을 가르칠 때 심오하거나 신기한 논의보다 음과 뜻(音訓)을 상세히 가르치고 경서의 정확한 뜻을 밝혀서 이치를 이해하도록 하는 데 전념했다.[17] 유희춘이 강조한 공부의 우선 순위는 문자의 정확한 음운과 해독이었다. 마음의 수양을 중시하는 성리학을 존숭하면서도 격물치지(格物致知)의 기초인 자의(字意), 즉 음독(音讀)을 강조한 것이다. 이를 기초 학문으로서의 '소학'이라고 부른다. 어린이들을 위한 일상생활의 예의범절과 수신에 필요한 말씀을 모아 놓은『소학』과는 달리 주로 문자학, 서지학 등 실증에 필요한 지식이다.

16세기 조선의 성리학자들은 사단칠정론과 같은 심성이기(心性理氣) 논쟁에 몰두했을 뿐 아니라 중국의 경전 해석학에 영향을 받아『주자대전』을 비롯한 성리서의 정본(正本) 작업과 정확한 주석 및 언해 작업을 병행했다. 유희춘은 퇴계(退溪) 이황(李滉, 1501~1570)이야말로 이 방면의 대가라고 칭송한 바 있다. 경전의 뜻을 정확하게 훈고하고 고증하려면 좋은 사전과 문자학 공구서가 필요했다. 예를 들면『신교이석중화어록주해(新校俚釋中華語錄註解』)와 같은 책이 그러하다. 이 책은 이황이 편찬하고 후일 유희춘이 주해한 참고서로, 중국어를 정확하게 이해하기 위해 한 글자부터 여섯 글자로 이루어진 숙어들을 한글로 언해하고 해설했다. 중국의 서적들을 읽기 위한 기초적인 사전류 작업에서 유희춘은 발군의 실력을 보여 주었다. 특히 유희춘은 기왕의 한자 사전인『유합』을 증보 수정하여 수천 자에 달하는 한자의 음과 훈을 언문으로 풀어 어린이용 기초 교재인『신증유합』을 새로 편찬했다.[18]『신증유합』이야말로 학문을 위한 대표적인 기초 서적으로서 조선 후기에 이르도록 3대 아동용 교재로 활용될 정도였다.[19]『신증유합』「발문」에서 허준의 자연학에 큰 영향을 미친 유희춘의 사상을 엿볼 수 있다.

신이 지난 1542년, 춘방(東宮)의 관료가 되어 외람되이 동궁(東宮)에게 『유합』을 진강(進講)하는 광경을 보았습니다. 그 가운데 승려를 존중하고 유가의 성현을 배척하는 내용이 있어 이를 교정하겠다는 마음을 먹었습니다. 그러나 제가 고루하여 결실을 맺지 못하다가 30여 년이 지난 이후 비로소 책을 완성할 수 있었습니다. 감히 스스로 옳다고는 못 하겠지만 다만 어린아이들을 가르치는 데 필요한 정도는 되고자 했습니다. 마침 승지 정탁(鄭琢)이 보고서 저를 임금께 아뢰고 신을 발탁하여 서용토록 명령하게 했습니다. 지난번 부름을 받고 달려와 다시 개수본을 바쳤더니, 임금께서 경연 석상에서 여러 신하들에게 말씀하시기를 "이 책이 진실로 좋구나. 다만 언문으로 번역한 것 중에 사투리(土俚)가 많다."라고 했습니다. 신이 명을 듣고서, 삼가 물러나 옥당의 동료들과 상의·확정한 후 개정했습니다. 또 듣건대 여성군(礪城君) 송인(宋寅)이 자훈(字訓)에 밝다고 해서 찾아가 오류를 지적받아 다시 고치고 공손히 기다렸습니다. 성상께서 살펴보신 후 "글자의 뜻이 하나가 아니다."라고 했습니다. 신은 견문이 낮은 자로 정밀하고 상세하지 못하여 지극히 황송함을 이기지 못하고, 삼가 두 손을 모으고 머리를 조아리며 듣기만 할 뿐이었습니다. 1576년(선조9) 10월 초나흘, 가선대부 행 첨지중추부사 겸 동지성균관사 신 유희춘은 교열하여 올립니다.[20]

유희춘의 『신증유합』
서울대학교 규장각한국학연구원/중앙도서관 소장.

『신증유합』에서 유희춘은 천지자연으로부터 인간사의 면모를 표현하는 다양한 글자에 대해 정확한 발음과 뜻풀이를 붙이는 '물명' 고증을 시도했다. 상권은 수목(數目), 천문, 중색(衆色), 지리, 초훼(草卉), 수목, 과실, 화곡(禾穀), 채소, 금조(禽鳥), 수축(獸畜), 인개(鱗介), 충치(蟲豸), 인륜, 도읍, 권속, 신체, 실옥(室屋), 포진(鋪陳), 금백(金帛), 자용(資用), 기계, 식찬(食饌), 의복 등 총 24항목 1000자, 하편은 심술(心術), 동지(動止), 사물 3항목 2000자, 총 3000자로 구성되어 있다.

한마디로 유희춘의 학문은 박학과 더불어 정확한 기본기를 중시했다. 그는 가난하게 살면서도 중국의 신간 서적뿐 아니라 경전의 다양한 이본(異本)들을 집중적으로 매입하는 등 16세기 조선 최대의 장서가 중 하나였다. 19년간의 함경도 유배 생활 중에도 만여 권의 책

을 독파한 독서가이기도 했다.[21]

유희춘의 행장을 쓴 이호민(李好閔)은 "그가 읽지 않은 책이 없어 경전과 문집, 고금의 역사서는 물론 희귀한 책들과 소설에 이르기까지 통달하지 않은 것이 없었다. 모두 관통한 데다가 특히 외우는 데 능하여 한 편 한 편을 암기하는 것이 마치 바로 보고 읽는 듯했다."라고 술회할 정도였다.[22] 선조 임금도 유희춘의 박람강기를 잘 알고 있었던 터라, 그에게 내린 교서에 5000권 경사자집(經史子集)의 문자를 남김없이 가슴속에 채워 두었다고 칭송해 마지않았다.[23] 유희춘의 암송 능력은 조선 후기에도 널리 회자될 정도로 유명했다. 조선 후기의 실학자 이덕무(李德懋, 1741~1793)는 유희춘이 거질의 『주자대전(朱子大全)』을 모두 배송(背誦, 책을 보지 않고 암송하기)할 수 있다고 놀라워했다.[24]

사실 유희춘의 학문은 박학강기로만 이해될 뿐 당대의 이황이나 이이처럼 성리학을 철학적으로 고양시킨 학자들에 비해 크게 주목받지 못했다. 그와 함께 경연관으로 활동했던 율곡 이이는 유희춘의 학문을 비판적으로 보기도 했다. 유희춘은 옛 글을 많이 읽었지만 식견이 없어서 시비를 분간하는 데 어둡다거나,[25] 고서는 잘 외었을지언정 참지식(眞知)은 없다는 식의 비판이었다.[26]

유희춘의 학문이 다시금 조명을 받게 된 것은 18세기 후반이었다. 당시 명 말 청 초의 고증학이 조선에 전래되자, 조선의 학자들은 일찍이 기초 학문인 소학에 주목했던 선배 학자들을 새롭게 재평가하기 시작했다. 그 결과 가장 먼저 높은 평가를 받게 된 인물이 다름아닌 유희춘이었다. 『오주연문장전산고(五洲衍文長箋散稿)』라는 거질

『동의보감』「탕액편」
서울대학교 규장각한국학연구원 소장본.

의 백과사전을 편찬한 이규경(李圭景, 1788~1856)은 유희춘의 학문을 자학의 최고봉으로 정의하고 그의 사전학에 대한 기여를 크게 칭송했다.[27] 이러한 유희춘의 박학과 실증 학풍에 영향을 받은 16세기 후반 조선의 대표적인 박물학 저술이 바로 허준의 『동의보감』이었다. 때문에 조선 후기에 고증학이 유행하면서 가장 주목받은 서적도 다름 아닌 『동의보감』이었다.[28] 허준은 『동의보감』「탕액편」에서 본초에 대한 향약명 고증을 통해 기초 학문의 중요성을 잘 보여 주었다. 16세기 후반 조선의 자연학이 이룬 성취는 『동의보감』의 약재에 병기된 한글 이름에서 여실히 드러난다.

철저한 출전 표시와 정확한 뜻풀이를 고집했던 유희춘의 학문

정신은 그의 일기에도 그대로 관철되어 젊은 시절 허준의 일거수일투족이 세밀하게 기록되어 있다. 『미암일기』는 기본적으로 유희춘의 일상 기록이지만 허준에 대한 묘사는 그 어떤 자료와 비교할 수 없을 정도로 풍부하다. 사실상 허준의 내의원 재직 이전의 젊은 시절을 고찰할 수 있는 거의 유일한 자료인 셈이다.

허준은 일찍부터 호남 출신의 학자이자 관료였던 유희춘의 인적 네트워크에 들어갔고, 두 사람의 두터운 관계는 유희춘의 부탁으로 허준이 전라도의 여러 지역을 방문하여 유희춘의 지인들을 치료한 사실에서도 잘 드러난다. 1569년 유희춘은 허준에게 나주에 사는 나사침(羅士忱)과 그의 아들 나덕명(羅德明)의 질병을 진찰해 달라고 부탁했으며, 남원에 거주하는 신흔(申昕)을 치료하도록 주문하기도 했다.[29] 허준도 유희춘이 관직을 제수 받아 상경하거나 전라도에 부임할 때, 하직하여 담양이나 해남으로 내려갈 때면 반드시 문안 인사를 올렸다.

유희춘은 허준을 의원 이상으로 대접했다. 허준이 유희춘을 방문했던 이유는 대부분 질병을 치료하거나 약재를 논의하기 위해서였지만, 유희춘에게 다양한 책을 선물하는 등 보통의 의원들과 다른 모습을 보였다. 1568년 2월 22일, 허준이 내의원 의관으로 천거되기 전의 일이다. 20대 후반의 허준은 유희춘을 방문하여 『노자(老子)』, 『문칙(文則)』, 『조화론(造化論)』을 선물했다. 책을 좋아했던 유희춘은 『미암일기』에 이 사실을 특필하고 허준에게 고마움을 표했다.[30] 서책 구입은 유희춘과 같은 고위 관료를 지낸 사람에게도 쉬운 일이 아니었다. 그로부터 얼마 지나지 않은 1568년 4월 20일, 허준은 『좌전(左

傳)』10책과 중국에서 간행된 『모시(毛詩)』를 구해 유희춘에게 보냈다.[31] 허준이 젊은 시절부터 경사에 밝았다는 평가는 사실과 부합했다.[32] 어려서부터 유학적 소양을 갖추었던 허준은 전문 서책상(서쾌) 송희정으로부터 각종 도서를 구입했다.[33] 고가의 서책 구입은 재정적으로 부담이 꽤 컸을 것으로 보인다. 책을 선물한 허준에게 유희춘은 부채 등 다양한 물건을 보내 답례했다.[34] 성리학은 물론 박학과 고증을 강조했던 유희춘의 학문은 허준과 교류를 맺으면서 자연스럽게 허준의 박물학에 영향을 미쳤다.

호남 지방에서 성장한 허준이었지만 20대 후반에는 이미 전라도를 넘어 서울에까지 그 명성을 떨치고 있었다. 서울에 거주하는 동안 유희춘은 허준에게 왕진을 요청했다. 유희춘 본인의 질병뿐 아니라 부인의 고질병과 자식들의 치료를 부탁했다.[35] 나아가 허준에게 서울 주변에 거주하던 송순(宋純) 등 친구들의 치료를 당부하기도 했다.[36]

알려진 대로 허준과 같은 서자들은 비록 사족의 자제이지만 문과나 무과에 응시할 수 없었다. 이런 이유로 이들 중 일부는 의학을 공부하여 유의로 활동하는 경우가 많았다. 16세기의 양생서이자 요리서인 『수운잡방(需雲雜方)』의 저자 김유(金綏, 1491~1555)에게는 서자 김부생(金富生, 1547~1622)이 있었다. 김부생은 과거에 응시할 수 없자 의학이나 농학 등 실용 기술에 몰두했다. 유의로 활동했던 그는 안동 김문은 물론 주변의 많은 환자들을 치료하는 데 앞장섰다.[37] 이렇게 유의들 가운데 뛰어난 의술의 소유자는 특별히 의약동참(議藥同參)으로 치료에 참여하거나 허준처럼 내의원 소속 어의로 추천되기도 했다. 혹은 정읍의 임언국처럼 예빈시와 같은 중앙 관청에 소속되어 환자들을 치료하기도 했다.

기본적으로 16~17세기의 유의들은 유학에 대한 소양뿐 아니라 의술에 뛰어난 지식인이었다. 이들은 향촌의 유향소나 의국 등에서 활동하는 경우가 많았다. 비록 대과에 합격하지 못했거나 서자라는 신분적 한계가 있었지만 지방의 다양한 공공 실천에 동참했다.[38]

조선은 국초부터 지방에 의원(醫局)을 설치하여 의료 혜택을 확산시키려 했다. 각 도에 한 군데 혹은 세 군데 정도 의원을 건립하고, 지방 사족들 중 일부를 의생(醫生)으로 양성하여 지방 의료를 담당하도록 할 계획이었다. 이러한 계획이 성공하려면 향촌 내 사족들의 적극적인 협조 없이는 불가능했다. 다음에 살펴볼 영주의 의국 제민루는 중앙에 납입할 약물을 제조하고 관리하기 위해 국가 주도하에 세워진 공립 의국이었지만, 제민(濟民)이라는 의미 그대로 향촌을 위한 환난상휼의 토대로 기능했다. 16세기 후반까지 제민루는 향촌 사족들의 회의체인 향소(鄕所)와 서원, 의국의 기능을 복합적으로 수행하고 있었다. 그러던 중 1591년 영주 군수 이대진(李大震)과 사족들이 의원 규칙을 마련하고 운영 자금을 확보하면서 제민루는 본격적인 지방 의국의 정체성을 가질 수 있었다. 아래의 자료가 16세기 후반 경상북도 영주에서 운영되었던 의국 제민루의 운영 규칙이다. 『영주읍지』에 수록되어 있는 이 「의원입의(醫院立議)」는 현존하는 조선 시대 최고(最古)의 의국 운영 방안이다.

1. 의원의 모든 일은 일향(一鄕)이 상의한다. 향소에서 근면한 사

람 1인을 뽑아 전적으로 담당하도록 한다.

1. 유향소에서 약리(藥理)를 잘 알고 공정하면서 근실한 자를 선발하여, 삼망(三望)을 갖추어 수령에게 보고하여 정한다. 도감 2인은 의원 내의 모든 일을 일일이 총괄한다. 만약 기피하는 자가 있으면 향중에서 논벌한다.

1. 장무와 고직과 채약인 등이 만약 죽거나 위중한 병에 걸린 경우, 곧바로 관청에 보고하여 정원을 채운다. 관에서 혹 직임을 옮기거나 빼앗는 폐단이 있으면 향중이 일제히 모여 회합한 후 의견을 진달하고 끝까지 요구한다.

1. 전제(典劑, 약물 제조 담당) 4인은 군역을 면제하여 차출하고 이미 군역에 소속된 자는 아들이나 손자를 대신 면역시켜 준다. 천역은 시키지 않는다.

1. 약물을 제조할 때 다른 재료나 순정하지 않은 약재를 섞어 사람을 속이고 이득을 취하는 자가 있다면 향중의 공의로 고역에 충정한다.

1. 약값을 치르지 않은 채 강제로 약물을 취하려는 자와 후일 지불하겠다며 핑계를 대는 자는 비록 관원이라도 허락하지 않는다. 품관(品官)은 향중에서 처벌한다.

1. 향중의 품관이나 하리(下吏)들이 혹 사적인 원한으로 함부로 전제와 장무, 약간(藥干)을 침학했을 경우 발견 즉시 징벌하고 심한 경우 관에 보고하여 처벌한다.

16세기 제민루에서 활동했던 대표적인 유의가 이석간이다. 이

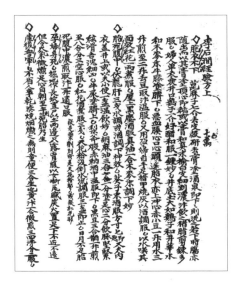

『이석간경험방』
16세기 초 영주의 의국 제민루
에서 활동한 이석간이 남긴 경험
방이다. 산청한의학박물관 소장.

석간의 선조인 공주 이씨들이 영주〔榮川〕에 이주한 것은 그의 증조부
이진(李畛) 때였다. 이석간의 아버지 이함(李諴)은 초시에는 합격했으
나 지방에 은거한 채 출사하지 않았으며, 어머니는 안동의 대표적인
사족 권사빈(權士彬)의 딸이었다. 충재(冲齋) 권벌(權橃)이 곧 이석간
의 외삼촌이었다. 후일 권벌의 중국 사신 행차에 이석간이 동행한 기
록이 나타나기도 한다. 이석간 역시 사마시에 합격했으나 대과에 오
르지 못하고 음직(陰職)으로 한성부 남부의 말단 직위에 올랐다가 귀
향하여 영주를 중심으로 유의로 활동했다.

　젊은 시절 유의로서의 이석간의 정체성은 향시(鄕試)의 답안으
로 제출했던 「대약부(大藥賦)」라는 글에 잘 드러난다. 이석간은 의약
을 통한 구세제민(救世濟民)의 뜻을 풀이하면서 의국 제민루의 의미
를 정확하게 설명하고 있다. 한마디로 '대약'이란 특별한 약재나 의

술을 지칭한 것이라기보다 의약에 빗대어 세상의 병통을 구하려는 지식인의 포부와 실천 의지를 상징했다.

과거에 합격하여 관료로 출세하고자 했지만 결과적으로 뜻을 이루지 못하자, 이석간은 관료의 꿈을 접고 제민루를 중심으로 지역의 유의로 살아갔다.[39] 이와 달리 허준은 서자라는 신분의 한계로 인해 과거에 응시할 수 없자 의술에 전념했다. 양천 허씨라는 갑족의 후예로서 경(經)과 사(史)를 아우르는 학문적 소양을 갖추었던 허준은 비록 의학에 종사했지만 누구보다 유학자로서의 정체성이 확고했다. 유의는 단순한 기술자가 아니었다. 인간 본연의 심신(心身)에 대한 깊은 이해가 필수적이었다. 유학과 의학에 모두 해박한 사람만이 유의라는 호칭을 가질 수 있었다.

젊은 시절 유의로 명성이 자자했던 허준은 1569년 윤6월 유희춘의 천거로 내의원의 어의로 들어갔다. 허준의 첫 번째 관직 출사였으니 그의 나이 30세 때의 일이다.[40] 『양천허씨세보』는 이해에 허준이 의과에 합격했다고 기록하고 있지만, 천거로 내의원에 들어간 허준의 행적을 의과 합격으로 혼동한 것으로 보인다.

서울(한양)은 학문의 중심지요 모든 지식이 모여드는 곳이었다. 최고 수준인 내의원 의원들이 서울에서 활동하고 있었다. 당시 내의원 어의 중 최고의 의원은 양예수였다. 유희춘은 당대 최고의 어의 양예수를 잘 알고 있었다. 양예수는 유희춘이 서울에 거주하면 매번 문안 인사를 빠뜨리지 않았다. 1570년 6월 양예수가 유희춘을 찾아와 보약을 의논하고 돌아갔다. "양예수가 방문하여 이황원(二黃元) 한 제는 두 달이면 다 먹을 수 있고, 경옥고 한 제는 하얀 백자로 하나인

데 일 년 동안 먹을 수 있다고 한다."[41] 유희춘은 양예수가 가져다준 내의원 경옥고를 1년간 복용한 사실을 『미암일기』에 특별히 기록해 두었다.

1573년 양예수는 유희춘의 부인이 질병으로 고생하자 이를 치료하기 위해 유희춘의 집을 방문했다.[42] 그뿐 아니라 유희춘의 지인들이 병을 앓자 이들을 왕진했다. 1570년 양예수는 유희춘의 요청으로 박순(朴淳)을 문안했다. 박순의 병고가 매우 깊었던 모양으로, 허준과 양예수 등 유희춘과 친교가 있는 내의원 어의들이 박순을 찾아 문진(問診)했다. 유희춘은 양예수와 같은 명의가 자신의 말을 듣고 친우를 병문안한 데 대해 크게 감격했다.[43] 거의 매월 양예수는 유희춘을 문안했으며, 양예수와 허준이 함께 유희춘을 방문하기도 했다.[44] 이처럼 양예수와 허준은 허준의 내의원 입사 전부터 유희춘을 매개로 자연히 알고 지냈을 가능성이 높다. 30세에 내의원에 입직한 뒤 허준은 본격적으로 양예수의 의학을 전수받았다.

허준의 내의원 어의로서의 활동 내역이 실록에 기록되기 시작한 1575년 즉 허준의 나이 36세 이전의 행적은 오직 유희춘의 일기를 통해서만 알 수 있다. 다음은 1570년 5월에서 9월 사이의 일이다.

· 아침에 허준이 와서 인사를 하고 부인이 먹을 오수유환을 상의하고 갔다.[45]
· 허준이 나의 부름을 받고 와서 한경두·김진의 병세를 봐 주고 갔다.[46]
· 허준이 와서 담양 나중부의 아들의 습질(濕疾) 약물로 위령탕

을 의논하고 갔다.[47]

· 허준이 8량의 이황원을 지어 왔다.[48]

허준은 내의원 어의로 재직하는 동안에도 유희춘과 그의 부인, 친지들의 병문안을 잊지 않았다. 1570년 12월 12일 유희춘이 해남으로 떠날 채비를 하자, 허준은 유희춘의 부인 송덕봉(宋德峰, 1521~1578)을 위해 이황원 8량을 준비했다.[49] 멀리 있는 유희춘에게 인편으로 약물을 보내기도 했다. 이듬해인 1571년 삼례찰방에게 부탁하여 유희춘에게 두 종류의 향재(香材)를 보내도록 한 것이다.[50] 유희춘이 지방에 내려가 있는 동안 허준은 이전처럼 자주 문안을 하지 못하는 대신 약물과 향재를 보내 안부를 전했다.

1571년 11월 유희춘이 서울에 다시 올라오자 허준은 다시 그를 방문했다. 이때 허준의 직위는 종4품의 내의원 첨정(僉正)이었다.[51] 11월 2일 방문 이외에도 허준은 7일, 27일 등 두 차례 이상 유희춘을 방문했다.[52] 인사차 유희춘을 방문하기도 했지만 녹용 등 구득이 어려운 약재를 대신 구해 주는 등 세심하게 유희춘의 가족을 살폈다.[53]

34세가 되던 1573년 11월, 허준은 드디어 정3품직에 해당하는 내의원 정(正)에 올랐다. 이달 3일에 유희춘의 옆집에 살던 생원 석수도가 인사를 하러 왔을 때 허준도 동행했는데 『미암일기』에는 당시 허준의 직위를 내의원 정으로 기록하고 있다.[54]

허준의 내의원 입사는 확실히 유희춘 덕분이었다. 이에 허준은 유희춘은 물론 가족들의 건강을 모두 돌보았다. 1574년 3월 허준은 유희춘의 아들 유광룡을 위해 평위원(平胃元)에 맥문동을 가한 약물과 청폐음(淸肺飮)을 조제하여 집안을 방문했다.[55] 허준은 유희춘 내외와 자식들 나아가 유희춘의 사위였던 윤관중(尹寬中)의 습증 치료도 도맡았다. 윤관중이 복용할 탕약을 의논하는 과정에서 유희춘 가문의 주치의를 자처한 허준의 모습이 엿보인다.[56]

향촌에서 활동하던 유의들도 지방의 유력한 사족 집안의 주치의를 담당하곤 했다. 물론 유의들이 사족만을 치료하지는 않았지만 향촌 사족들의 네트워크(유향소)를 기반으로 공공 의료에 참여한 것은 분명하다. 허준은 젊은 시절부터 자연스럽게 서울과 호남을 오가며 소식을 전하는 메신저 역할을 담당하기도 했다. 유희춘을 비롯하여 송강(松江) 정철(鄭澈, 1536~1593), 소재(蘇齋) 노수신(盧守愼, 1515~1590), 파주의 우계(牛溪) 성혼(成渾, 1535~1598) 등을 연결하는 사족 네트워크에 허준도 함께하고 있었다.

1587년 9월 성혼이 정철에게 보낸 편지를 살펴보자. "이달 초이튿날 전라도 순천에서 부치신 편지를 받았으니 어찌 기쁘고 반가운 마음을 감당할 수 있었겠습니까. 급히 봉함을 열어 보고 근황이 좋지 못함을 알게 되니 염려되는 마음 그지없습니다. 허준이 와서 전하기를 노형(정철)이 술을 끊고 수양해서 얼굴이 붉은 옥과 같으며 술 때문에 생긴 코끝의 붉은 반점도 모두 없어졌다고 하여 몹시 기쁘고 다행스럽게 여겼는데, 이제 편지를 보니 잘못 전해진 뜬소문이 아닌가 싶습니다."[57]

성혼이 정철에게 보낸 편지에 48세의 완숙한 내의 허준이 등장한다. 허준은 이희삼을 만났다가 정철의 술병 소식을 전해 듣고 이를 성혼에게 알려 주었다. 성혼은 편지 말미에 술과 여색을 멀리해야 안

『우계집』권4「답정이상철서」
서울대학교 규장각한국학연구원 소장.

정되고 담박한 삶을 누릴 수 있다고 충고했다.

　우계 성혼과 송강 정철, 구봉(龜峯) 송익필(宋翼弼)과 율곡(栗谷) 이이(李珥, 1536~1584) 등은 서로 친구나 동료처럼 서간을 보내는 가까운 관계였다. 이들은 간혹 정치적으로 갈등하거나 대립하기도 했지만 기본적으로 기호 사림의 네트워크 안에서 활동하던 동료들이었다. 허준이 이들을 찾아 안부를 묻고 건강 상태를 전했던 것으로 보아 그 또한 기호 지식인 그룹의 일원이었음을 추측케 한다. 서자라는 신분으로 인해 의학에 종사했지만, 내의원에 출신한 후 엄연한 관료 사회의 한 구성원이 된 허준은 기호 지역의 학자 및 관료들의 네트워크 안에서 교유하고 성장할 수 있었다.

명의 양예수와 허준의 내의원 시절

내의원에 들어간 허준은 본격적으로 어의 양예수에게 의학 수업을 받을 수 있었다. 양예수의 의술은 당대 최고였으며 그가 남긴 『의림촬요』가 후일 『동의보감』의 기초가 되었던 점을 생각하면 양예수를 만난 것은 커다란 행운이었다. 양예수와 허준의 사제 관계는 양예수가 『동의보감』을 편찬하다가 완성하지 못하자 문인 허준이 이어받아 완성했다는 전설을 통해서도 확인된다.[58]

허준의 스승 양예수는 어떤 인물인가? 젊은 시절 허준이 의술로 이름을 날리기는 했지만 명의 양예수의 명성에 비할 바는 아니었다. 유희춘은 양예수를 거론할 때 항상 명의라는 호칭을 사용했지만 허준에게는 그렇지 않았다. 1570년 박순이 상한병으로 위태로울 때, 유희춘은 허준이 아닌 양예수에게 박순의 치료를 요청한 바 있다.[59] 연배는 물론 의술에서도 양예수는 허준보다 한 수 위로 여겨졌다. 양예수의 아버지는 양건(楊建)으로 부사용(副司勇)이라는 낮은 무직 출신이었다. 그럼에도 아들 삼형제 양인수(楊仁壽), 양예수, 양지수(楊智壽)는 모두 의관으로 입신했다.[60] 당시 무과와 잡과 등은 쉽게 출입이 가능하여 무과 급제로 관직에 나간 집안에서도 의과 등으로 시험 과목을 변경하는 경우가 많았다. 심지어 양인수는 선조의 어린 시절 스승이기도 한 학자였다. 양인수에 대해 각별한 애정을 가지고 있었던 선조는 왕위에 오른 뒤 그를 동반직에 서용하고 싶어 하는 등 대우가 남달랐다.[61]

양예수의 아들 모두가 사마시에 합격하여 생원, 진사가 된 것을 보면 그의 집안은 의학과 유학을 두루 공부하고 있었던 듯하다. 양예수 본인은 집안이 한미하여 어쩔 수 없이 성리학 공부를 포기하고 의학에 몸담았던 경우였다.[62] 예조에서 양예수를 만난 적이 있던 호음(湖陰) 정사룡(鄭士龍, 1491~1570)은 당시 어린 양예수에게 고전을 한번 가르쳤는데 이를 그대로 암송한 귀재였다고 칭찬했다. 양예수의 학문적 소양이 어느 정도인지 보여 주는 일화이다.[63]

그렇다면 허준은 양예수로부터 어떠한 의학적 전통을 이어받은 것일까? 양예수 의학의 특징은 무엇보다 도가의 성향을 강하게 띠고 있었다. 양예수가 의술을 전수받았다고 알려진 스승은 장한웅이라는 도인이었다. 장산인, 장도사 등으로 불리던 장한웅은 불교와 도가의 수련에 통달한 인물로서 사람들이 보지 못하는 학질 귀신을 볼 수 있을뿐더러 마음대로 다스리는 능력이 있었다. 이밖에 검해(劍解)라는 도술을 부려 많은 사람들이 그를 신통한 이인(異人)으로 불렀다. 장한웅의 부친과 조부 역시 의업을 전공했다. 조선 시대에 역병이 유행하면 『옥추경(玉樞經)』을 독경하여 여귀(厲鬼)를 물리치곤 했는데, 수대에 걸쳐 의술을 익힌 집안의 후손이었던 만큼 장한웅은 『옥추경』과 『운화현기』 등 도가 계통의 경전을 수만 번 읽고 지리산의 도인에게 수련법을 전수받았다고 한다.[64]

임진왜란이 일어나자 장한웅은 가산을 처분하고 장삼 한 벌에 지팡이를 짚고 소요산으로 들어갔다. 승려에게 자신이 죽으면 화장을 해 달라고 부탁했는데, 장한웅이 왜적에게 죽임을 당해 그 시신을 화장하자 사리가 70여 개 나와 이를 탑 속에 안장했다고 한다. 선가(仙家)다운 장한웅의 면모를 보면 차라리 유·불·선의 통합에 가까운 인물이었다고 할 수 있다.

이러한 장한웅에게 수학한 양예수는 유학을 근본으로 삼으면서 도가와 의학을 넘나드는 스승의 학문적 분위기를 따를 수밖에 없었다. 장한웅이 동대문 밖에 살았을 때 강화도와 서울에 거주하던 양예수는 그를 만나 의술을 전수받았다. 때문에 양예수의 저술인 『의림촬요』는 스승 장한웅의 이름을 따서 『장씨의방(張氏醫方)』으로도 불렸다.[65]

19세기 말 이름을 알 수 없는 이가 조선 전국에 유행하는 이야기들을 수집해 편찬한 야담집 『청야담수(靑野談藪)』(서울대 규장각 소장)에 젊은 허준이 한 학인을 만나 의학에 눈을 뜨는 대목이 나온다.

학인(學人)이 말하기를 "내가 어려서 못된 병을 앓았지요. 그런데 우연히 산인(散人)을 만나 신기한 처방을 받아서 낫게 되었소. 그로 인해 의학의 비결을 엿보게 되었는데, 대략 그 뜻만 알았지 끝까지 배우지 않은 까닭에 수박 겉핥기식으로 알 뿐입니다." 허준은 무릎을 맞대고 앉아 그에게 재주를 배우고자 하니, 학구가 말하기를 "『난경(難經)』에 이르기를 '의술은 뜻을 헤아려 운용하는 것이다.' 라고 했으니 깊이 생각하는 것이 정밀하면 터득할 수 있다오. 그 덕은 능히 어질어 남의 잘못을 용서하며 널리 사랑을 베풀지요. 그 지혜는 능히 남들이 곡해하는 것을 널리 드러내어 펼치고, 능히 천지신명의 위대함을 알며, 능히 사람의 성품과 천명의 길하고 흉한 운수를 밝혀낼 수 있지요. 허·실을 구분하고 순·역을 정한 후 증세의 경·중을 따져 약물의 분량을 헤아리며, 미묘한 것을 꿰뚫어 깊은

경지에 도달하되 미세한 것도 놓치지 않아야 합니다. 이렇게 되면
비로소 양의(良醫)라 할 수 있소.”라고 하고 드디어 여섯 가지 재주
와 네 사람의 의학자가 남긴 옛 의서를 자세히 설명해 주었다. 허준
은 귀를 기울이고 들으며 암기하여 깨우친 바가 많았다. 이때부터
고의서를 보는 습관을 들여 손에서 책을 놓지 않더니 그 미묘한 것
을 모두 터득하여 마침내 의술로 세상에 이름이 알려지게 되었다.

학인의 스승은 장한웅과 같은 도인이었는데, 평소에 병을 앓던
학인이 어느 날 도인을 만나 의학에 통달하게 되었고, 허준이 바로
그 학인을 사사하여 명의가 되었다는 일화이다. 양예수는 산인 장한
웅으로부터 의술을 전수받았다. 장한웅의 의술이 양예수로, 양예수
의 의술이 허준으로 이어진 조선 의학의 계보가 수백 년이 지난 19세
기 말에 전설 같은 이야기로 재탄생한 것이다.[66]

장한웅의 유·불·선 통섭의 의학은 제자 양예수에게 전수되었으
며 이는 내의원에 입사함으로써 양예수의 의학을 전수받았던 허준
으로 계승되었다. 허준의 의학이 기본적으로 유학의 수신에 기초하
면서도 도가와 불교를 포섭하는 삼교회통의 성격을 띠는 것은 어쩌
면 너무나 자연스러운 일이었다.[67] 실제 15~16세기 조선에는 도가
의 수련법이나 도가 의술을 지향하는 학자들이 꽤나 있었던 것으로
보인다. 매월당(梅月堂) 김시습(金時習, 1435~1493)을 필두로 경상북
도 선산 지역의 송당(松堂) 박영(朴英, 1471~1540)을 중심으로 한 송
당학파의 학인들이 그러하다.[68]

양예수 의학의 중요한 특징 가운데 두 번째는 금·원 사대가(金元

四大家)의 의학을 충실히 정리한 바탕 위에 새롭게 수입된 명대(明代)의 의학들을 정리했다는 사실이다. 양예수의 『의림촬요』는 주로 『의학정전(醫學正傳)』과 『세의득효방(世醫得效方)』 등 명대 초기의 의서들을 인용하고 있는데, 특히 『의학정전』은 금·원 사대가 의학을 정리한 명대 의서로 조선에서 큰 인기를 끌었다. 과연 양예수는 중국 명대의 의서를 간추려 『의림촬요』를 저술한 데 불과한 것일까? 양예수는 중국의 의서를 인용하면서도 여말 선초 이래 중국의 당약재를 향약으로 대체하려는 조선 의학의 전통을 충실히 따랐다. 그가 향약의 대명사인 인삼을 선용(善用)했다는 주장은 향약론을 계승 발전시키려 했던 양예수 의학의 특징을 잘 설명하고 있다. 18세기 서울의 양반 유만주(兪晩柱)는 양예수를 선조 대의 신의(神醫)로 칭송하면서 "선조 임금이 양예수에게 조선인들은 중국의 약재로 치료한 연후에야 비로소 병이 치료되었다고 하는데, 너는 향약으로 약을 만들도록 하라고 부탁했다."라고 했다. 이에 양예수는 왕의 명에 부응하여 『향약집험방(鄕藥集驗方)』 3권을 저술했고 모든 처방에서 인삼을 사용했다. 중국의 약재를 사용하지 않았기에 조선의 인삼에 비중을 두었다는 해석이다.[69]

현재 『향약집험방』이 전하지 않아 정확한 내용은 알 수 없지만 『의림촬요』의 처방들이 향약재 사용을 확대하려는 향약론 전통 위에 있었기에 『향약집험방』으로 불리지 않았는지 생각해 볼 일이다. 흥미롭게도 『동의보감』의 서문에도 선조가 향약재의 활용을 강조한 내용이 수록되어 있다. 당시 조선 의료의 환경은 가능한 한 많은 조선의 약재(향약)를 연구하고 활용하여 의료 혜택의 확산을 꾀하고자 했

다. 흥미롭게도 인삼을 과용했던 양예수는 당시 약성이 강한 약재를
사용하여 빠른 치료 효과를 추구했다는 비판을 받기도 했다.[70]

사람들이 말하기를 양예수의 투약 방법은 패도와 같아 집중적인
투약으로 효과를 빨리 보는 반면 사람을 상하는 일이 많았지만, 안
덕수(安德壽)의 처방은 왕도와 같아 효력은 느리지만 사람을 상하
는 일이 없다고 했다. 이에 세론이 모두 안덕수를 두둔했다. 양예수
는 소경대왕(昭敬大王, 선조) 때 명의 가운데 하나이다.[71]

허준은 물론 당대의 의원들 모두가 양예수처럼 약성이 강한 준
제(峻劑)를 선호한 것은 아니었다. 하지만 당시 양예수와 함께 내의
원 어의였던 안덕수는 양예수의 극한 약재 선호 경향을 비판하고 나
섰다. 그는 약효가 서서히 지속되는 약재를 사용함으로써 성질이 급
하거나 차고 더운 극성(極性)의 약재를 피했다. 유몽인(柳夢寅)의 『어
우야담(於于野譚)』에는 안덕수와 양예수의 의학 이론상의 대립이 설
명되어 있다. 양예수의 처방은 패술을 사용하여 여러 가지 병을 치료
했는데 그 효과가 귀신같았다는 것이다.

허준이 36세가 되던 1575년부터 실록에는 내의원 의원으로서
왕의 진찰에 참여하는 허준의 모습이 나타난다. 비록 안광익 혹은 양
예수 등 수의를 뒤따라 거명되고 있지만 내의원 어의로서 확고한 지
위를 확보하는 데 이른 것이다. 30대 중반의 비교적 젊은 나이에 허
준은 임금의 시의(侍醫)가 되어 입진하기 시작했다.

그의 나이 42세가 되는 1581년은 허준에게 매우 의미심장한 한

해였다. 이때 허준은 왕명에 따라 한의학의 기초가 되는 진맥에 관한 책을 직접 교정 출간함으로써 의학 인생에 새로운 전기를 마련했다. 임상 의원들이 환자를 치료하려면 무엇보다 환자의 몸 상태를 알아야 했다. 조선의 의원들은 맥상(脈象)을 통해 환자의 상태를 진단하는 방법(診脈)에 미숙했다. 중국의 위진 시대에 왕숙화(王叔和)가 편찬한 『맥경(脈經)』과 이후에 고양생(高陽生)이 이를 간추려 가결(歌訣)로 만든 책들이 조선에 수입되어 활용되었지만 내용의 핵심을 이해한 사람들이 적었다. 선조 임금은 진맥 방법을 상세하게 설명한 책이 조선의 의원들에게 필요하다는 사실을 깨닫고 허준에게 편찬 사업을 맡겼다. 허준은 고양생의 『찬도맥결』을 직접 교정하여 오랜 노력 끝에 진맥의 비결을 집대성할 뿐 아니라 완전히 이해할 수 있게 되었다고 강조했다. 책의 제목은 『찬도방론맥결집성(纂圖方論脈訣集成)』이었다. 허준은 발문에서 인체의 경락은 곧 나라의 기강과 같다면서 지금까지 의론(醫論)이 미숙하여 이와 같은 기본 의서를 정리하지 못하다가 이제 자신의 손으로 가능해졌음을 자축했다.

나라를 치료(醫國)하고 사람을 고치는 것(醫人)은 그 이치가 실로 한 가지이다. 사람의 맥은 경락이고, 나라의 맥은 기강(紀綱)이다. 기강이 서지 아니하면 사정(邪正)이 잡란(雜亂)하고 예법이 무너져서 사직이 위망에 이른다. 경락이 통하지 아니하면 표리가 막히고 음양이 혼란해져 성명(性命)이 거의 끊어진다. 대저 난세를 다스려 정도를 회복하고 위난을 돌려 안녕에 이르는 것은 그 요령이 병의 근원을 살피는 것이니 곧 해야 할 바(時務)를 인식하는 것이요, 경락을

조화롭게 하는 것은 기강을 정돈하는 것과 마찬가지다.[72]

허준은 나라를 다스리는 일이나 인체를 다스리는 일이 같은 사무(事務)라고 단언했다. 사람이 병드는 이유는 경락의 소통이 원활하지 못해 일어난다. 기혈(氣血)의 불통으로 표리가 막히고 음양이 혼란해지면 사람이 죽게 되는데 국가의 위기도 기강의 혼란에서 말미암는다. 올바른 것과 그렇지 못한 것들이 뒤섞이고 예법이 무너져 인륜이 사라지면 곧 국가 사직의 위망이 다가온다는 징후다. 진단은 사전에 병의 가능성[豫後]을 파악하는 일이다. 좋은 정치가는 각종 국란(國亂)의 무질서 가능성을 미리 예측할 수 있어야 했다.

허준은 40대의 원숙한 의학자로서 유학의 정치 기획을 자신의 맥경 해설에 접합시켰다. 허준 스스로 '유의로서의 정체성'을 다짐할 뿐더러 재천명한 셈이었다. 문무 관리가 되어 국가 경영에 참여하지는 못했지만, 내의원 어의로서 충분히 조선이라는 국가의 일부가 되었다는 사실은 허준에게 무한한 만족을 주었던 것으로 보인다. 특히 진맥의 어려움으로 인해 예부터 지금까지 신명(神明)에 들어가서 오묘함을 통달한 자들이 드문데, 본인 스스로 맥경을 통해 묘리를 이해할 수 있는 방도를 얻었다고 자부하는 대목에서는 당시 조선의 정치·사회의 난맥(亂脈)을 진단하고 치료할 수 있는 자질을 허준 본인이 갖추고 있다고 말하는 듯한 느낌마저 든다.

요컨대 의술의 길은 치국(治國)의 도리와 다르지 않았다. 의학이 정치의 반열에 오르자 유의의 실천이 관리들의 행정과 다르지 않게 되었다. 허준은 과거에 합격하여 국정 운영에 참여해야만 비로소 제

『찬도방론맥결집성』의 표지와 권4에 담긴 허준의 발문
서울대학교 규장각한국학연구원 소장본.

대로 된 공공의 실천이라고 생각했던 많은 지식인(士)들에게 '의술로 사람을 살리는 일' 또한 중요한 공공 사무임을 각인시켰다. '만일 어진 정승이 되지 못한다면 반드시 훌륭한 의원이 될 터이니 의술로 사람을 구할 수 있기에 그렇다.'라고 강조했던 중국 송대의 관리이자 유의였던 범중엄(范仲淹)의 고사(古事)를 16세기 후반 허준이 구현한 것이다.

　　1590년 51세의 허준은 왕자(후일 광해군)를 구료한 공로를 인정받아 당상관의 가자(加資)를 명받았다.[73] 이해 12월 광해군이 두창(천연두)에 걸려 사경을 헤매고 있었다. 그럼에도 많은 내의원 어의들은

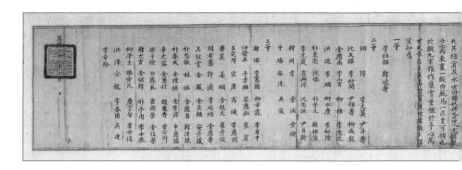

세상의 금기에 얽매여 감히 약물 치료를 시도하지 못했다. 그저 수수방관한 채 두창의 증세가 잦아들기만을 기다렸다. 이때 선조는 허준에게 적극적인 약물 투여를 허락했다. 겨울 추위가 극심한 때라 독기와 열이 한 곳으로 뭉쳐 왕세자의 증세는 험악해졌다. 조정의 신하들은 허준이 과한 약물을 처방하여 그렇게 되었다고 비난했다. 왕세자의 병세가 악화될수록 사람들의 비난은 더욱 거세졌다. 선조는 꿋꿋하게 허준의 치료를 지원했다. 허준은 두창 치료를 위해 여러 가지 실험 끝에 드디어 신효한 약물을 개발했고, 세 번 투약 끝에 세 번 모두 효과를 입증했다. 지난날 허준의 약물 치료를 탓하던 사람들도 탄복해 마지않았고, 두창 환자가 있는 집에서는 소문을 듣고 달려와 조금의 약이라도 얻으려고 다투었다. 투약은 성공적이어서 두창에 걸린 아이들은 열 번 약을 쓰면 열 명 모두가 살아나는 기적 같은 일이 벌어졌다.[74]

선조가 허준에게 당상관의 품계를 내리려고 마음먹은 데는 그만한 이유가 있었다. 허준은 내의원 정을 제수 받았지만 여전히 당하관의 품계에 머물러 있었다. 물론 당상관에 오르는 가자는 가벼이 처리

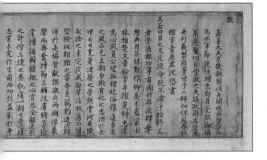

될 문제가 아니었다. 서자로서 그것도 기술직인 의관이 당상관의 품
계를 받았던 전례가 없었기 때문이다. 많은 조정의 신하들이 당상관
품계의 지급을 비판하고 나섰다. 1591년 1월부터 4월에 이르는 동
안 사간원은 허준에게 가급된 자품(資品)의 환수를 집요하게 요구했
다. 그럼에도 선조의 의지는 확고했다. 두창에 걸린 환자는 세속의 금
기에 얽매여 마마 신에게 빌기만 하는 상황이었다. 허준의 저미고(猪
尾膏)는 두창 환자에게 매우 위험한 흑함(黑陷) 현상을 치료하는 신약
(神藥)이었다. 신약을 개발한 허준에게 자급을 올려 주는 일은 지극히
당연했다. 51세의 허준은 서른의 나이로 내의원에 출사한 지 20여 년
만에 당당히 당상관에 오르는 영예를 누리게 되었다.[75]

허준이 53세 되던 1592년 임진왜란이 발발했다. 많은 조정의 신
하들이 선조를 모시고 의주로 피난했다. 내의원 어의 허준도 한양 도
성을 떠나 선조를 호종(扈從, 임금의 수레를 모시고 감)했다. 노쇠해진 양
예수를 대신해 허준이 실질적으로 내의원을 주도해 나가기 시작한 것
이다.

내의원 재직 시 허준의 뛰어난 의술은 세상이 모두 아는 바였다.

많은 사람들이 허준에게 왕진을 부탁하려고 그의 집을 찾았다. 허준은 몰려드는 환자를 모두 진찰할 수 없자 아예 집안 대문을 걸어 잠그고 환자를 돌려보냈다. 그에 대한 악평이 쏟아졌다. 허준이 거만하고 게을러 환자 보기를 거절한다는 세평(世評)이 돌았다. 이 때문에 허준은 효자들의 이야기에나 등장했다. 효자의 정성이 얼마나 지극하기에 게으른 허준을 감동시킬 수 있었느냐는 반문이었다.

효자 박준의 일화를 들어 보자. 그는 아버지 박희성이 중풍에 걸리자 정성으로 시약하고 하늘에 호소하여 아버지의 목숨을 구했다고 전해진다. 박준 역시 명의 허준의 집을 찾았다. 알려진 대로 허준은 환자 보기를 거절했기에 약을 물으러 오는 자가 문 앞에 가득해도 절대 얼굴을 보이지 않았다. 박준은 포기하지 않고 매일 아침 반드시 닭이 우는 새벽에 달려가 울면서 왕진을 호소했다. 그 모습이 매우 간절하여 마침내 허준은 진실한 그의 효성에 감동할 수밖에 없었다. 허준은 문을 열어 주지 않은 노복을 꾸짖고 '박준은 진실로 효자로다. 추운 계절에 문밖에 오랫동안 세워 두면 반드시 상할 것이니 먼저 따뜻한 방에 들이라.'라고 명하고는 집에 왕진하니 아버지 박희성의 풍병(風病)이 사라졌다. 듣는 이들 모두 감탄하지 않을 수 없었다는 전설 같은 이야기다.[76]

이뿐만이 아니다. 이조 판서를 지낸 심각(沈恪)의 이야기도 구도는 앞의 일화와 동일하다. 심각은 타고난 성품이 바르고 효성이 지극한 데다 우애가 깊었다. 아버지가 병으로 앓아눕자 정성으로 시약했고, 낮밤을 가리지 않고 분주하게 의관을 찾아다녔다. 허준은 평소에 게을러 손님이 찾아오는 것을 좋아하지 않았는데 심각의 지극한 효

성에 감동하여 왕진했다는 것이다.[77]

　허준이 문을 걸어 잠근 채 약물을 물어오는 수많은 환자들을 만나 주지 않았으니, 허준의 처방과 왕진을 얻어 낸 일은 지극한 효성을 증명하는 상징이 될 수 있었다. 허준을 매우 태만한 자로 서술하고 그를 감동시킨 지극한 효성을 대비하는 방식의 이야기는 역설적으로 허준의 의술이 얼마나 뛰어났는지 말해 주고 있다.

인생을 바친 의서 편찬

　1596년 57세의 허준은 『동의보감』 편찬을 명받고 유의 정작(鄭碏)과 어의 양예수를 모시고 의서 편찬 작업을 추진하고 있었다. 그러나 1597년 왜란이 재발하자(정유재란) 의원들이 모두 흩어지고 『동의보감』 편찬 사업은 이내 중단되었다. 이후 허준은 위에서 언급한 백성들을 위한 구급 의서 편찬에 힘써 일상의 구급 의서인 『언해구급방』을 비롯하여 두창과 홍역을 다룬 『언해두창집요』, 산부인을 위한 『언해태산집요』를 연이어 저술했다. 일단 백성들의 생활에 필수적인 간편 의서를 언해하여 보급하는 일이 시급했기 때문이다.

　『언해두창집요』의 발문을 보면 신축년인 1601년 봄, 선조 임금은 허준에게 "평시에 『태산집』, 『창진집』, 『구급방』이 세상에 간행되었으나 왜란 후에 이 모든 의서들이 없어졌다. 너는 마땅히 의론과 처방을 찾아 다루어 세 가지 의서를 만들도록 하라. 왕실에 내장하고 있는 고금의 의서를 내줄 터이니 이를 검토하고 편찬에 참고하라."

라고 하교했다. 무엇보다 두창 치료가 시급했다. 모든 사람이 인생에 한 번씩은 걸리는 피할 수 없는 역병인데도 사람들이 미신에 젖어 마마 신을 맞이하는 데 급급했기 때문이다. 아무도 약을 써서 치료하려 들지 않았다. 허준은 두창의 원인이 마마 귀신이 아니라 어머니의 배 속에서 흡입하는 태독(胎毒) 때문이라고 확신했다. 태독을 제거하면 예방과 치료가 가능했는데 이를 시도하지 않는 것이 문제였다.

대개 사람이 태중(胎中)에 있을 때 더러운 독이 명문(命門)에 쌓였다가 화운(火運)이 그해의 운세를 주도하는 때를 만나면 안팎이 서로 감응하여 부스럼과 두창이 생깁니다. 무릇 혈기가 있는 생명체는 그렇지 않은 것이 없습니다. 어린아이에서 노인까지 일생에 한 번은 반드시 걸리므로 백세창이라 부르기도 합니다. 사람이 이 병을 겪지 않으면 기예를 익힐 수 없고 혼인도 불가하며 이웃과 친척들도 그를 성인으로 대접하지 않습니다. 만일 감염되면 어린아이의 부모는 오직 기도만 할 뿐 한 번도 약을 써서 치료하려는 생각은 하지 못한 채 길흉과 생사를 귀신에게 맡길 뿐입니다. 삼한(三韓) 이래로 훌륭한 임금과 명철한 신하는 어느 시대나 없지 않았으나 한 번 명령을 내려 고질적인 병폐를 혁파하지 않은 이유는 무엇입니까?[78]

허준은 1601년 조선 최악의 역병인 두창을 치료하기 위해『두창집요』를 편찬했다. 임란 중의 어려움 끝에 두창 치료 의서를 마무리한 허준은 책의 말미에 직접 발간 의의를 설명했다. 그는 조선의 인구가 증가하지 못하는 이유는 두창과 같은 역병이 창궐하면 많은 사람이 희생되는데 이를 적극적으로 치료할 생각은 하지 않고 미신의 금기에 갇혀 그저 하늘에 빌기만 하는 풍속 때문으로 보았다. 허준은 어린아이들의 경우 성인처럼 자신의 고통을 말할 수도 없기에 치료하기가 가장 어렵다고 강조하고, 특히 어린아이들의 생명을 앗아 가는 가장 큰 원인을 두창의 유행으로 꼽았다. 언급한 대로 조선의 오랜 풍속에서는 적극적으로 두창을 치료하거나 푸닥거리라도 할라치면 마마 귀신의 화를 돋우어 어린 생명을 앗아 간다고 믿고 있었다. 마마 신에게는 음식과 옷가지 등을 잘 차려 두고 손님을 맞이하듯이 정성을 다해야 할 뿐이었다. 많은 사람이 무언가 조치를 하면 마마 신이 더욱 해를 입힐 수 있다고 믿었기에 약물 치료를 제일의 금기로 여겼다. 따라서 역병이 유행하거나 독역이 창궐하면 마을마다 아이들을 찾아볼 수 없고, 백성 수가 줄어들 수밖에 없었다.

이러한 풍속은 왕실이라고 예외가 아니었다. 선조는 왕자들이 연이어 두창에 걸렸지만 적극적으로 치료하지 않아 비명에 죽은 아들도 있었다. 그런데 1590년(선조23) 겨울, 왕자(후일의 광해군)가 두창에 감염되자 마음을 고쳐먹은 선조가 어의 허준에게 약물 치료를 강행하도록 했고 그 덕분에 왕자의 생명을 구할 수 있었다. 선조는 기왕의 풍속을 비판하고 『언해두창집요』를 널리 보급하여 적극적인 대응을 하도록 명했다. 허준은 자신의 처방인 저미고와 용뇌고자(龍腦膏子)의 효과가 매우 크다는 사실을 강조했다. "저미고와 용뇌고자는 백발백중의 약이니 기사회생이 그림자나 소리보다 빨라 비록 목숨을 관장하는 귀신도 이보다 신묘하지 못할 것입니다. 그럼에도 임금

(선조)께서 오히려 치료법이 널리 확산하지 못할까 근심하여 다시 신에게 명하여, 처방과 약재를 언해하여 그 신묘함을 극진히 한다면 깊숙한 규방의 부녀자도 모두 얻어 증상을 살펴 처방을 찾는 데 자유자재로 사용할 것이라고 하셨습니다. 임금께서 어린아이를 살리고 백성을 아끼는 마음이 세월이 지날수록 더욱 두터우시니 상제(上帝)의 호생지덕(好生之德)과 정확하게 부합됨을 알 수 있었습니다. 그 깊고 두터운 은택이 만세에 드리워져 무궁할 것이 분명하니 어찌 아름답지 않으며 어찌 성대하지 않겠습니까?"[79]

조선의 두창 치료제는 백성을 사랑하는 선조의 마음과 허준의 충실한 연구 끝에 이룩한 결과였다. 허준은 두창에 걸린 어린아이의 부모들이 오직 기도만 할 뿐 한 번도 약을 써서 치료하려는 생각은 하지 못했는데, 훌륭한 임금을 만나 드디어 고질적인 병폐가 혁파될 수 있었다고 거듭 선조를 칭송했다.

선조의 명을 받은 1601년부터 허준은『구급방』,『두창집요』,『태산집요』의 저술에 착수하여 1년이라는 짧은 기간 안에 차례로 간편 의서들을 완성했다. 그리고 이 책들을 언해하여 1607년에『언해구급방』을, 그 이듬해인 1608년에『언해두창집요』와『언해태산집요』를 간행할 수 있었다. 1601년에 시작하여 6~7년 만인 1607년과 1608년에 연이어 언해본 의서를 편찬할 수 있었던 것은 이미 허준이『동의보감』편찬을 준비하고 있었기 때문이었다. 이상의 구급 의서 출간 사업을 통해 허준은 선초 이래 지방관의 임무였던 구급 및 역병 의서 편찬과 같은 공공의 실천에 동참하고 있었다.

일상의 구급에 관한 처방들을 선별한『언해구급방』의 목차를 보면 상권에는 중풍(中風), 파상풍(破傷風), 중한(中寒)으로 시작하여 자액사(自縊死), 익수사(溺水死), 동사(凍死), 기사(饑死)등 일상의 생활에서 겪을 만한 구급 상황과 그 대처 및 치료법이 실려 있다. 하권에는 짐승이나 벌레 등에 물렸을 때, 다리가 부러지거나 화상을 입은 경우를 치료하는 방법, 두창흑함이나 학질약(瘧疾藥), 약주방문(藥酒方文) 등이 수록되어 있다. 허준은『언해구급방』을 간행한 이후 이 책에서 충분히 다루지 못한 산부인의 임신과 출산, 두창에 관한 전문 지식을 수록해 따로『언해태산집요』와『언해두창집요』를 편찬했다.

간편 의서를 편찬한 이유는『언해구급방』의 첫머리에 소개된 중풍 치료법을 보면 쉽게 이해할 수 있다. 허준은 중풍을 '브롬마존병(바람맞은 병)이라.'라고 언해한 후 "문득 중풍으로 아득하여 인사불성이 되어 입과 눈이 돌아가고 손발을 사용하지 못하는 경우, 급히 엄지손톱으로 환자의 인중을 많이 짓이기면 즉시 깨어난다."라고 응급 처치 방법을 소개했다. 중풍으로 쓰러진 사람에게 간단히 손톱으로 인중을 자극하는 응급 대처법을 알려 주었으니, 특별한 약재를 구비하지 못한 궁촌 벽항(窮村僻巷)에서 반드시 필요한 구급 처방이 아닐 수 없었다.

처방하는 약재의 종류도 매우 단순했다. "중풍으로 구안와사가 오고 말을 못하면 입안의 거품을 모두 토해 내야 하는데, 가벼운 증세는 고체(苽蔕, 참외 꼭지) 가루 낸 것을 따뜻한 물에 타서 먹인다. 증세가 심하면 여로(藜蘆, 백합과의 다년생풀)에 사향을 조금 넣고 신 김치 국물〔菹汁〕에 타서 복용한 후 토하게 한다." 이외에 허준은 환자가 거품을 물고 인사불성이 되면 약물 복용이 어려우므로 뜸을 수백 장 뜨도록 권했다. 이처럼 『언해구급방』에서는 주변에서 손쉽게 활용할 수 있는 약재들을 처방하거나, 약물의 구득이 어려울 경우 침·구(鍼·灸) 등의 치료를 추천했다.

60대 중반의 노숙한 허준은 내의원을 대표하는 수의였다. 이 시기의 허준은 각종 의서들을 연이어 편찬하면서 내의원 어의로서 자의식이 충만했다. 허준이 직접 작성한 글이 많지 않지만 그의 생각을 엿볼 수 있는 자료가 하나 전한다. 허준은 조선 시대 내의원에 근무했던 전임 어의들의 계보를 새롭게 편찬한 후 『선생안』의 서문을 직접 지었다. 1605년 3월 66세의 허준이 쓴 글에는 명의로서의 자신감이 넘쳐흘렀다.

기관(院)의 이름을 내의라 했으니 즉 고대의 시의요, 오늘날 명나라의 태의(太醫)가 이것이다. 임금의 처소에 가까운 데 관청을 설치하고, 실로 어약(御藥)을 조제하는 일을 맡고 있으니 그 임무 또한 무겁고 크지 않은가! 내의원에는 예로부터 선생안(한 기관의 전임 관리 명단)이 있어서 이름을 기록한 자가 거의 수백 명이었는데, 임진왜란에 소실되어 전하질 않으니 애석한 일이다. 다행히 지금 내가 직접 보고 들은 바대로 기억이 그나마 사라지지 않았으니, 만약 지금이라도 거듭 기록해 두지 않는다면 우리 조선(東方)의 전후의 화타와 편작 같은 명의들의 이름을 어떻게 후세에 전할 수 있겠는가? 나의 부족한 능력을 두려워하면서도 감히 새로이 선생안을 만들어 그 성명을 다음과 같이 기록하기로 한다. 후일 사람들이 반드시 그 이름을 지목하면서 논하기를 "아무개는 실력이 뛰어났고, 아무개는 서툴렀다."라고 할 것인데, 천년 뒤의 공론이 두려워할 만하니, 우리 의원들이 힘써야 하지 않겠는가? 1605년(선조38, 만력33, 을사) 3월 허준 쓰다.[80]

허준은 역대 내의원 명단이 임란 통에 사라지고 전하지 않은 것을 아쉬워하면서 기억을 더듬어 내의원 어의들의 계보를 새롭게 정리했다. 「서문」에서 허준은 내의원 어의들이 얼마나 중요한지 한껏 강조했다. 내의원이 임금의 처소에 매우 가까운 이유는 '지존의 건강을 돌보고 약제를 조제하는 중요한 임무' 때문이었다. 어약을 관리한다는 자부심이 느껴진다. 허준은 스스로 화타와 편작 같은 명의가 아니라면 누구라도 내의원에 근무할 수 없었다는 말로 모든 내의원 어의들이 당대 최고의 명의였다는 사실을 강조했다. 나아가 당대 최고의 명의라는 평가에 만족하지 않고, 후대에도 여전히 최고의 명의라는 칭송을 받을 수 있도록 의술에 정진해야 한다고 주장했다. 아마 스스로에 대한 평가이자 동시에 채찍질로 보인다.

각종 언해본 의서를 간행하는 데 수년을 보낸 허준은 이후에 본격적으로 『동의보감』 편찬에 집중했다. 선조는 궁궐 내 소장 중이던 의서 500여 권을 내주면서 『동의보감』을 빠르게 완성할 것을 독려했다. 그러나 안타깝게도 1608년 2월 선조가 갑작스럽게 사망하고 말았다. 왕의 죽음과 함께 『동의보감』 편찬 사업도 이내 중단되었다.

광해군이 즉위한 1608년 3월, 사헌부와 사간원은 수의 허준의 죄를 묻는 상소를 계속해서 올렸다. 결국 허준은 파직과 함께 도성 밖으로 출척될 수밖에 없었다.[81] 그러나 여기에 머물지 않고 사간원은 허준을 중도부처 혹은 위리안치 할 것을 주장했다. 1608년부터 1609년 11월까지 2년여 동안 허준은 평안도 의주로 유배되었다. 왕의 죽음에 내의원 어의가 책임을 지는 것이 당시의 관례였다.

선조의 죽음과 관련하여 '독한 약물을 왕에게 처방하여 죽게 했다.'라는 음모론이 펼쳐졌다. 일종의 독살설로 내의원 수의였던 허준이 그 핵심으로 떠올랐다. 이와 관련하여 흥미로운 자료가 남아 있다. 『대동야승(大東野乘)』에 수록되어 있는 「정무록(丁戊錄)」에는 1607~1608년 사이 선조의 승하를 둘러싼 당파 간의 논쟁이 잘 묘사되어 있다.

1607년 11월 12일, 사간 송석경(宋錫慶)은 허준의 처벌을 요구하고 나섰다. 그는 선조의 건강이 당해 봄부터 여름까지 계속 좋지 못한데도 수의 허준이 자신의 의견을 고집하여 연이어 독한 약제를 썼으니 그 죄가 분명하다고 주장했다. 송석경은 자신뿐 아니라 언관들 대부분이 허준을 중히 문책하는 데 의견을 같이한다고도 덧붙였다. 물론 반대 의견도 있었다. 사간원 헌납 송부(宋溥)는 선조 임금의 건강 상태가 좋지 않은데 수의 허준을 처벌할 수는 없다고 주장했다. 아울러 언관들 대부분의 의견이 모아졌다는 송석경의 주장도 확인해 본 결과 믿을 바가 못 된다고 언급했다.

당시 선조는 허준을 두둔했다. "의관의 버릇이 원래 독한 약제를 쓰기 좋아하거니와 대저 의약의 미묘함은 논의하기가 쉽지 않다. 몸이 편치 않은데 수의를 논하여 죄줄 수는 없다. 논의를 그치고 그 의술을 다할 수 있도록 하라."라고 비답한 선조는 언관들에게 번거롭고 시끄럽게 논쟁하지 말뿐더러 사직은 더욱 부당하다고 하명했다.

이때 내의원 제조 유영경(柳永慶)이 자신이 모든 책임을 지고 사직하겠다고 나섰다. 그는 "신 등이 모두 보잘것없어 본디 의방(醫方)을 알지 못하여 시약(侍藥)한 이래로 황송하고 민망스러운 마음이 조금도 풀린 적이 없었는데, 이제 대간(臺諫)이 약을 쓰는 데 마땅함을 잃었다고 하여 죄를 의관(허준)에게 돌리고 있습니다. 성상의 환후를 치료할 처방은 비록 의관이 주관하지만, 신 등이 함께 참여하여 상의하지 않은 적이 없으므로 전연 죄가 없는 듯이 그대로 있을 수는 없습니다. 삼가 바라옵건대 상께서는 빨리 신 등을 파직시켜 여정(輿情)을 편안케 하시고 내의원을 중하게 하시면 더없이 다행이겠습니다." 라고 사직의 뜻을 비추었다. 선조는 허준을 다시 한번 두둔했다. 대간이 허준을 논죄하려는 뜻을 전연 알 수 없거니와 이는 약을 쓸 수 없게 하려는 것뿐이라고 일축했다. 선조는 "허준이 맞지 않는 약을 망령되이 쓴 죄가 없다."라고 강조했다.[82]

수의 허준이 독약을 처방하여 선조의 병세가 악화되었다는 주장은 1608년 2월 선조가 죽기 전부터 계속되고 있었다. 「정무록」의 기록은 허준 편이었다. 그도 그럴 것이 「정무록」은 소북파 황유첨(黃有詹, 소북파 영수 유영경의 처남인 황섬의 아들)이 편찬한 책이기 때문이다. 이 책은 소북의 영수였던 내의원 제조 유영경을 몰아내기 위해 정인홍 등 대북파들이 허준을 먼저 공격했다는 주장으로 일관한다.

안동 출신의 학자이자 관료였던 김령(金坽, 1577~1641)의 『계암일록(溪巖日錄)』은 이러한 주장을 확인해 준다. 김령은 문과 급제 후 성균관 직강, 사헌부 지평을 지내다가 광해군의 정치를 비판한 후 예안의 오천에 은거했던 인물이다. 『계암일록』은 1603년(선조36)부터

1641년(인조19)까지 김령의 관직 생활과 향촌의 일상을 자세하게 수록하고 있는데, 1607년 당시 언관들이 허준을 공격하여 궁극적으로 소북의 영수 유영경을 몰아내려 했다고 기술했다.

소문을 들어 보니 허준이 약을 잘못 썼다고 하여 대간이 계를 올려 죄줄 것을 청했으나 주상께서 윤허하지 않았다고 한다. 이보다 앞서 주상의 환후가 위독하여 기절했다가 다시 깨어났는데, 허준이 곁에 있는 것을 보고 크게 화를 내며 "이놈이 약을 잘못 썼기 때문에 내가 이 지경에 이른 것이다." 하고 곤장을 치려고 했다. 이때 대간이 죄줄 것을 청하니, 허준은 내의원 어의이고 유영경은 내의원 제조라 서로 연결되었으므로 대간이 먼저 허준을 공격하여 유영경에게 미치게 하려 한 것이다. 주상이 들어주지 않으니 어떻게 하겠는가?[83]

허준과 함께 의약동참으로 선조의 시약에 참여했던 유의 성람(成灠, 1556~1620)은 대북파 인사들이 1607년 겨울부터 허준의 독한 약물을 문제 삼다가, 결국 이듬해 2월 왕이 죽자 그 책임을 허준에게 돌린 것이 아닌지 의심했다. 소북계였던 성람은 선조 사후 임금의 몸이 이상할 정도로 검푸르니 독살되었다는 소문이 헛말이 아니라고 의심했다가 광해군 시절 정권을 장악한 대북파로부터 곤욕을 치르기도 했다.[84] 선조의 죽음을 둘러싼 진실은 결코 알 수 없다. 하지만 내의원 수의 허준이 왕의 죽음마저 이용하려던 당쟁의 한복판에서 희생양이 되었다는 사실은 분명해 보인다.

1609년 11월 광해군은 의주에 유배 중이던 허준을 서울로 불러들여 완성되지 못한 『동의보감』 편찬 사업의 마무리를 부탁했다. 광해군은 어린 시절 자신의 두창을 치료했던 허준의 공로를 인정할뿐더러 선왕의 유업을 이으려는 의지가 매우 강했다.[85] 광해군의 편찬 종용이 있은 지 1년 후인 1610년 허준은 71세의 나이로 『동의보감』 25권을 완성했다. 대단한 노익장이라 하지 않을 수 없다. 허준은 조선의 보물이라는 뜻을 취해 자신의 책을 동의보감이라고 명명했다. 서문을 지은 이정구(李廷龜)는 "『동의보감』이야말로 고금의 서적과 제가(諸家)의 의술을 섭렵하여 근본을 깊이 파고들면서도 중요한 강령을 제시했고, 상세하지만 번잡하지 않으며 간략하지만 빠뜨린 게 없다."라고 칭송했다. 따라서 "멀리 옛 의서를 뒤적이거나 주변의 의원을 수소문할 필요 없이 병증(病症)에 따라 처방을 찾으면 온갖 처방들이 곳곳에 기록되어 있어 투약이 가능하다."라고 강조했다. 이러한 실용성으로 말미암아 의원들에게는 보감(寶鑑)이 되고 치자에게는 세상을 구제하는 방도가 되니, 조선 왕조가 강조한 인민애물(仁民愛物)과 이용후생의 정신을 구현한 책이라는 칭찬이었다.

『동의보감』 간행 이후 허준은 1612년과 1613년 연이어 창궐한 역병을 치료하기 위해 『신찬벽온방』과 『벽역신방』을 집필했다. 칠순의 노인이었던 허준은 선초의 온역 의서를 새롭게 재구성했을뿐더러 기왕에 겪지 못했던 이른바 당독역(唐毒疫)의 치료법을 새롭게 연구했다.

신이 고금의 의서를 두루 살펴보았지만 당독역이라는 병명은 없습니다. 따라서 당독역의 치료법도 없습니다. 이는 세상의 모진 병[酷疾]입니다. 금년(1613) 봄부터 여름에 이르기까지 여역이 성행하고, 여름 이후 다시 독역이 발생하여 많은 사람들이 죽었습니다. 대개 '계(癸)'의 해가 화운에 속하기 때문입니다. 그 병은 강렬하기가 보통의 온역과는 전혀 다릅니다. 민간에서 이를 고통스럽게 여겨 당독역이라고 했던 것입니다. 대개 병의 증상과 고통이 악독하면 '당(唐)' 자를 붙이는데 당학(唐瘧)이나 당창(唐瘡)이 그렇습니다.[86]

허준은 1613년 『벽역신방』을 편찬하면서 당시 역병을 세간에서 당독역이라고 부르는데, 조선 사람들이 역병 가운데 악질을 가리켜 '당' 자를 붙이는 풍속이 있다고 설명했다. 학질에 당자를 붙여 당학이라고 하거나 창질(瘡疾) 중에 악성을 당창(唐瘡)이라 부르는 경우처럼 '독역'이라고 부를 만한 역병에 '당' 자를 첨가하여 당독역이라고 했으니 역병의 피해가 매우 심각했음을 상상할 수 있다. 허준은 칠순의 고령이었는데도 중국으로부터 새로 유입된 역병의 치료법을 연구하기 위해 각종 의서들을 참고하여 이 책을 저술했다. 1613년 봄 여름에는 여역[瘟疫]이, 여름부터 가을에 이르는 시기에는 당독역이 겹쳐 발생하면서 많은 조선 사람들이 그 피해를 보았다.

역병 치료 의서를 간행한 후 1년이 지난 1615년(광해군7) 허준은 76세로 파란만장한 일생을 마쳤다. 평생을 의학 연구와 의서 편찬에 바쳤던 허준에게 명예로운 정1품의 품계가 내려졌다. 의원으로 출신하여 정1품의 지위에 오른 이는 허준이 조선 최초였다.

허준 묘소

경기도 파주시 진동면 하포리 소재. 허준의 묘역은 비무장 지대 내에 있어서 그동안 위
치가 확인되지 않았다. 1991년 9월 이양재 등이 『양천허씨세보』의 기록을 바탕으로
군부대의 협조를 얻어 조사한 결과 발견되었고 1992년 경기도 기념물로 지정되었다.
문화재청 사진.

　　이상으로 허준의 인생을 간단하게나마 서술해 보았다. 사실 허
준이 젊은 시절 전라도에서 활동하면서 송강 정철과 미암 유희춘, 우
계 성혼 등 16세기 중반 조선을 대표하는 학자들과 교류했다는 기록
과 『동의보감』처럼 조선 500년을 대표하는 의서를 편찬했다는 사실
만으로 허준의 역사적 실체를 모두 그려 냈다고 단언하기는 어렵다.
그저 대단한 의학자라는 생각이 들 뿐이기 때문이다. 반대로 의술로
명성을 떨치던 내의원 시절, 밀려드는 환자들을 거절하여 세간의 비
판을 받았다는 기록을 통해 그려진 허준의 이미지는 거만한 어의의

모습으로 이 역시 허준의 전부라 할 수 없다.

모든 역사 기록(史料)을 글자 그대로 믿기 어려운 것은 어떤 자료이든 기록자의 편견이 불가피하게 개입되어 있기 때문이다. 물론 사료가 없다면 허준에 관한 연구나 언급 자체가 불가능할 것이다. 역사가는 가능한 한 엄밀하면서도 객관적인 서술을 유지하려고 애를 쓴다. 어떤 자료는 허준을 박식하고 의학에 뛰어난 자로 묘사하지만 다른 기록은 경솔하여 왕의 건강을 제대로 돌보지 못하거나 게을러서 일반인들의 왕진을 극구 거절한 의원으로 서술한다. 허준의 역사상은 여전히 완벽하지 않지만, 허준의 또 다른 면모를 상상하는 데 도움이 될 만한 자료를 소개하면서 이 장을 마무리하기로 한다.

임란 후 선조 임금은 자신과 함께 의주로 피난한 공신들의 노고를 치하하며 이들의 초상을 그려 주었다. 당대 최고의 초상화가 이신흠(李信欽)이 일을 도맡았다. 당연히 어의로 참여한 허준의 초상도 제작되었다. 안타깝게도 현재 허준의 초상은 전하지 않지만 당시 허준의 초상을 본 사람의 말은 전한다. "몸이 비대하여 살졌으며 미소 띤 얼굴을 보니 누구라도 허준의 초상임을 한눈에 알 수 있었다."라는 평가이다.[87] 약간 살진 얼굴에 웃음 짓는 허준의 모습을 상상해 보기 바란다. 그가 바로 조선 최고의 의원 허준이다.

다음 장에서는 평생을 조선 의학의 정체성을 수립하는 데 바친 허준의 면모를 살펴보고자 한다.

자연을 닮은 인간

지금으로부터 400여 년 전의 일이다. 광해군이 치세하던 1613년 허준의 『동의보감』 25권이 드디어 내의원 활자로 인쇄되어 간행되었다. 1596년 선조의 어명을 받은 허준이 『동의보감』 편찬에 착수한 지 16년 만에 이루어 낸 쾌거였다. 내의원 도제조 이정구가 쓴 『동의보감』 「서문」을 찬찬히 읽어 보자. 선조는 1596년에 태의 허준을 불러 당대 최고 의서를 편찬할 것을 명령했다.

우리 선조 임금께서 자신의 병을 다스리는 방법을 미루어 여러 사람을 구제하는 인술을 펴리라 마음먹고 의학에 뜻을 두고 백성의 고통을 불쌍히 여기셨다. 그리하여 일찍이 병신년(1596)에 태의 허준을 불러 하교했다. 근자에 중국의 의서들을 보니 모두 이런저

런 책들을 뽑아 놓았지만 볼 만한 것이 없었다. 그대가 여러 의술을 두루 모아 하나의 책을 편집하도록 하라. 사람의 질병은 모두 조섭을 잘하지 못한 데서 생기니, 섭생(攝生)이 우선이고 약석(藥石, 약물과 침)은 다음이다. 여러 의서들이 매우 번잡하니 중요한 부분을 가려내고, 궁벽한 시골에 의약이 없어 많은 이들이 요절하는데 우리나라에 향약이 많은데도 사람들이 잘 알지 못하므로 잘 분류하고 이름을 함께 적어 백성들이 알기 쉽게 하라. 허준이 물러가 유의 정작과 태의 양예수와 김응탁(金應鐸), 이명원(李命源), 정례남(鄭禮男) 등으로 더불어 출판을 준비하고 그 대강을 이루었는데 정유년(1597)에 난을 당하여 의관이 뿔뿔이 흩어져 그치게 되었다. 이후 선왕(선조)께서 허준에게 하교하여 혼자 편찬하라 하시고 의서 500여 권을 내주시어 참고하도록 했으되 책이 절반에 이르지 않았을 때 그만 승하하셨다. 성상(광해군)께서 즉위하신 지 3년 경술년(1610)에 허준이 비로소 일을 마치어 진헌하고 제목을 『동의보감』이라 하니 모두 25권이었다.[1]

선조 임금이 허준에게 교시한 의서 편찬의 원칙을 정리해 보면 첫째, 섭생 즉 예방을 으뜸으로 하고 약물과 침구를 다음으로 한다는 점이요, 둘째, 궁벽한 시골에서 향약을 이용하지 못하고 죽는 이들이 많으니 조선 산천의 약재(향약)를 활용할 수 있도록 준비하라는 것이었다.

명을 받은 허준은 유의 정작과 태의 양예수를 필두로 여러 의원들과 더불어 의서 편찬 작업을 시작했다. 정작은 병들기 전의 섭생

〔治未病〕을 강조하는 도가(道家)의 학자요, 양예수는 조선의 유구한 향약 전통을 계승한 의원이었다. 이외에도 당대 내로라하는 내의원 어의들이 참여했다. 순조로이 보였던 『동의보감』 출간은 왜란으로 의관들이 흩어지면서 중단되었다. 후일 허준 단독으로 사업을 마무리하던 중 선조의 죽음으로 편찬 사업은 재차 위기에 봉착했다. 1년여 만에 해배되어 귀경한 허준은 1610년에야 『동의보감』을 완성할 수 있었다. 『동의보감』의 출간이 전쟁과 질병의 고통으로부터 백성들을 구하려는 선조의 의지에서 비롯되었으며 허준뿐 아니라 정작과 양예수 등 여러 의원들의 협력의 결과였음을 부정할 수 없지만 편찬 과정에서 허준의 헌신은 단연 돋보인다. 1610년 『동의보감』 편찬은 마무리되었지만 정확을 기하기 위해 교정과 인쇄에만 3년의 시간이 더 필요했다. 그만큼 의서의 출판은 까다로운 작업이었다.

허준은 『동의보감』의 「집례」에서 이 책이 얼마나 선조의 주문에 부응하고 있는지 상세하게 설명했다. 선조 임금이 강조한 바는 병들기 전의 예방 즉 섭생이 중요하고, 병든 후 치료는 그다음이라는 내용이었다. 허준은 인체를 내·외로 구분하고, 인체의 주인을 정(精)·기(氣)·신(神) 세 가지라고 강조했다. 즉 사람의 몸 안에는 오장육부가 있고, 밖은 근골·기육·혈맥·피부로 둘러싸여 신체의 형태가 갖추어진다. 그런데 정·기·신의 세 요소야말로 장부와 신체의 주인이다. 도가는 청정·수양을 근본으로 삼아 정·기·신을 갈고 닦음으로써 정수를 얻었다고 한다면 의원들은 약물과 침구로 병을 치료하니 대략만을 알 뿐이라는 것이다.[2]

허준은 선조의 교시에 따라 건강의 핵심을 정·기·신의 수양과 안정을 통한 섭생과 예방으로 확정했다. 약물 치료와 침구는 부차적인 방도였다. 이에 따라『동의보감』의 구성은 자연스럽게 몸 안[內景]의 정·기·신과 오장육부의 중요성을 강조하는 내편으로 시작하고, 그다음에 외경(外境)을 구성하는 머리와 얼굴, 손발과 근맥 마지막으로 뼈와 살에 대한 해설로 외편을 구성했다. 이후에 다양한 병인과 의학적 설명, 즉 오운육기(五運六氣)를 비롯한 사상(四象)과 삼법(三法), 내상과 외감 등을 정리하여 잡편을 만들었다. 마지막은 약물의 활용을 위한 탕액편과 침구편을 두어 모든 질병에 대응할 수 있도록 했다. 허준은『동의보감』의 간행으로 병증의 허실과 경중, 길흉과 사생의 조짐을 거울에 비추듯 명확하게 알 수 있어 많은 사람들의 걱정이 사라졌다고 호언했다.[3]

인체의 주인에 해당하는 '정과 기와 신'의 보존은 중국이나 조선 사람이 다르지 않았다. 건강하려면 병든 후의 약물이나 침구 처치가 아니라 병들기 전의 마음 수양과 청정의 섭생이 우선이었다. 이는 중국이나 조선 심지어 일본 사람이나 차이가 없는 보편의 원리였다. 물론 차이도 있었다.『동의보감』에서 허준은 조선의 의학이 중국과 다르다고 강조했다. 그는 중국과 조선을 포함한 천하의 의학을 동원의 북의(北醫)와 단계의 남의(南醫), 조선의 동의(東醫)로 구분했다. 금·원 사대가의 한 사람인 이동원(李東垣)은 중국 북부의 춥고 건조한 지역에 사는 사람들에게 걸맞은 의학을 발전시켰다. 또 다른 대가인 주단계(朱丹溪)는 중국 남부의 덥고 습한 환경에 알맞은 의학을 발전시켰다.[4] 그리고 허준은 조선의 자연 환경에 맞추어 '동의'를 완성했다.[5]

허준은『동의보감』으로 당대의 조선 사람에게 맞는 조선 의학이 갖추어졌다고 주장했다. 정·기·신의 보존이라는 보편성과 함께 각 지역의 환경에 맞는 의료의 특수성을 구비함으로써 조선의 동의는 중국의 북의와 남의에 버금가는 수준을 확보할 수 있었다.

천하의 동쪽에 위치한 조선의 환경과 지역성에 적합한 동의학을 구축할 수 있었던 바탕은 무엇인가? 허준은 먼저 조선의 유구한 향약 전통, 즉 경험을 꼽았다. 중국과 함께 조선에서도 수천 년 동안 사승 관계를 통해 다양한 약물 지식과 의술이 면면히 전수되고 있었다. 허준은 고려 말부터 이어 온 향약의 전통과 계승을 강조했다. 향약을 중심으로 한 다양한 경험방의 수집과 전수는 조선 의학의 특수성(독자성)을 담보하는 실증의 자연학이었다. 『동의보감』「탕액편」에 보이는 수많은 속방 조항들, 각종 약재에 대한 설명과 부기된 한글 이름은 조선 의약학의 전통과 경험의 증거들이었다. 조선에 분포하는 각종 동식물에 대한 자연학 지식을 바탕으로 성립된 향약 처방은 동의를 구성하는 중요한 조건이었다.

오랜 조선 의학의 전통 위에 선초에 도입된 금·원 사대가의 의학과 16세기에 입수된 명대의 의학 지식은 양예수의 『의림촬요』를 통해 정리되었고 다시 허준으로 전해졌다. 이를 바탕으로 허준은 16세기 중·후반의 명대 의서 『의학입문』을 필두로 조선에 새롭게 입수되고 있는 새로운 의학 지식을 정리할 수 있었다. 허준이 자신의 의서를 감히 '조선 의학의 보물'이라고 명명할 수 있었던 것은 향약의 전통〔舊本〕에 새로운 의학을 수용〔新參〕하여 '동의'를 정립했다는 자부심과 무관하지 않았다. 『동의보감』 편찬은 선초의 『의방유취』나 『향약집성방』 이후 가장 중요한 의학상의 성과였다.

중국 의학과 다른 동의의 특수성을 강조했던 허준은 환경의 차이와 더불어 사람마다 다른 기질의 차이에도 주목했다. 허준은 주단계의 말을 인용하여 "무릇 사람의 형체는 키가 큰 사람이 작은 사람에게 미치지 못하고, 몸집이 큰 사람이 작은 사람에 미치지 못하며, 살찐 사람이 마른 사람에게 미치지 못하고, 피부가 흰 사람이 검은 사람만 못하고, 연하고 부드러운 사람이 푸른 것만 못하고, 피부가 엷은 편이 두꺼운 것만 못하다. 더군다나 살찐 사람은 습기가 많고, 여윈 사람은 화기가 많으며, 피부가 흰 사람은 폐기(肺氣)가 허하고, 검은 사람은 신기(腎氣)가 풍족하니 사람마다 형체와 피부색이 다르므로 오장육부 또한 다르다. 비록 밖으로 드러나는 증상은 같으나 이를 치료하는 방법이 완전히 다르다."[6]라고 주장했다.

　　성리학자들은 인간은 태어나면서 모두 하늘로부터 본연지성[理]을 부여받는 동시에 타고난 기질[氣]의 차이로 인해 각각의 개성(차별성)이 드러난다고 보았다. 모든 인간이 보편의 천리를 공유하면서도 각각의 특색을 발휘하는 이유가 여기에 있었다. 인체를 구성하는 보편적 원리인 정·기·신을 보존하려면 수양과 섭생이 필요하지만, 환경과 기질의 차이에 따른 고려와 약물(향약)도 필요했다. 허준은 『동의보감』에서 이러한 리의 보편과 기의 차이를 고려하여 조선의 의학[東醫]을 수립했다. 천리는 본래 그러하므로 '자연[本然]'이요, 환경도 그렇게 주어진 대로 자연이었다. '자연을 닮은 인간'은 인간 보편의 본래성(리의 자연)에도 충실한 만큼 고유한 환경(기의 자연)의 차이에도 민감해야 했다. 리·기의 조화를 위해 (사전)예방과 (사후)의 약이 모두 중요했다.

『동의보감』이 환경의 특수성에 골몰하고 기질의 차이에만 집중했다면 그 생명력은 그리 오래가지 못했을 것이다. 출간 이후 조선의 학자들이 꼭 참고해야 할 서적이 되었을 뿐 아니라 중국과 일본에서도 여러 차례 간행될 수 있었던 인기의 비결은 인간의 본연지성을 보존하려는 『동의보감』의 수양론 덕분이었다. 『동의보감』의 수양론은 한마디로 양생의 정치학으로 고대 이래 동아시아 의학의 보편적 지향에 닿아 있었다.

「내경편」 전체를 관통하는 예방과 절제의 수양론은 『동의보감』이 유교 정치의 중요한 기획에 동참하고 있음을 잘 보여 준다. 중국 고대의 정치서인 『예기(禮記)』를 보면, 어지러워지기 전에 다스리는 것[禮]과 이미 어지러워진 후 다스리는 것[法]을 구별했다. 사후의 처벌보다 사전의 예방을 강조한 것이다. 중국의 대표적인 의서 『내경(內經)』 역시 성인은 이미 발생한 병을 치료하지 않고 아직 발생하지 않은 병을 치유한다고 말했다. 사후의 치료보다 사전의 예방을 강조한 점이 동일하다.

최고의 다스림[治]은 사전에 예방함으로써 우려의 사태를 미연에 방지하는 일이었다. 사단이 벌어지기 전에 미리 주의하고 병들기 전에 조섭하는 것이다. 물론 아무리 예방을 잘 한다고 해도 말처럼 쉽지 않고 문제가 불거지기 마련이다. 요순의 평화 시기에도 형벌의 다스림이 있었던 것처럼 아무리 정·기·신의 섭생에 주의해도 약석의 치료가 불가피했다.

이처럼 미리 주의하여 환란과 질병의 무질서를 예방하려는 생각은 신체의 보배인 정·기·신을 보호하려는 『동의보감』 「내경편」의 핵심 주장과 같다. "정(精)은 몸의 근본이요, 기(氣)는 신(神)의 주인이며, 형(形)은 신의 집이다. 때문에 신을 지나치게 사용하면 신이 다하고, 정을 지나치게 사용하면 정이 고갈되며, 기를 지나치게 사용하면 기가 끊어진다. 사람이 산다는 것은 신이 있기 때문이요, 형은 기에 의지한다. 만일 기가 쇠약해지면 형도 소모되어 오래 살 수가 없다."[7]

허준은 무엇보다 정·기·신의 보존을 강조했다. 고대의 이상 세계에서는 정·기·신을 잘 간수한 사람들이 있었으니 진인(眞人)과 지인(至人)이었다. 진인은 음양과 호흡과 정기를 이해하고 이에 맞추어 생활하여 장수했고, 지인은 계절의 흐름에 맞추어 생활하고 속세를 떠나 정을 간직하고 신을 온전히 하여 건강했다.

정·기·신의 절제는 신체의 건강에 국한되지 않았다. 심신의 수양과 절제는 도덕적 삶의 중요한 토대였다. 성리학자들은 하늘에서 부여받은 천리(明德)의 회복을 바랐고, 부도덕한 감정과 부정한 행위들이 억제되기를 희망했다. 물론 현실의 인간은 극기에 실패하고 욕망에 휘둘린 채 선한 본성을 훼손하기 십상이었다. 이때마다 불가피하게 사후 수단(형벌)을 동원했지만, 성리학의 궁극적 목표는 불의와 부정의 감정과 행위들이 발생하기 전에 미리 조절하고 통제하는 것이었다. 욕망으로 마음이 흔들리기 전 미발의 상태에서 평정을 찾으려는 수신의 기획은 병들기 전의 섭생과 미발한 성선(性善)을 유지하여 개인의 일탈과 사회의 혼란을 예방하려는 양생의 정치학과 다르지 않았다. 『동의보감』「내경편」의 성인(聖人)과 현인(賢人)은 조선 성리학자들의 꿈과 희망이었다.

이들 성인의 삶이란 어떠한가? 한마디로 천지조화에 따라 욕심도 없고 화내는 일도 없이 풍속에서 벗어나거나 상식에 어긋나지 않았다. 겉으로 몸을 피로하게 하지도 않을뿐더러 안으로 마음을 편안히 하여 신체가 상하지 않고 정신이 흐트러지지 않았다. 장수의 이유는 분명했다. 또 현인은 어떠한가? 자연의 법칙에 맞추고 음양의 변화에 순응하여 사계절을 가릴 줄 알았다. 양생의 방법에 부합한 삶은 곧 장수의 비결이었다. 진인과 지인, 성인의 경우처럼 '탈 나기 전의 절제'는 자연을 따르는 삶이었다.

양기에 탐닉 말라 — 퇴계 이황의 훈계

①　1557년 박운(朴雲)에게 보낸 편지

사람의 몸에는 리(理)와 기(氣)가 겸비되어 있습니다. 리는 귀하지만 기는 천하고, 리는 무위(無爲)이나 기는 유욕(有欲)[作爲]합니다. 따라서 리의 실천을 위주로 하면 양기(養氣)가 그 안에 있게 됩니다. 성현이 그러한 사람입니다. 양기의 작위에만 치우치다 보면 반드시 본성을 해치게 되니 노장이 그러한 부류입니다.[8]

②　박운에게 보낸 편지

위생(衛生)의 방법은 실로 그 극단까지 충족시키려면 비해(匪懈)와 비궁(匪躬)의 직분(세속의 일상생활 및 공무 — 필자 주)을 모두 그만둔 뒤라야 가능할 것입니다. 그 도리를 무너뜨리고 올바름을 해침이 이와 같으니 본래 교훈으로 삼을 바가 못 됩니다. 만일 양기를 전혀 무시할 수 없어 일단 글을 두어야 한다면 그중에 매우 괴이하거나 황당무계한 내용들은 마땅히 의서에서 삭제해야 합니다. 가령 안마법은 몸을 당기고 비틀고 다지고 밀며 꺾거나 끌어당기는 형세가 도인(導引)의 여러 기술에 비해 훨씬 힘이 드니, 아마 위백양(魏伯陽)이 비난한 백맥(百脈)이 끓어오르고 뛴다는 해로움이 바로 이를 두고 말한 듯합니다. 이른바 부녀자를 어거하는 방법〔御婦人法〕 또한 도가에서도 통렬히 비판하는 방법이니 삭제할 내용이 아니겠습니까.[9]

이황은 박운이 지은 의서 『위생방』에 후세에 전할 수 없는 내용들이 상당히 포함되어 있다고 지적했다. '책이 좋지 않다는 게 아니라 좋은 가운데 미진한 부분이 있어 반드시 삭제하라.'라고 완곡하게 말했지만, 퇴계는 사실 박운의 건강법〔衛生〕에 대한 불만을 강하게 드러내었다. 퇴계는 몸을 당기거나 비틀고 꺾거나 끌어당기는 안마법의 삭제를 주문했다. 이를 통해 박운의 『위생방』에 체조라기보다는 형용하기 어려운 몸동작들이 수록되어 있었음을 짐작할 수 있다. 이보다 더 큰 문제는 바로 어부인법(御婦人法)과 같은 남녀교합의 방중술이었다. 퇴계는 박운이 제시한 양기를 위한 위생의 방법 가운데 동물의 행동을 모방한 괴이한 동작이나 음란한 방중술은 절대 용납할 수 없었다. 양기에 골몰하다가는 인간의 도덕적 본성을 해칠 뿐이라고 경고하지 않을 수 없었다. 따라서 퇴계는 박운에게 "리의 실천을 위주(도덕적 삶)로 하면 양기는 저절로 이루어진다."라고 타일렀다. 16세기 중·후반에는 도가의 양생 비결에 몰두하여 유학자의 수신에 어긋난 괴이한 수련을 실행하는 선비들이 존재했다. 송당학파의 일원이었던 박운이 그러했다. 퇴계 이황은 박운에게 편

지를 보내 유학자의 도리는 본성의 회복을 통한 극기복례이지 양기의
욕망을 궁구하는 것이 아님을 분명히 밝히고자 했다.

허준은 『동의보감』의 앞부분에 「신형장부도(身形臟腑圖)」를 배치
했다. 한마디로 '자연을 닮은 인간'과 '자연을 따르는 삶'의 중요성을
형상화한 것이다. 그림은 하늘을 상징하는 머리와 땅을 나타내는 몸,
이 둘을 척추가 연결하여 천지의 기운이 순환하고 있음을 보여 준다.
『동의보감』에서 허준은 자연을 닮은 인간을 통해 인륜의 토대인 천
리(자연)를 설명하고, 자연을 따르는 삶을 통해 사회 질서의 유지(당
연히 그래야 하는)를 연결 지었다. '자연과 당연', '당연과 자연'은 이렇
게 한 덩어리가 되었다. 인간이 지켜야 할 도리(윤리)는 강제가 아닌
자연에서 근거를 얻었고, 사회의 당연한 질서는 자연을 따르는 윤리
적인 삶으로부터 유추되었다.

사람이 우주에서 가장 지체가 높고 귀한 존재다. 머리가 둥근 것은
하늘을 본뜬 것이고 발이 네모난 것은 땅을 본받은 것이다. 하늘에
사시가 있으니 사람에게는 사지가 있다. 하늘에 오행이 있으니 사
람에게는 오장(五臟)이 있다. 하늘에는 육극(六極)이 있으니 사람에
게는 육부(六腑)가 있다. 하늘에 팔풍(八風)이 있으니 사람에게는
팔절(八節)이 있다. 하늘에 구성(九星)이 있으니 사람에게는 구규
(九竅)가 있다. 하늘에 12시가 있으니 사람에게는 12경맥이 있다.

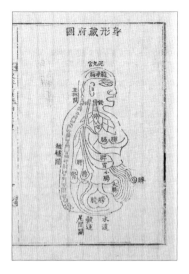

『동의보감』의 「신형장부도」
서울대학교 규장각한국학연구원 소장본.

하늘에 24기가 있으니 사람에게는 24유(兪)가 있다. 하늘에 365도
가 있으니 사람에게는 365골절이 있다. 하늘에 일월이 있으니 사
람에게는 안목이 있다. 하늘에 주야가 있으니 사람에게는 오매(寤
寐)가 있다. 하늘에 뇌전(雷電)이 있으니 사람에게는 희로(喜怒)가
있고, 하늘에 우로(雨露)가 있으니 사람에게는 눈물이 있다. 하늘에
음양(陰陽)이 있으니 사람에게는 한열(寒熱)이 있고 땅에 천수(泉
水)가 있으니 사람에게는 혈맥(血脈)이 있으며 땅에 초목과 금석이
있으니 사람에게는 모발과 치아가 있다. 이러한 것은 모두 사대(四
大), 오상(五常)이 묘하고 아름답게 조화되어 성립한 것이다.[10]

『동의보감』은 유학과 불교, 도교의 인간학을 모두 아우르면서
새로운 인간론을 구축했다. 자연을 닮은 인간은 당연히 자연의 원리

와 질서를 따를 수밖에 없었다. 춘하추동의 순리, 밤과 낮의 왕복, 음과 양의 조화, 본연지성의 발현, 이 모두는 인간 삶의 바탕이 되는 자연의 원리들이었다.『동의보감』의 양생학은 자연스럽게 인륜(人倫)의 의학이 되었다. 자연과 조화로운 삶이 곧 인간의 당연한 도리요, 인륜의 도리에 어긋나지 않는 삶이 건강의 지름길이었다.

16세기 중·후반 유학을 중심으로 불교나 도교를 회통하려는 지향은 서울과 경기 지역 유학자들이 준비하고 있었다. 허준의 스승인 양예수와『동의보감』편찬의 기초를 설계한 유의 정작 등에게서 나타나는 유학과 도가, 불교를 넘나드는 회통의 사상은 중요한 의미를 지닌다. '도가는 정수를 알고 의학은 대강을 안다.'라는 허준의 주장은『동의보감』이 단순한 의서가 아닌 인간을 포함한 자연의 원리(천리)를 탐구한 저술이라는 사실을 담고 있다. 성리학을 근간으로 하는 조선 사회를 감안할 때『동의보감』은 성리학의 인간론에 기초하여 도가와 불교를 회통하려는 시도였음이 확실하다. 인간의 신체를 자연(소우주)으로 규정함으로써 인간 사회의 당연한 질서를 자연의 법칙으로 받아들일 수 있는 토대를 제공했다.

누누이 강조하지만『동의보감』의 인간론이야말로 도교와 불교를 넘어 새로운 시대정신으로 자리 잡은 성리학 통치론을 뒷받침하는 자연학이었다.『동의보감』을 통해 의학은 성리학의 통치술이 되었고, 성리학은 사회 질서의 자연적 근거를 얻게 되었다.『동의보감』의 역사적 의의는 여기에 있었다. 자연의 법칙과 인간의 도덕성을 완전하게 결합함으로써 심신의 절제와 조화를 자연스러운 삶의 방법으로 제시한『동의보감』은 16세기 후반 조선의 '성리학 기획'이 이룩한 주요 성과로 남았다. 이처럼 성리학 사회였던 조선 시대에『동의보감』이 깊이 뿌리 내릴 수 있는 이유는 분명했다.

인간의 도덕적 삶과 그 토대인 자연을 논함으로써『동의보감』은 질병을 치료하거나 약물을 투여하는 데 국한되었던 방서(方書) 그 이상의 의서가 되었다. 선초의『향약집성방』과『의방유취』가 방서라는 정체성에 머물러 있었다면, 허준의 의서는 단숨에 '보감'의 지위에 오르게 되었다.

이용후생과 향약

『동의보감』의 취지가 사후 치료에 앞서 정·기·신의 보존이라는 예방을 강조하는 데 있었지만, 선조는 당시 조선의 약재 부족 문제를 해결하기 위해 향약의 활성화 방안을 허준에게 요구했다. 궁벽한 시골에 의약이 없어 많은 백성들이 요절하는 상황이 문제였다. 값비싼 중국의 약재를 대체할 조선의 향약이 필요했다. 허준의『동의보감』이 해결해야 할 중요한 문제였다.

허준은「집례」에서『동의보감』이야말로 백성들을 사랑하는 왕의 뜻에 부합한다고 밝혔다. 허준은 "고인(古人)들이 처방에 넣은 약재의 양과 수가 너무 많아 결국 이를 모두 마련하여 사용하기는 어렵다. 또한 지방 의국의 처방을 보더라도 한 첩에 들어가는 약재 가짓수가 더욱 많으니 가난한 집에서 어찌 이를 감당할 수 있겠는가?"라고 비판했다.[11] 허준은 많은 약재를 사용한다면 가난한 백성들이 병들었을 때 전연 의료의 혜택을 볼 수 없을 것으로 판단하고 이를 해결할 방법을 모색했다.

향약의 활용이었다. 의학을 배우는 자들은 기본적으로 본초를 공부하여 약성을 알아야 처방을 내릴 수 있었다. 문제는 본초의 세계가 넓고 번잡한 데다 여러 의가(醫家)의 이론이 통일되어 있지 않다는 사실이다. 옛 의서를 펼쳐 보면, 조선의 의원들이 모르는 약재가 태반이었다. 허준은 당시에 주로 사용되고 있는 약재를 중심으로 탕액편을 구성했는데, 이와 함께 중국의 약재와 향약재를 모두 수록하는 동시에 조선의 약재(향약)는 반드시 조선에서 부르는 명칭(鄕名)과 산지, 채취 시기와 약재를 말리는 방법 등을 상세하게 기재하여 사용하기에 편하도록 했다. 허준은 『동의보감』의 간행에 따라 향촌에서도 약물을 구하기 쉬워졌고 얻기 어려운 폐단이 사라졌다고 강조했다.[12]

허준의 주장대로 『동의보감』에는 무엇보다 향약재의 명칭과 함께 약재를 채취하고 말리는 방법, 약재 제조법에 이르기까지 상세하게 기록되어 있다. 향촌에서도 약재를 채취하여 활용할 수 있도록 많은 정보를 수록했다. 정확한 제조법을 알려 준다면 직접 약물을 조제하여 복용할 수도 있었다. 본초의 활용법이 중요했다. 가령 뿌리를 사용하는 약재, 줄기를 사용하는 약재, 열매를 사용하는 약재와 그 효과들을 차례로 정리함으로써 약제의 효과를 극대화하도록 했다. 식물의 뿌리를 약재로 사용하는 경우에도 뿌리의 상단(頭), 몸통, 잔뿌리 등을 구분하여 처방하도록 했다. "모든 약재의 뿌리(藥根)는 뿌리 윗부분의 기운이 올라가서 싹이 나는데 이 부분을 뿌리(根)라 한다. 아랫부분의 기운은 땅속으로 내려가는데 이는 잔뿌리(梢)라 한다. 중초에 병이 들면 몸통을 쓰고 하초에 병들었을 때는 잔뿌리를 쓴다. 뿌리의 기운은 올라가고 잔뿌리의 기운은 내려가기 때문이다." 허준은 약재의 뿌리를 상·중·하로 구분하고 인체의 상·중·하의 어느 부위에 병이 들었는지에 따라 각각 상반신의 증세는 약재의 위쪽〔頭〕을 쓰고, 중초의 병은 몸통〔身〕을 쓰며, 하반신의 경우 잔뿌리를 사용케 하는 등 환자의 증상에 따라 약재를 구분하여 약성의 효과를 최대한 끌어내려고 고심했다.[13]

마지막으로 약의 복용법, 약물의 무게를 재는 도량형 등에 대한 지침도 수록했다. "어떤 약물은 환약〔丸〕으로 써야 좋은 것이 있고, 가루약〔散〕으로 써야 좋은 것, 물에 달여〔水煮〕 써야 좋은 것, 술에 담갔다〔酒漬〕 써야 좋은 것, 고약으로 만들어〔膏煎〕 써야 좋은 경우 등 다양했다. 또한 한 가지의 약재를 다양한 제법으로 활용해도 좋은 경우가 있는가 하면, 달이거나 술에 넣을 수 없는 약재도 있으므로 약재 각각의 성질에 맞게 정확하게 써야 한다."라고 설명했다. 허준은 약재로부터 최대의 약효를 얻기 위한 제조법의 중요성을 누구보다 강조했다.[14]

『동의보감』을 공부하면 향촌에서도 약재를 채취하고 갈무리하여 약물을 복용할 수 있었다. 『동의보감』이 간행되자 지방의 의국이나 향촌 사족들은 이를 갖추어 각종 병증과 환자의 치료에 활용하고자 했다. 『동의보감』의 효과는 널리 알려졌고, 17세기 초에 발간된 『동의보감』은 조선 후기에 이르러 사람들의 생활에 없어서는 안 될 필수 서적의 지위에 올랐다. 18세기 후반의 서울 양반 유만주는 자신의 일기 『흠영(欽英)』에서 양반 사족들의 필수품으로 운서와 법률서

를 포함하여『동의보감』을 거론한 바 있다.[15]

규장각 검서관을 지냈던 실학자 이덕무 또한 그러했다. "나는 전부터 우리나라에는 세 가지 좋은 책이 있다고 생각한다. 바로 이이의 『성학집요(聖學輯要)』, 유형원(柳馨遠)의 『반계수록(磻溪隨錄)』, 허준의 『동의보감』이다. 『성학집요』는 사람답게 사는 방법을 알려 주기 때문이요, 『반계수록』은 경제생활에 없어서는 안 되기 때문이고, 『동의보감』은 사람을 살리는 방법이기에 그러하다."[16] 19세기 초반의 학자 홍한주(洪翰周)는 『동의보감』에 대한 당시의 높은 평가에 대해 "이미 근고의 정해진 논의"라고 못 박았다.[17] 『동의보감』은 이처럼 해가 거듭될수록 생활에 필수적인 서적이 되었다. 한마디로 이용후생학의 전범이었다.

북학자 연암(燕巖) 박지원(朴趾源, 1737~1805)은 중국 북경을 다녀오면서 지은 『열하일기(熱河日記)』에서 특별히 이용후생을 강조한 바 있다. 이용을 한 후라야 후생할 수 있고 후생을 한 연후라야 정덕(正德)할 수 있다는 주장이었다.[18] 이용이란 한마디로 '쓰임[用]을 갈고 닦아 날카롭게[利] 하는 것'이었다. 기술이든 도구든 눈에 보이지 않는 지식이든 무언가에 쓸 만한 것이라면, 이를 벼려 예리하게 만들어 삶의 유용한 바탕을 삼는 것이야말로 실학의 핵심이었다. 공맹 이래 유교 정치의 대원칙은 '항산(恒産) 이후 항심(恒心)'이었다. 먹고살아야 교화도 할 수 있는 법이다. 의학 혹은 의술은 농업 기술만큼이나 이용후생의 중요한 방도였다. 동서고금을 막론하고 먹고사는 일, 병든 몸을 고치는 기술은 인간의 삶에서 가장 기본이었다. 살기 위해서는 음식이 필요하고 죽음을 피하려면 의약에 대한 지식이 필요했다.『동의보감』이야말로 체계적인 이용후생의 필지(必知)였으며, 허준은 이른바 실학의 선구자였다.

조선 후기에 과거를 준비하는 독서인이 늘어났지만 이들 가운데 대과에 합격한 일부만이 관료로 출신했다. 애초에 경세제민의 관료와 산림의 길은 서로 달랐다. 경(經)은 국가의 여러 사업을 처리하는 것이요 제(濟)는 널리 백성을 구제하는 일이었다. 재야에서 경제를 한다는 것은 연목구어에 가까웠다. 비록 산림은 벼슬하지 않고 초야에서 자신과 가족을 지키는 자의 처세이지만, 조정에 조정의 사업이 있듯이 산림에는 산림만의 사업이 필요했다. 재야의 지식인도 생활인으로서 산림의 경제가 필요했다.

조선 후기에 널리 유포된『산림경제(山林經濟)』야말로 특별히 주목할 만하다. 홍만선의 저작으로 알려진『산림경제』는 현존하는 필사본만 수십 종에 달한다. 도대체 원본이 어떤 것이었는지 확정하기 어려울 정도이다. 그만큼 산림경제라는 용어는 책 이름인 동시에 산림에서 살아가는 방법을 의미하는 보통명사로 사용되었다.『산림경제』에는 거처를 정하는 복거(卜居)에서부터 곡식과 야채를 재배하는 치농(治農)과 치포(治圃) 기술, 의약학 정보를 수록한 섭생과 구급 항목 등이 자세하다. 이 책 한 권이면 조선 팔도 어디에 거처를 마련하든 쌀과 보리를 재배하고 과수와 채소 등을 길러 반찬으로 곁들이고, 아프기 전에 예방하거나 병들면 구급에 대처할 수 있었다.

스스로 사족을 자처하는 수많은 유학(幼學)들은 농사와 양잠을 겸하면서 사서를 읽거나, 공문서 양식을 배워 글 모르는 백성들의 탄원서를 써 주는 대서(代書) 역할에 만족했다. 이들에게『산림경제』,

'재야에서 살아남는 비결'은 시골 생활에 없어서는 안 될 필독서이자 지남서였다. 『산림경제』는 다양한 분야의 서적들을 인용하고 있는데 『동의보감』은 빼놓을 수 없는 참고 자료였다. 가령 아래의 '타박상' 항목은 『동의보감』의 내용을 요약한 것이었다.

타박상을 입어 어혈이 뭉쳐 죽게 될 경우 포황(蒲黃) 3전을 뜨거운 술에 타 먹이거나, 백양수(白楊樹) 껍질을 술에 담갔다가 먹는다. 또 생마(生麻)의 뿌리와 잎을 짓찧어 즙을 내서 한 되를 먹이는데, 생마가 없을 때에는 마른 마를 삶아 즙을 먹인다. 또 어린아이 소변 한두 되를 뜨거울 때 먹이면 즉시 살아난다. 또 개똥을 불에 구워 가루로 만들어서 뜨거운 술에 두 숟갈을 타 먹이거나 개의 쓸개를 두 번에 나누어 뜨거운 술에 타 먹이면 나쁜 피가 모두 빠져나간다. 혹은 타박상을 입어 통증을 참을 수 없을 경우 파의 흰 부분을 뜨거운 재에 구워서 쪼개면 그 속에 찐득한 액체가 있는데 이를 상처에 붙인다. 열이 식으면 뜨거운 것으로 갈아 붙이는데 잠깐 사이에 통증이 멎는다.[19]

『산림경제』의 저자는 "산골에 살면 읍내와 멀리 떨어져 있어 고질로 오래 앓으면 의원에게 찾아가 침을 맞거나 약을 먹을 수 있겠지만, 만약 갑자기 급한 병을 만나면 손을 쓸 수 없어서 끝내 요절하는 자가 많다. 이 때문에 '구급법'을 마련한다. 구급방에는 목을 매 죽으려는 자를 구활하는 방법부터 중풍과 타박상을 치료하는 처방 등 생활에 필요한 의학 지식들이 자세하다."라고 「구급편」의 필요성을 강조했다.[20] 조선 후기에 산림의 경제를 다룬 책들에는 어김없이 의약 관련 지식이 수록되어 있었고, 이처럼 산거(山居)나 임원(林園)의 재 야에서 살아가기를 표방한 책들은 『동의보감』을 중시하지 않을 수 없었다.

허준과 『동의보감』에 대한 평가

① 점치는 일과 의원으로 유명한 사람들

의약과 복서(卜筮)는 함께 일컬어진다. 의원은 죽는 자를 구하고 산 자를 구제한다. 점쟁이는 흉한 것을 피하고 길한 데로 나가도록 한 다. 그 시초는 모두 성인에게서 나온 것이다. 그러니 본래부터 작은 일이라고 여겨서는 안 된다. 조선 사람들은 일찍부터 잡된 재주를 숭상하지 않았다. 근세에 오직 박세거, 손사명(孫士銘), 안덕수, 양 예수, 허준 등은 의원으로 명성이 있었고 정희량, 정렴, 김효명, 한 억령, 함충헌 등은 점을 잘 보는 것으로 이름이 났다. 그러나 지금 은 이런 것도 끊어지고 아무도 이름 있는 사람이 없다. 점치는 일 도 그러하니 의원은 더욱 그러하다.(『지봉유설(芝峯類說)』 권18 기예부 「방술」)[21]

② 실용서를 만든 사람들

우리나라의 실용서는 대부분 신분이 미천한 사람의 손에서 나왔다. 『상례비요(喪禮備要)』는 신의경(申義慶)이 편찬을 시작했고, 『무예 제보(武藝諸譜)』는 한교(韓嶠)가 완성했으며, 『동의보감』은 허준이 완성했다. 어숙권(魚叔權)이『고사촬요(攷事撮要)』를 편찬하자 전례 (典例)를 담당한 자들이 이를 참고했고, 임기(林芑)가『전등신화(剪 燈新話)』에 주석을 달자 아전들이 모두 이 책을 학습했다. 위의 다 섯 사람은 모두 서얼 출신이다.『화동정음통석운고(華東正音通釋韻 考)』는 박성원(朴性源)이 완성했고,『삼운성휘(三韻聲彙)』는 정충언 (鄭忠彦)이 완성했는데 홍계희(洪啓禧)가 빼앗아 자기 저술로 삼았 다. 박성원과 정충언은 모두 위항 출신이다.(『청성잡기(靑城雜記)』권 4「성언」)[22]

지봉(芝峯) 이수광(李睟光, 1563~1628)은 그의 백과사전『지봉유설』에 서 조선에서 기술자들을 존숭하는 문화가 사라지고 있다고 아쉬워했다. 특히 그는 미래의 길흉화복을 점치는 일이나 죽은 자를 살려 내는 의원 의 기술이 중요하다고 강조했다. 이수광이 꼽은 명의는 오직 박세거, 손 사명, 안덕수, 양예수, 허준 다섯 명뿐이었다. 박세거는 앞서 김안국 등 과『분문온역이해방』을 편찬하는 데 참여했으며, 양예수는 허준의 내의 원 선배이자 스승인 어의였다.

18세기 조선의 학자 청성(靑城) 성대중(成大中, 1732~1809)은 자신의 잡기(雜記)에서 조선의 실용서를 만든 이들이 모두 서자나 중인 출신의 낮은 신분의 사람들이라고 강조했다. 실질적으로 생활에 필요한 서적들 은 모두 양반 사족들의 작품이 아니라는 주장 이면에는 기술자들에 대한 존숭이 필요하다는 지봉 이수광의 주장과 상통하는 생각이 깔려 있다.

속방의 재발견

이용후생의 방도로서 향약의 활용이 강조되었던 만큼 조선의 오래된 처방들을 활용할 필요가 있었다. 오랫동안 조선 사람들에게 애용되었던 처방은 모두 그만한 이유가 있었다. 『동의보감』에는 고려말 이래 정해져 온 조선 고유의 처방이 고스란히 수록되어 있다. 이른바 속방이다. 한마디로 속방은 조선 의학의 전통 지식이 면면히 이어져 온 증거이자 고갱이로 『동의보감』의 방대한 내용 가운데 특별히 주목해야 하는 보물 같은 자료이다.

과연 속방의 '속(俗)'은 무엇을 의미할까? 일찍이 고려를 방문하여 『고려도경(高麗圖經)』이라는 진귀한 책을 남긴 송나라의 서긍(徐兢, 1091~1153)은 고려의 고유한 풍속을 잡속(雜俗)이라 일컬었다. 풍속 앞에 '잡'을 붙인 이유에 대해 서긍은 고려가 문명화의 길을 걷고 있지만 여전히 오랑캐의 습속을 완전히 제거하지 못했기에 낮추어 불렀다고 말했다.[23] 결국 속이란 고려의 오랜 전통을 의미했다. 허준도 『동의보감』에서 속을 같은 의미로 사용했다. 오래된 조선의 처방이라는 의미이다. 흥미로운 사실은 이때의 속은 조선의 민간 풍속 일반을 넘어 왕실의 풍속, 내의원에서 사용되던 의료 지식과 처방을 포함한다는 사실이다. 세속적이거나 잡되다는 의미가 아니라 속 그 자체로 중국과 다른 고려와 조선의 오랜 전통을 의미했다. 허준은 중국과는 다른 조선의 각종 처방들을 속방으로 분류하여 『동의보감』에 수록해 두었다.

허준이 평생을 내의원 의원으로 활동했음은 앞에서 자세하게 설명한 바 있다. 따라서 『동의보감』 편찬 시에 허준이 수집한 속방 가운데 자연스럽게 조선 왕실에서 대대로 전수되던 처방이 다수 포함되어 있다. 내의원 어의들의 처방이다. 『동의보감』에 수록된 속방은 대개 한두 가지의 약재를 활용한 단방이 많지만, 경험적으로 효능이 높거나 오랫동안 조선 왕실은 물론 민간에서 활용되었던 처방들도 속방의 이름으로 허준에 의해 수집되었다. 허준은 국내의 재료를 발굴하려고 향약을 중요시한 만큼이나 오래도록 사랑받은 속방의 전통 자산을 중요하게 생각했다.

속방은 글자 그대로 의학 관련 정보에 머물지 않고 당시 조선의 여러 가지 생활 세계와 풍속을 보여 준다는 점에서 특별하다. 16세기 조선의 생활상, 특히 왕실의 생활 모습을 알려 줄 만한 자료가 드문 형편을 고려하면 더욱 귀중하다. 『동의보감』 신형에 실려 있는 솔잎 복용법을 보자. 허준은 "솔잎 먹는 법은 잎을 따서 얇게 썰고 다시 갈아 술에 타서 세 돈씩 먹는다. 미음에 섞어 복용해도 좋다. 검은콩을 볶아 함께 찧어서 가루 내어 따뜻한 물에 타서 먹으면 더욱 좋다."[24]라고 기록했다.

솔잎은 조선의 오랜 구황 요법으로 대부분 약간의 곡식과 함께 죽으로 음용했다. 솔잎만 먹으면 변비가 발생하므로 이를 예방하기 위해 볶은 콩을 가루 내어 함께 미숫가루로 복용하는 방법은 구황을 이겨 내는 조선의 지혜였다. 솔잎 이외에 느릅나무 껍질이나 콩깍지 등을 넣어 구황에 활용한 사례는 19세기까지 줄곧 이어지는 전통 지식이었다.

앞서 언급한 대로 속방에는 왕실의 생활을 보여 주는 처방들도 수록되어 있다. 왕실의 특별식인 전약(煎藥)은 대추의 속살을 발라낸 후 여기에 생강, 후추, 계피 등 다양한 향신료를 넣고 꿀과 젤라틴을 이용하여 굳힌 음식이다.[25] 전약은 조선 왕실의 특별한 양생 음식이었다. 동지를 맞이하여 왕실에서 준비해 두었다가 신하들에게 하사품으로 주거나 외국의 사신들에게 접대하기 위해 내놓았다. 중국이나 일본의 사신들이 모두 그 맛을 칭송하고 선물로 원했던 것을 보면 전약은 단순히 시속(時俗)에서 맛볼 수 있는 일반적인 음식이 아니었다.

허준은 『동의보감』에 전약을 조선의 속방으로 표기했다. 전약은 18세기 후반에 가서야 양반 사대부가의 음식으로 보급되었을 만큼 귀한 보양식이었다.[26] 이처럼 속방은 단지 일반 백성의 시속에 국한하지 않고 내의원의 특별 처방을 포함하고 있다. 허준이 속방으로 소개한 삼인죽(三仁粥)도 왕실에서 애용했던 미음이다. 『동의보감』의 삼인죽은 출산 직후의 산모에게 발생하는 변비를 치료하기 위해 처방되었다. 왕실의 출산을 살펴보면 출산 도중 그리고 이후의 식이요법을 매우 중시했다. 가급적 찬 것이나 날 음식, 전병 같은 기름진 음식을 피하도록 했다. 이 모든 주의는 산후의 변비 증세를 예방하기 위해서였다. 내의원에서는 출산 직후 삼인죽을 준비했다가 산모에게 복용하도록 했다. 물론 삼인죽은 왕실에서 산모 이외에 변비를 치료하는 약물로도 널리 활용되었다. 노인과 허한 사람 모두 복용할 수 있었기 때문이다. 제법은 도인(桃仁)과 잣 각 1홉, 욱리인 1돈을 함께 짓찧어서 물과 섞어 즙을 걸러 낸다. 이후 가루 낸 멥쌀을 약간 넣고 죽을 끓여 빈속에 먹도록 했다.[27]

『동의보감』의 속방 중 상당수가 조선의 내의원 처방이라는 사

실은 이상할 것이 없다. 허준 스스로 평생을 내의원에서 활동했을뿐
더러 내의원 어의로서의 정체성을 중시했기 때문이다. 일례로 독충
인 전갈(蝎)에 대해 허준은 중국과 조선 사이의 약재 등 여러 가지를
무역하는 사이에 중국으로부터 조선으로 들어온 새로운 곤충이라고
설명했다. 특히 창덕궁 후원에서 종종 전갈을 볼 수 있다는 부연 설
명은 허준이 내의원 어의가 아니었다면 서술하기 어려운 구절이다.[28]

속방 중에는 당시 조선의 명주(名酒)로 알려진 처방도 상당수 포
함되어 있다. 몇몇 제조법(酒方)은 왕실에서 애음했을 가능성이 높
다. 조선 시대 가장 비싼 향신료 가운데 하나였던 후추(胡椒)를 이용
한 자주(煮酒)의 제조법을 살펴보자. 자주는 후추와 좋은 꿀을 청주
와 함께 중탕하여 우려낸 후 식혀서 차갑게 먹는 술이었다.『동의보
감』에 실린 제법을 보면, "좋은 청주 한 병에 황랍 두 돈, 후추(가루)
한 돈을 넣고 입구를 밀봉한 후 그 위에 물에 불린 쌀 한 줌을 올려 넣
고 중탕한다. 쌀이 밥으로 변하면 술이 완성된 것이다. 꺼내어 차게
해서 먹는다."[29]라고 했다. 이른바 청주의 은은하고 맑은 바탕에 단
맛과 후추의 매운맛을 가미한 술로 보인다. 자주 처방은 조선 후기의
『산림경제』에도 그대로 이어지는데 물론 시간이 흐르면서 다양한 변
주가 이루어졌다. 가령『고사촬요』에는『동의보감』속방과 다른 자
주의 제조법이 수록되어 있다. 좋은 청주 한 병에 후추와 꿀 각각 한
돈을 따로 질그릇 항아리에 담아 솥 안에 실로 매달아 놓은 후 오래
도록 고은 후 시간이 지나면 꺼내어 마시도록 했다. 중탕의 효과를
극대화한 방법이었다.[30]

왕실 명주의 하나인 홍소주(紅燒酒) 제법도 속방으로 수록되어

있다. 허준은『동의보감』에 범상하게 홍소주 제조 방법으로만 소개할 뿐 왕실의 술로 기록하지는 않았다. "소주를 달일 때 먼저 자초(紫草)를 얇게 썰어 항아리에 넣는다. 소주 한 병에 자초 닷 돈이나 일곱 돈을 기준으로 한다. 뜨거운 소주를 자초가 있는 항아리에 넣고 오래 두면 먹음직스럽게 선홍색이 된다."[31] 내의원에서 이를 제조했다는 기록은 어디에도 없다. 그러나 조선 후기의『산림경제』를 보면 홍소주의 근원을 내국(內局) 즉 내의원 제조의 술이라고 밝혀 두었다. 내의원에서는 특별히 청주를 만들 때 은기(銀器)를 사용하여 내리기 때문에 여염의 제조와는 그 품격이 다른데, 청주를 달여 소주를 만들면서 자초를 활용하여 붉은색이 더욱 아름답다고 설명했다.[32]

백화춘(白花春)은 어떠한가? 허준은 밥알이 동동 뜬 이 술을 '하얀 꽃술'이라고 설명했다. 제조법은 찹쌀 한 말을 깨끗하게 백 번 씻고 동이 하나에 사흘 동안 담갔다가 찐다. 그리고 담갔던 물과 흰 누룩을 섞어 일반적인 방법대로 빚는다. 사흘이 지나면 맛있는 술이 완성된다. 흰 밥알이 동동 뜨면 가장 품질이 좋다고 했다.[33] 조선 후기의 실학자 이규경은 조선의 대표적인 명주로 호산춘(壺山春)과 백화춘을 꼽았다.[34] 명주의 이름에는 반드시 '춘' 자가 들어간다는 전설은 왕실에서 즐긴 다양한 술들이 민간으로 퍼지면서 생겨난 이야기였다. 이외에『동의보감』에는 작주본(作酒本)이라는 특별한 양조법이 속방의 이름으로 수록되어 있다. 백미 한 되를 깨끗하게 씻어 겨울에는 열흘, 봄가을에는 닷새, 여름에는 사흘 동안 쌀 속까지 물이 푹 젖도록 기다렸다가 완전히 찐 후 누룩을 약간만 넣고 손으로 충분히 비벼 고루 섞는다. 항아리 속에 넣고 입구를 봉한 후에 겨울에는 따뜻한 곳에, 여름에는 서늘한 곳에 둔다. 익기를 기다려 술이 되면 꺼내 먹는다. 약간 시큼하고 떫으면서도 매끄러워 맛이 좋다고 했다.[35]

흥미롭게도 백화춘과 작주본 모두 양예수의 『의림촬요』에도 속방으로 기록되어 있다.[36] 언급한 대로 『의림촬요』는 허준의 스승인 양예수가 편찬한 의서였다. 백화춘과 작주본처럼 왕실에서 애용했던 술의 제조법은 내의원에서 근무하던 어의 양예수와 허준 등이 속방으로 수집하여 후세로 전했고 민간으로도 전파되었다.

속방으로 전한 조선 왕실의 의료 문화는 양조법에 그치지 않았다. 왕실 제사와 행차에 사용하던 부용향(芙蓉香)을 비롯하여[37] 조선 후기 사족들이 널리 애용하던 의향(衣香) 등 다양한 왕실의 향 제조법이 『동의보감』에 가장 먼저 채록되었다. 의향은 모향(茅香), 백지(白芷) 등 천연 약재에 침속향, 단향, 영릉향 등 다양한 향재를 가루로 내어 섞어 만들었다. 이를 옷장에 넣어 두면 옷이나 이불 등에서 향기로운 냄새를 유지할 수 있었다. 특히 땀을 많이 흘리는 여름철에 애용되었다.[38]

조선 후기의 대표적인 생활 백과사전 『규합총서』에는 당시 많은 사대부가에서 의향을 제조하여 사용했다고 기록하고 있다. 『규합총서』에는 의향 이외에도 강매향(江梅香)을 제조하는 방법이 자세하다. 강매향은 왕실에서 사용하던 방향제의 일종이었다. 육향고(六香膏)를 만들고 난 찌꺼기를 버리지 않고 뭉쳐 두었다가 이를 화로 등에 태워 집안의 나쁜 냄새를 제거하고 좋은 향으로 채우도록 하는 방법이었다.[39] 조선 후기에는 중국의 영향으로 집집마다 좋은 향을 피우는 풍속이 유행했다. 향의 시대라 할 만큼 민간에서도 다양한 향료가 제조되었다. 이에 발맞추어 조선 왕실의 향 제조법은 내의원에 그치지 않고 민간으로, 서울을 넘어 지방으로 확산되었다.

강매향의 재료가 되는 육향고는 무엇인가? 조선 왕실에서 사용한 일종의 기능성 화장품이라고 할 수 있다. 이름 그대로 여섯 가지 향재를 이용하여 겨울에 얼굴이나 피부 등에 발라 수분과 윤기를 유지하고 손발이 부르트는 것을 예방하도록 했다. 제법을 보면 백단향·침속향(沈束香)·정향·영릉향·감송향·팔각향 등 다양한 약재를 가루 내어 이를 꿀에 담가 입구를 봉하고 이레 내지 열흘 동안 숙성시킨 다음 약간 따뜻하게 불에 달구었다가 체로 걸러 찌꺼기를 버린다. 이렇게 준비된 재료에 조선의 대표적인 향재인 삼내자와 동과인(冬瓜仁)을 곱게 갈아 섞은 후 다시 한번 체에 걸러 그릇에 담아 사용했다.[40] 춥고 건조한 조선의 겨울철을 고려하여 내의원에서 개발했던 피부 보습용 약제였다. 유사한 제품으로 납향고(臘享膏)도 있었다. 겨울철 동상으로 손발이 부르트거나 피부 손상이 발생했을 때 치료하는 약제이다. 조선 전기부터 납설수(臘雪水)나 납저육(臘猪肉)의 기름은 살충과 해독 작용이 있다고 믿었다.[41] 납저란 매년 겨울 한 해의 풍년을 고하는 제사 즉 납향제(臘享祭)를 위해 희생된 돼지를 말한다. 돼지기름을 사용하여 동창을 치료하는 약물을 제조했던 것이다. 납저의 기름, 오소리 기름, 참기름, 잣기름 등을 송진과 꿀에 섞어 졸인 후 찌꺼기를 제거하여 고약을 만들도록 했다.[42]

『동의보감』의 속방에는 내의원에서 제조한 납약(臘藥)의 상당수가 포함되어 있다. 납약의 일종인 지보단은 중풍 환자의 구급에 활용되었던 처방이다. 갑작스러운 중풍으로 인사불성이 되었을 때 지보단, 우황청심원(牛黃淸心元), 소합원(蘇合元) 등이 함께 사용되었는데,[43] 중종이 말년에 건강 상태가 위급해지자 지보단을 인삼탕과 함께 올리도록 한 기록이 실록에 등장하기도 한다.[44] 지보단은 내의원에서 제조해 비축해 두었다가 신하에게 주는 왕의 하사 물품이나 중국의 사신들에게 선물하는 구급약으로 활용되었다.[45] 조선 전기의 『구급이해방』에도 중풍의 구급 약물로 지보단이 처방되었음을 확인할 수 있다. 이를 통해 지보단은 조선의 의원들이 애용했던, 말하자면 연원이 꽤 오래된 처방임을 알 수 있다.[46]

지보단의 제조법은 『동의보감』에 자세하다. 지보단은 서각, 주사, 웅황, 호박, 대모, 우황, 용뇌, 사향 등 고급 약재를 가루 낸 후 안식향을 고아 만든 고약에 섞어 동그랗게 만들어 금박을 입힌 환약(丸藥)이다. 고가의 안식향을 수입하기 어렵자 꿀로 대체하기도 했는데,[47] 소용된 약재를 일견하면 지보단이 상당히 비싼 약물이라는 사실을 알 수 있다. 복용법도 남달라서 반드시 인삼탕으로 먹도록 했다.[48] 고가의 약재로 정성스럽게 만들어진 지보단은 조선 왕실에서 오랫동안 활용되었던 처방이다. 이처럼 속방은 시속의 간편한 단방만은 아니었다.

심폐의 허열을 치료하는 청금강화단(淸金降火丹)도 내의원에서 제조한 왕실 약물이었다.[49] 허준은 『의림촬요』의 전통을 이어받아[50] 『동의보감』에서도 천문동, 맥문동, 연육, 오미자 등을 가루 내어 꿀로 반죽하여 환을 만든 후 오랫동안 복용하도록 했다.[51] 또한 내의원 제조 납약 중 하나인 소합원은 주로 중풍의 구급약으로 사용했지만 악취나 귀신을 쫓기 위한 향제로도 활용되었다. 소합원을 탄환 정도의 환약으로 제조한 후 밀랍을 바른 종이에 한 알씩 싸서 가슴에 차고 있으면 모든 귀신을 물리칠 수 있다는 것이다.[52]

조선 왕실의 구급상비약인 납약의 제법을 집대성한 허준의 『납약증치방(臘藥證治方)』은 속방의 전통 위에서 기획되었고, 이는 왕실의 납약을 언해하여 민간에 보급하려는 『언해납약증치방』의 출간으로 이어졌다. 『언해납약증치방』「서문」에 "각종 납약의 주된 치료 증세와 사용법이 여러 가지 의서에 상세하게 실려 있지만 찾아보기 쉽지 않고 멀리 떨어진 지역이나 궁벽한 시골에서는 비록 납약을 얻었다 해도 복용법을 알지 못해 사람들이 병통으로 여겼다. 의서에서 중요한 구절을 뽑아 인쇄하여 전파하고자 한다."[53]라고 쓰여 있다. 납약은 효능이 널리 알려진 속방으로, 이미 제조되어 환약 등으로 이용할 수 있는 약물이었지만 주된 효능이나 구체적인 복용 방법을 알지 못해 문제가 되고 있었다. 이에 지방 의국을 중심으로 주요 납약의 재료와 제조법을 알려 주고 이를 많은 백성들의 구급 치료에 활용토록 했다.[54]

30여 가지의 납약 가운데 우리에게 가장 잘 알려진 약물로 우황청심원이 있다. 「우황청심원」의 항목을 보면 "이제 쓰는 청심원이라.(지금 사용하는 청심원이다.)"라고 하여 16~17세기 초반의 조선에서 널리 활용되고 있는 청심원이라고 알려 주었다. 청심원은 중풍으로 말을 하지 못하거나 정신이 어지럽고 가슴이 답답하며 담열(痰熱)과 상한의 발열 증세가 나타나고, 마음이 안정되지 못하는 증세와 각종 병으로 인한 발열 증세를 치료한다고 했다. 나아가 중풍으로 갑자기 인사불성이 되었거나 가래가 심하게 끓어 가슴이 막히고 정신이 혼미해지며, 말이 어눌하고 입과 눈이 비뚤어지는 증상을 치료할 수 있었다. 청심원을 복용할 때는 매번 한 알을 따뜻한 물에 녹여서 먹도록 했다.[55]

허준이 『동의보감』에서 속방으로 간단하게 표현했던 내의원 처방들은 19세기 후반의 『의방활투(醫方活套)』에 재등장한다. 처방과 제법 옆에는 '내국-보(內局-寶)'라는 설명이 붙어 있다. 『동의보감』에 수집되어 전한 내의원 처방을 재인용했다는 의미이다. 이처럼 『동의보감』의 속방은 오랜 조선 의학의 전통 지식, 특히 내의원 어의들의 의약 자산을 고스란히 담아 후대에 전했다. 물론 허준이 내의원 어의들의 처방이나 조선 왕실의 문화만을 보존한 것은 아니었다. 더 많은 속방은 민중의 오랜 의약 관련 경험과 지식들이었다.

구급과 역병 대책

민간의 구급방들이 그러하다. 『동의보감』의 속방은 여말 선초 이래의 단방 전통을 이어받고 있었다. 가령 내복하는 속방을 살펴보자. 담음(痰飮)을 치료하는 처방이다. 모과를 달여 꿀 등과 버무려 먹는 방법인데, "모과를 달인 물이 담을 치료하고 비위를 보한다. 모과를 푹 삶아서 과육을 발라낸 후 갈고 찧어 체에 걸러 찌꺼기를 버린다. 꿀과 생강즙 죽력을 적당히 넣고 잘 저은 후 졸인다. 큰 수저 하나씩 하루에 서너 번 먹는다."라고 했다.[56]

허준은 일종의 야맹증 증상을 치료하는 단방으로 소의 간을 날로 먹는 방법을 매우 묘하다고 기록해 두었다.[57] 야맹증을 치료하는 간의 효과는 조선 후기 의서인『사의경험방(四醫經驗方)』으로 이어졌다.[58] 단방은 단순하면서도 효과가 큰 처방들이 살아남아 전해졌다. 남성의 산통(疝痛)을 치료하는 데 소의 음경을 구워 가루 내어 술로 음용하거나[59] 다람쥐나 족제비의 발을 잘라 구운 후 가루 내어 술에 타 먹는 방법들이 속방으로 소개되었다.[60] 이외에도 땀을 내기 위한 가장 좋은 방법으로 인동차(忍冬茶)를 마시거나 술을 복용하는 방법 등을 권장했다.[61]

『동의보감』에는 각종 구급에 필요한 속방들도 다양하게 채집되었다. 중풍으로 인한 마비 증세를 치료하려면 살아 있는 까치의 배를 갈라 뜨거운 피를 눈과 입의 비뚤어진 부위에 바르도록 하거나[62] 감기에 걸렸을 때 파의 흰 뿌리(蔥白)를 얇게 썰어 뜨거운 술에 넣어 마시고 땀을 흘리도록 했다.[63] 상한으로 열이 나고 가슴이 답답하면 녹두죽을 상복하거나[64] 음력 섣달에 말린 말똥을 차로 마시면 각종 더위 먹은 병(暑病)을 치료할 수 있다고 했다.[65] 마통차로 알려진 속방은 조선 후기에도 그대로 이어졌다. 정조는 더운 여름 사관(史官)들의 노고를 염려하여 청심원과 함께 마통차를 지급하여 더위를 예방하도록 했다.[66]

구급의 속방에는 소주의 독을 풀기 위해 오이 즙을 마시도록 하거나[67] 복수가 차올라 배가 불러오는 증상(脹滿)에 무의 뿌리를 달여 먹도록 하는 방법도 채록되어 있다.[68] 또는 보리국수나 보리밥을 권하기도 했다.[69] 이외 두부를 많이 먹고 급체가 되어 죽게 된 경우 물을 마시면 효과가 있다는 속방도『동의보감』에 수록되어 있다.[70]

속방은 그야말로 일상의 구급에 필요한 전통 의료 지식이었다. 각종 해독법이 속방으로 수집되어 있는 것이 도리어 자연스럽다. 뱀, 지네 따위의 고독(蠱毒)에 중독된 경우 소주와 마늘을 상복한다거나,[71] 소주를 짙게 고아 한 번에 먹고 죽기를 시도했을 때 해독하는 처방이 제시되어 있다. 소주 독이 오르면 얼굴이 퍼렇게 되고 입을 악물며 정신이 혼미하여 인사불성이 되는데, 심하면 내장이 상하고 토혈과 하혈을 하다가 사망하기도 했다. 치료법은 중독 초기에 옷을 벗기고 몸을 주물러 주어 토하도록 하고 따뜻한 물로 목욕시키는데, 찬물로 하면 죽는다고 경고했다. 특히 얼음을 부수어 입이나 항문으로 집어넣어 술독을 해독하는 방법을 부록해 두었다. 칡 즙을 마셔도 좋다고 했는데,[72] 오늘날에도 과음 후 해독을 위해 칡 즙을 복용하는 사례를 보면 수백 년 이상을 면면히 이어 온 속방의 전통을 이해할 수 있다. 『동의보감』의 속방은 18세기 후반의 『산림경제』에 그대로 이어졌다. 그뿐 아니라 『산림경제』는 윤씨 성을 가진 의원의 처방〔尹方〕을 함께 수록하여 속방의 전통이 어떻게 여러 의원들에게 전해지고 축적되었는지 보여 준다. 윤방에 따르면 "감나무 잎을 짓찧어 즙을 내서 먹이면 소주의 독을 해독할 수 있다."[73]

해수 증세를 치료하는 속방으로는 관동화(款冬花)를 꿀에 버무려 계란 크기로 만들어 병 안에 넣어 태우는데 병 입구에 입을 대고 연기를 마시면 해수 증세를 치료할 수 있다. 관동화가 없으면 자완 싹을 사용하여 훈증하도록 했다.[74] 혹은 황달 치료를 위해 붕어나 잉어를 삶아 먹도록 했는데,[75] 이와 같이 대부분의 속방은 일상생활의 식중독이나 기침 증상을 치료하는 구급법 류가 많았다. 또한 곡식이 끊어져도 굶주리지 않는, 즉 '단곡불기'의 재료들을 알고 있어야 했다.

> 황정(黃精)〔죽디불희, 죽대 뿌리〕, 출(朮)〔삽쥬불희, 삽주 뿌리〕, 서여(薯
> 蕷)〔마, 마〕, 선복근(旋葍根)〔메, 메꽃의 뿌리〕, 상실(橡實)〔도토리, 도토
> 리〕, 연자(蓮子)〔연밥, 연의 열매〕, 우(芋)〔토연, 토란〕, 만청(蔓菁)〔슷무,
> 순무〕 이상의 재료를 모두 쪄서 먹거나 삶아 먹는다.[76]

허준은 곡식이 떨어져 먹을 것이 없으면 다른 식물의 뿌리와 열
매 등을 활용하여 생존해야 한다고 보았다. 황정으로 기록하면 조선
의 어떤 식물을 말하는지 몰랐으므로 반드시 '죽디불희' 곧 죽대의
뿌리로 언해하여 민간에서 활용하도록 했다. 출의 경우도 '삽쥬불희'
로 향약명을 병기하여 삽주 뿌리라는 사실을 알려 주었다. 이외에도
상실은 도토리, 연자는 연밥, 우는 토란, 만청은 순무라는 정보를 제
공했다.

속방은 일종의 음식 처방, 즉 식치(食治)와도 깊이 관련되어 있었
다. 예를 들어 비위를 보하기 위한 보양식으로 소의 위(양)를 삶아 양
념한 후 먹도록 권장하거나[77] 소갈 증세를 예방하려면 다래를 상복
하도록 했다. 특히 서리 내린 뒤에 익은 다래가 좋으니 이를 꿀과 섞
어 정과(正果)를 만들어 복용하면 좋다고 했다.[78] 실록에는 연산군이
다래를 좋아하여 경기도의 각 고을이 서리 맞은 다래를 올리느라 바
빴다는 기록이 나온다. 소갈 증세를 치료하기 위한 조치였을 것으로
보인다.[79] 이외『동의보감』의 속방은 급격한 식체와 소화불량을 치료
하는 데 작설차를 권하기도 했다.[80] 확실히 속방은 왕실 이하 사족들

이 사용할 만한 고급 식재료와 약제뿐 아니라 백성들을 위한 간단한 처방들이 다수 포함되어 있다.

16세기 조선에 널리 알려진『활인심방』의 자금단도『동의보감』에 속방으로 수록되었다. 지방관이었던 이종준은 자금단의 재료를 조선 이름(향명)인 까치마늘(현재는 까치무릇이라 불린다.)로 확정하고 제법을『신선태을자금단방』에 수록하여 보급했다.

자금단은 고독이나 여우에 홀리거나 쥐나 구렁이에게 물린 경우, 독버섯이나 복어, 저절로 죽은 소나 말고기를 먹고 중독되었을 때, 산람(山嵐)과 장기(瘴氣)의 독기를 맞거나 온갖 약물이나 금석, 초목, 새나 짐승, 여러 가지 독충에게 물린 경우 등 각종 중독 증상이나 옹저와 악창, 은진, 혹(赤瘤)이나 단독으로 부어오른 증상 등을 치료할 수 있다. 매번 반 정(錠)이나 1정을 박하 달인 물에 복용한다. 목을 매 자살하거나 물에 빠지거나 귀신에 놀라 급사한 경우에도 심장이 따뜻하면 냉수에 이 약을 갈아 입속에 넣어 주면 즉시 살아난다. 뱀이나 개에게 물렸거나 각종 독충에게 물려 상해를 입은 경우에도 술에 개어 복용하고 물에 개어 상처에 바른다. 여러 가지 종독(腫毒)에도 바르면 효과가 있다.[81]

자금단은 만병통치약에 가까우리만큼 일상생활에 필수적인 약물이었는데[82] 허준은 이를『동의보감』에 빼놓지 않고 수록했다.[83]

속방에서 언급한 약물은 내복 형태만이 아니라 외용(外用)의 약제, 훈증으로 효과를 보는 약물 등 그 형태가 다양했다. 신성벽온단

(神聖辟瘟丹)은 조선에서 오랫동안 활용해 온 속방 가운데 하나로, 새해 첫날 집 안에 벽온단 한 심지〔一炷〕를 태워 그 연기를 입히면 1년 동안 집안의 온역을 예방할 수 있다고 알려진 약물이다.[84]

조선의 오랜 의료 전통 지식인 속방은 왕실의 납약처럼 내의원에서 제조한 약물부터 지방 의국에서 활동했던 유의들과 민간에 전해 오는 단방에 이르기까지 다양한 수준의 처방들이었다. 물론 고가의 기(旣) 제조 내복약에서 외용의 연고나 훈증 향재(향약)처럼 약물의 제법과 형태도 다양했다. 허준은 수많은 속방 가운데 오랜 세월 효능을 인정받은 치료법을 『동의보감』에 대거 수록함으로써 조선 의료의 전통 지식을 보존하고 후대에 전할 수 있었다.

앞에서 언급했듯이 속방 가운데 외용 처방이 상당하다는 사실에 주목할 필요가 있다. 조선 전기부터 다양한 외과 치료와 외용 약물이 활용되고 있었다. 가령 변비를 치료하는 방법으로 간장과 참기름을 섞어 항문에 주입하면 통한다거나, 도라지를 기름이나 간장에 담갔다가 항문에 넣어 대변을 통하는 방법이 그렇다.[85] 이상의 처방은 조선 후기의 『산림경제』로 이어져 조선의 외용 치료 전통이 되었다. 물론 『산림경제』의 편저자는 흰죽에 피마자(아주까리) 기름을 한 수저 분량 섞어 먹으면 통변에 효과가 있다는 경험방을 첨부하거나, 『동의보감』에 소개되었던 기름 먹은 도라지를 항문에 넣어 통변하는 방법이 윤씨 의원이 활용하여 효과를 본 처방〔尹方〕이라고 실증하기도 했다.[86]

이외 다래끼를 치료하는 방법으로 속눈썹을 뽑거나[87] 눈병 치료를 위해 일종의 안약인 풍고(楓膏)를 점안하도록 했는데, 조선의 속방 가운데 하나인 풍고에 대해 허준은 "눈이 벌겋게 충혈되어 붓고 눈물이 나는 것을 치료한다. 단풍나무 잎을 많이 채취해 진하게 달인 후 찌꺼기를 제거하고 졸여서 고약을 만들어 점안한다. 단풍나무 잎을 얇게 썰어 소주와 함께 찐 후 즙을 짜내어 눈에 넣어도 효과가 있다."라고 소개했다.[88] 『세종실록지리지(世宗實錄地理志)』 황해도 항목에 풍고를 진상품으로 기록한 것으로 보아 조선 초기부터 오랫동안 사용된 안질 치료 약물로 생각된다.

일상에서 자주 벌어질 만한 사례 중에 음식을 먹다가 목구멍에 가시가 걸린 경우를 들어 보자. 이를 치료하는 속방은 활줄을 풀어 삼키도록 했다. 활줄에 가시가 걸려 나온다는 것이다.[89] 인후 질환과 관련하여 목이 잔뜩 부어올라 통증이 심하고 목구멍이 막히는 증세에도 다양한 속방이 활용되었다. 『동의보감』은 박꽃 위에 앉은 나비를 잡아 구운 후 가루를 목구멍에 불어 넣으면 인후통에 신효하다고 기록했다.[90] 해당 처방은 『지봉유설』에도 인후통의 치료에 효과가 있다고 기록되어 있다.[91] 그뿐 아니라 다산(茶山) 정약용(丁若鏞, 1762~1836)도 그의 의약론을 정리한 『의령(醫零)』에 인후통을 치료하는 처방으로 위의 속방을 기록하고 있다.[92] 이처럼 『동의보감』의 여러 속방들은 오랫동안 조선의 백성들 사이에 인후통을 치료하는 단방으로 활용되었다.

속방의 외용 약제 가운데는 첩약 처방도 있다. 여러 가지 약재를 붙이거나 찜질 재료로 사용하는 방법이다. 피마자 잎은 간단하지만 환부에 그대로 붙이는 방법으로 효과가 있었다. 즉 풍습(風濕)으로 목덜미가 뻣뻣해지는 증세에 피마자 잎을 붙여 치료하는 속방이다.[93] 피마자 잎은 『의림촬요』에서도 다양하게 활용되었다. 양예수는 일종의 마비 증세와 근육통 등에 피마자 잎을 다양한 방식으로 처방했다.[94]

붙이는 단방 첩약으로 대추 살을 활용한 속방이 있다. 손이나 발 등의 티눈이나 굳은살을 제거하기 위해 대추씨를 발라내고 대추의 살을 모아 환부에 붙여 주면 티눈이나 굳은살이 사라진다는 것이다.[95] 자금단의 재료인 무릇[茨菰]의 뿌리와 줄기도 첩약의 재료로 사용되었다. 무릇을 짓찧어 종기나 옹저 부위에 붙이도록 한 것이다.[96] 조선 후기의 이덕무는 무릇이야말로 짓찧어 종기에 바르거나 달인 물을 복용하여 곽란을 치료할 수 있으니 재료는 귀하지 않지만 공용(功用)의 이익이 매우 큰 식물이라고 칭송한 바 있다. 자금단이 신선의 처방으로 불릴 만큼 조선 시대 내내 속방의 지위를 차지한 이유를 알 수 있는 대목이다.[97]

일상에서 생긴 타박상을 치료하는 데는 술지게미를 처방했다. 타박상이나 높은 데서 떨어져 다친 상처에 어혈이 맺히고 통증이 지속되면 술지게미와 식초를 섞어 따뜻한 상태로 환부를 찜질하도록 했다.[98]

민간에서는 선초 이래 다양한 찜질 치료법이 속방으로 활용되었는데 허준은 이를 『구급방』에서 자세하게 소개한 바 있다. 특히 추위를 맞아 온몸이 경직되면서 인사불성이 되는 증세를 치료하기 위해 온몸을 따뜻하게 주물러 주는 방법을 제시했다. 손에 불을 쬐어 따뜻하게 한 후 환자의 몸을 문질러 온기가 돌아오도록 한다든지, 술과 생강즙을 따뜻하게 복용하도록 했다. 흥미롭게도 파의 흰 부분을 잘게 썰어 뜨겁게 달군 후 이를 보자기에 싸서 환자의 배꼽 부위를 문질러 주면 회복에 도움이 된다고 했다.

파의 흰 부분을 잘게 썰은 것 2~3되를 뜨거워질 때까지 볶아 두 개의 보자기에 나누어 담은 후 번갈아 가며 배꼽 부위를 찜질하는 데 파의 흰 부분이 차가워지면 다시 볶아서 찜질한다. 손발이 따뜻 해지면서 효험이 나타난다.[99]

파의 흰 뿌리 부분은 조선 시대 내내 속방 혹은 구급방으로 널리 활용되던 약재이자 식재료였다. 배가 냉하여 통증이 발생하면 총백을 사용하여 치료하는 방법인데, 파의 흰 뿌리를 달여 먹거나 얇게 썰어서 소금과 볶아 뜨겁게 찜질하도록 했다.[100] 소금물이나 바닷물도 각종 피부 질환이나 각기병 등을 치료하는 속방으로 활용되었다.[101] 16세기의 학자 소세양(蘇世讓, 1486~1562)은 의승(醫僧) 경휘(景徽)에게 주는 시에서 자신의 각기병을 염탕(소금물)으로 치료하는 중이라고 언급한 바 있다.[102] 이미 조선 전기부터 각종 피부병 및 여러 가지 증세를 치료하고자 소금물로 씻거나 목욕하는 방법이 활용되었다. 선초의 최충성(崔忠成, 1458~1491)은 찜질방까지 지어 놓고 소금물을 부어 염탕 목욕을 할 정도였다.[103] 옹저와 독종을 소금물로 씻어 치료하거나 찜질하여 통증을 완화하는 속방은 오래된 조선 의약의 풍속이자 전통이었다.[104]

다양한 약재가 환부를 세척하는 용도로 사용되었다. 종기 안의 피고름과 독수(毒水)를 제거하기 위해서 뽕나무 잿물로 씻거나[105] 거북의 피를 옹저에 발라 치료제로 쓰기도 했다.[106] 칼 등 날카로운 물건으로 상처〔金瘡〕가 생긴 경우, 지혈을 위해 쑥을 태워 그 연기를 환부에 훈증하는 방법 또한 속방의 하나였다.[107]

조선의 속방은 내복약은 물론 붙이는 약〔貼藥〕, 찜질이나 훈증의 형태로 약효를 높이는 방법 등 다양한 방식으로 활용되고 있었다. 『동의보감』에는 악창을 치료하는 대황고가 속방으로 소개되어 있다. 대황고는 다산 정약용도 효과를 인정했을 만큼 조선 시대 널리 활용되었던 약물로, 대황·황백·당귀를 같은 분량으로 가루 내어 생지황 즙에 개어 환부에 발랐다.[108] 황랍고는 새살을 돋게 하는 효과가 있었다. 참기름·황랍·송진을 동일한 양으로 녹여 응고시킨 후 머리카락을 태운 재를 넣어 상처에 바르도록 했다.[109]

종기나 악창 치료는 대부분 두창과 관련된 경우가 많았다. 두창으로 인한 발진과 물집 증상, 고름이 나오면서 환부가 가려운 소양 증세를 완화하기 위한 목욕 요법도 상당히 발달했다. 이러한 처방들은 속방으로 전해졌다.

시냇가에 있는 잎이 넓고 가지가 붉은 버드나무를 골라 썰어 두고 심한 가뭄에도 끊이지 않는 물을 길어 버드나무 잎과 가지를 강한 불에 예닐곱 번 끓인다. 김이 한 번 빠진 후 이 물을 뜨거운 채로 명주 수건에 흠뻑 적셔 얼굴 전체를 자주 씻고 수건에 물이 마르면 달인 물을 더 부어 주면서 오랫동안 씻으면 효험이 매우 좋다. (중략) 외용약으로 치료하는 방법 중에 이보다 좋은 것은 없다. 여름에 이 물로 목욕을 하려면 먼저 보원탕(保元湯)을 쓰는 것이 좋고, 겨울에

는 찬바람을 맞을까 우려되므로 얼굴과 부스럼 부위만 씻어 주는
것이 좋다.[110]

두창 환자는 피부의 발진이 검게 사그라지면서 피부 속으로 들
어가면(흑함) 독기가 몸 안으로 침투하여 죽을 가능성이 높았다. 어
떤 경우에도 두창의 발진이 솟아 자연스럽게 사라지도록 함으로써
독기가 몸 안으로 들어가는 것을 방지해야만 했다. 이때 수양탕(水楊
湯)이 활용되었다. 버드나무의 잎과 가지를 썰어, 가물어도 마르지
않는 물(長流水)에 맹렬하게 끓여 따뜻한 상태로 명주 수건에 적신 후
두창의 발진 부위를 오랫동안 찜질해 주거나 솜에 물을 묻혀 발진 부
위에 붙여 두도록 했다. 이렇게 하면 두창의 발진이 검게 꺼지는 증
상(흑함)을 치료할 수 있을뿐더러 피부의 가려운 증세를 완화할 수
있다고 보았다. 허준은 '밧그로 다스리는 약(외용약)'으로 이보다 좋
은 처방은 없다고 강조했다.

수양탕은 조선 후기에 박진희(朴震禧)의 『두창경험방(痘瘡經驗
方)』을 거쳐 『산림경제』에 수록될 만큼 그 효능을 널리 인정받았다.
왕실에서도 두창 치료를 위해 으레 수양탕을 처방했다.[111] 허준은 속
방을 수집했을 뿐 아니라 스스로 속방이 될 만한 처방을 개발하여 후
대에 전했다. 오래된 조선 의학의 전통을 이어받은 동시에 새로운 조
선 의학의 전통을 만들어 간 것이다.

조선 시대 최악의 피해를 낳은 질환은 바로 마마(두창)의 유행
이었다. 그런 만큼 조선의 속방은 두창 치료와 관련이 많았다. 두창
에 전염되면 순하게 앓다가 회복하는 것이 환자에게 가장 이상적이

었다. 두창 증세가 급하게 악화되면 그만큼 사망할 가능성이 높았다. 그래서 두창이 천천히 잘 부풀어 올라 자연스럽게 사라지도록 하는 처방이 반드시 필요했다.

조선의 속방 가운데 '쥐를 삶은 물을 복용하는 방법'이 개발되었을 만큼 두창 치료가 절실했다. 속방은 큰 숫쥐 한 마리를 잡아서 내장을 제거하고 깨끗하게 씻어 물에 푹 삶아 그 물을 먹이도록 했다. 섣달에 잡은 쥐는 효능이 더 좋다고도 했다.[112] 쥐를 삶은 물은 두창이 꺼멓게 꺼져 들어갈 때도 효과가 있었는데, 이른바 두창의 흑함 증상은 사망의 징후와 같았기에 매우 위급한 상황이었고 쥐를 잡아 약물로 사용한 것이다.[113]

물론 허준이 속방만을 강조한 것은 아니다. 앞서 살펴본 대로 두창의 성약(聖藥)은 허준이 창안한 저미고였다. "저미고는 용뇌(龍腦) 한 돈을 새끼 돼지 꼬리 끝을 찔러 낸 피와 섞어 팥알 정도의 크기로 환을 만들어 맑은 술이나 물에 한 알을 복용하면 되었다." 쉬지 않고 움직이는 돼지 꼬리의 휘둘러 대고 뻗어 오르는 성질을 취해 꺼져 들어가는 두창을 솟아오르게 한다고 보았다.[114]

허준은 중국의 여러 의서를 열람하던 중 두창이 까맣게 잦아들어 위태로운 지경에 저미고를 복용하여 효과를 보았다는 내용을 발견하고, 저미고 처방을 두창 치료에 적극적으로 활용했다. 그 효과는 예상보다 뛰어나 많은 환자들이 저미고 덕분에 목숨을 구할 수 있었다. 허준과 동시대인이었던 이수광도 저미고가 수많은 사람의 목숨을 구했다고 칭송했다.

저미고는 죽는 사람을 살리는 약물로 두창이 꺼지는 증세를 치료하는 성약이다. 옛 풍속에 소아 두창에는 약 쓰는 것을 금기시하고 앉아서 죽기를 기다렸다. 선왕조(선조)의 어의 허준이 처음 이 약을 사용하여 많은 사람들의 목숨을 구했다. 이로부터 민간의 사람들이 요절을 면하게 되었다.[115]

허준의 저미고 처방은 17세기 중엽 박진희의 『두창경험방』에 수록되어 인후통을 동반하면서 열꽃이 사그라지는 흑함 치료에 활용되었다. 박진희는 서울에서 활동했던 유의로 두창 치료로 명성이 자자했는데 허준의 저미고 처방을 활용했다. 그의 처방은 18세기의 『산림경제』에 그대로 이어졌다.

> 출두종일(出痘終日)—발진이 처음 나온 날부터 3일 되는 날.
> 이때에는 반드시 인후통이 있다. 저미고를 연달아 사용해야 하는데 아직 정(精)을 쏟지 않은 작은 수퇘지의 꼬리 끝을 날카로운 칼로 찢어서 피를 내고 용뇌를 개어 팥알 크기로 환을 만들어서 온담탕(溫淡湯)으로 먹이거나 자초 달인 물에 복용한다.[116]

1749년 유의 조정준(趙廷俊)은 자신의 소아과 의서『급유방(及幼方)』에서 저미고가 홍역 치료에 효능이 있다는 사실을 밝혔다. 판관이 아무개의 다섯 살 아들이 홍역에 걸려 몸이 뒤틀리고 정신이 혼미해지는 증상에 자초 달인 물에 저미고를 풀어 복용했더니 회복했다는 의안(醫案)을 수록한 것이다. 허준의 저미고는 조선 후기에 이르

러 두창과 홍역 치료의 속방이 됨으로써, 새로운 전통으로 자리매김
되었다.

> 판관(判官) 이 아무개의 다섯 살배기 아이가 마진을 앓았는데 증세
> 가 심각했다. 초반에 열꽃이 살짝 보이더니 금세 사그라지어 7일
> 이 지나도록 돋지 않다가 여러 증상들이 점점 심해지면서 숨이 넘
> 어가 살 수 없을 듯했다. 자초용을 술과 물에 달이고 저미고를 타
> 서 몇 차례 연달아 먹인 후 아랫목에 눕혔다. 두 시간쯤 지나자 살
> 짝 땀이 나고 온몸에 붉은 열꽃(斑)이 일시에 돋더니 열이 내려가
> 고 몸이 뒤틀리는 증세가 점점 사라지면서 정신이 혼미하던 증상
> 도 이내 없어졌다. 이후 잘 조리하여 완전히 나았다.[117]

조선 시대 내내 두창 유행이 잦다 보니 치료에 도움이 된다는 식
치(食治) 처방도 생각보다 다양했다. 두창을 순하게 앓도록 돕는 음
식 가운데 메밀이 가장 중요했다. 메밀을 곱게 가루 낸 후 죽을 쑤어
설탕(砂糖)과 섞어 먹으면 두창을 순하게 앓는다는 것이다.[118] 다른
속방은 두창을 순하게 부풀도록 하는 약물로 밑술(母酒)을 권장했다.
밑술을 물과 섞어 펄펄 끓인 후 알코올 성분이 날아가면 복용하는데
기운을 보충할 수 있다고 했다.[119] 이외 두창 치료에 좋은 식치 음식
들이 더 있다. 녹두, 팥, 검정콩, 수퇘지고기(멧돼지가 더 좋다.)를 비롯
하여 조기, 광어, 전복, 마, 잣, 포도, 밤(군밤이 좋다.), 순무, 무, 오이,
진밥, 찹쌀 죽(설사할 때 복용) 등이 두창을 순하게 앓도록 하는 데 도
움이 되었다. 특히 메밀가루와 모주는 두창이 부풀어 오를 때 먹는다

고 했다.[120] 오늘날 맛으로 즐기는 모주와 메밀은 조선의 두창 치료와 깊이 관련되어 있었던 식치 전통이었다.

두창을 앓던 소아가 변비에 걸려 대변이 통하지 않으면 속방으로 참기름과 간장을 섞어 항문에 대롱으로 불어 넣도록 했다.[121] 조선 시대에 두창을 앓고 난 후 상처로 얽은 얼굴을 박색(薄色)이라 불렀다. 두창을 앓고 살아남았다 해도 평생 추하다는 손가락질을 받게 된다. 두창으로 얼굴이 얽는 현상을 최소화하기 위한 속방으로는 희두탕(稀痘湯)이 권장되었다. 두창으로 딱지가 앉을 때 희두탕을 데워 따뜻한 상태로 얼굴을 씻으면 얽은 자국이 사라지는 효과를 얻을 수 있었다. 약효가 얼마나 확실했는지 얼굴의 반을 씻으면 반쪽만 반흔(瘢痕)이 없어질 정도로 신효했다.[122] 처방의 제법은 초복에 조롱박의 어린 넝쿨 수십 뿌리를 캐서 그늘에 말렸다가 설날 새벽에 아무도 모르게 솥에 넣어 끓인 물로 세안을 하는 방법이다.[123] 희두탕은 조선 후기의 「인제지(仁濟志)」에 수록되어 전할 만큼 조선 시대 내내 활용된 속방 가운데 하나였다.

속방은 조선의 산모를 위한 구급 처방으로도 자주 활용되었다. 부인과의 구급 처방은 주로 출산 직후 태반(胞衣)이 완전히 빠져나오지 않는 증상, 산후의 발열 증세 등을 치료하는 처방들이다. 미신에 가까운 내용으로 보이지만, 허준은 태반이 내려오지 않으면 세 집에서 각각 계란 세 개와 한 수저의 물, 소금 한 줌을 모두 섞어 단번에 먹고 입안으로 손가락을 넣어 모두 토하도록 하면 태반이 내려온다고 설명했다.[124] 구역질로 자연스럽게 복부에 힘을 가하여 태반을 배출하도록 한 것이다. 출산 이후 태반이 완전히 배출되지 않으면 산모가 위험할 수 있었다. 이런 이유에서 출산의 구급 상황에 대비하기 위한 다양한 속방들이 강구되었던 것으로 보인다. 흰 파뿌리를 달여 복부 아래를 훈증하는 방법도 속방 가운데 하나였다.[125]

산후 발열이 멈추지 않으면 월경수를 마시는 방법,[126] 젖이 나오지 않으면 모주를 달여 복용하는 방법,[127] 항문이 막힌 채 태어난 아이를 급하게 비녀로 항문을 뚫도록 하는 외과 처치법 등[128] 출산 및 소아와 관련된 다양한 속방들이 『동의보감』에 수록되어 조선 후기로 이어졌다.

태독을 풀어 두창을 예방하는 방법

① 두창과 홍역은 태독으로 생기는 것이므로 평생 앓지 않을 수는 없다. 어려서부터 노인이 되기까지 한번은 반드시 앓는다. 따라서 백세창(百歲瘡)이라 부르기도 한다. 만약 앓지 않으려면 방법이 있긴 하다.

② 소아가 막 태어나 아직 울음을 터뜨리지 않았을 때에 급히 솜으로 손가락 끝을 감아 아기 입안의 오물을 닦아 내어 삼키지 못하게 하면 두창과 홍역을 면할 수 있다.

③ 아기가 막 태어나 울음소리를 내기 전에 빨리 부드러운 천으로 손가락을 싸서 황련과 감초를 달인 물에 담가 입안의 오물을 닦아 주고, 달인 꿀에 수비한 주사 가루를 섞어 입안을 씻어 독기를 제거하면 평생 두창의 걱정을 면할 수 있다.[129]

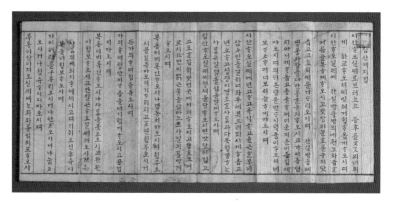

『임산예지법((臨産豫知法)』
출산이 임박한 산부를 위한 조선 왕실의 지침이다. 한국학중앙연구원 장서각 소장본.

허준은 『언해두창집요』에서 아이가 태어날 때 입안의 태독을 황련과 감초를 달인 물로 닦아 주어야 평생 동안 두창에 걸릴 염려가 사라진다고 강조했다. 중국 의서인 『성혜방(聖惠方)』, 『천금방(千金方)』, 『득효방(得效方)』 등을 두루 살펴, 산모가 영아를 출산한 직후 바로 예방 조치를 하면 두창의 걱정을 덜 수 있다고 본 것이다. 태아의 입안에 남아 있는 오물을 닦아 주어 두창을 예방하려는 전통은 이후 조선 왕실은 물론 민간의 출산 풍속으로 자리 잡았다. 19세기 초 시집가는 딸에게 엄마가 알려 준 출산의 지혜를 보면, 태아의 입속에 있는 오물을 즉시 닦아 냄으로써 두창을 예방할 수 있다는 지식은 조선 후기 부녀들의 필지, 즉 상식이었다.

선조 임금의 바람대로 조선의 백성들에게 더 많은 의료 혜택을 제공하려면 향약재의 발굴과 보급이 절실했다. 이를 위해 조선의 산천 및 강과 바다에 서식하는 식물과 동물에 대한 연구가 선행되어야만 했다. 허준은 누가 뭐래도 조선의 본초, 즉 식물과 동물을 포함하여 무생물에 이르기까지 조선의 자연학을 개척한 장본인이었다. 앞서 말한 대로 허준은 전갈과 같이 이전에는 조선에 존재하지 않았던 생물이 중국에서 수입되어 창덕궁 궁궐을 돌아다닌다고 보고한 바 있다. 내의원 의원이 아니었다면 모를 내용이지만, 그보다도 새로운 생물에 관심이 없었다면 확인할 수 없는 지식이라는 점이 중요하다. 『동의보감』의 다양한 생물학 정보, 즉 본초에 관한 지식은 허준의 자연 과학에 대한 폭넓은 이해를 잘 보여 준다.

본초, 즉 약재야말로 처방을 구성하는 빼놓을 수 없는 핵심 재료였다. 본초학은 당대의 의약학 수준을 결정했다. 선초 이래 조선은

늘 중국의 본초학과 중국으로부터 수입하는 당약재(唐藥材)에 의존할 수밖에 없었다.

의약으로 사람을 구제함은 성왕의 지극한 인정(仁政)인데 약물의 생산은 토지의 마땅함을 얻어야 하므로 천하의 각지에서 나오는 것이지 어느 지역에서 모두 얻을 수 있는 바가 아니다. 한 첩을 짓는데 가령 한 가지 약만 없어도 약제가 완성되지 않으니 치병할 방법이 없다. 천하가 아무리 넓어도 왕래가 막히지 않는다면 아무리 멀어도 사람들이 물건을 무역하는데 가고 오지 못할 곳이 없다. 우리 동국은 한 모퉁이에 있는 나라로 약품(藥品)의 생산이 중국의 10분의 1, 2도 되지 않는데 국경마저 제한하여 막고 시기를 한정하고 제도에 구애되어 도로가 서로 통하지 못하면 중국에서 생산된 약재를 들여올 수가 없다. 한두 푼의 약물만을 사용하여 천변만화하는 병증을 고치려 하나 요사하는 자들이 속출할 것이니 아무리 신의라도 자신의 기술을 사용할 방법이 없을 터 어찌 안타까운 상황이 아니겠는가? 조선에서는 비록 사신이 왕래할 때 의관들과 재화를 보내 백성의 질병을 구하려고 약재를 구하곤 한다. 그런데 (중국인들이) 멀리 조선에서 온 사람들이 중국에 오래 머물지 못해 구애되는 바가 많다는 사실을 알고는 불시에 매매를 하거나 속이는 일이 많아서, 구하려는 약재의 10분의 1, 2도 구매하지 못하고 귀국하는 일이 많았으니, 이는 해동의 일국에 중국의 천지가 생성하는 지극한 은혜를 고루 입고 함께 장수의 지역(仁壽之域)에 오르지 못하게 하는 것이니 어찌 큰 교화와 은혜를 베푸는 데 있어 유감이

라고 하지 않겠는가? 1534년(중종29) 2월 김안국 쓰다.[1]

김안국이 1534년(중종29) 중국에 사신으로 방문하는 예조 참의 윤모에게 보낸 송별의 글이다. 여기서 김안국은 중국과 조선의 약재 무역을 상시적으로 허락하는 황제의 명을 얻어 내라고 당부하고 있다. 조선의 약재 사정이 매우 어려움을 토로하고, 반드시 중국 정부에 호소하여 중국의 약재를 무역하기 위한 상설 시장의 설치를 허락받을 것을 부탁했다. 당시 조선의 사정을 조금 과장되게 서술한 점을 감안하더라도 16세기 초반 조선에서 약재를 활용하기가 얼마나 어려웠는지 알 수 있다. 중국으로부터 약재를 들여오지 않고 조선의 땅에서 나온 본초를 활용할 수 있으려면, 중국 의서에 수록된 본초명과 조선의 향약명을 모두 확인하여 조선의 산물(産物)로 대체할 수 있어야 했다. 그렇지 않으면 조선의 내의원 의원들이 언제나 조선의 산과 들의 약재 표본을 가지고 중국의 의사들을 방문하여 일일이 중국 의서의 본초명과 대조하고 확인하는 수고를 감당해야만 했다.

향명, 말과 사물의 일치

16세기 후반 경상도 지역에서 지방 수령을 역임했던 고상안(高尙顏, 1553~1623)의 경험을 살펴보자. 그는 포공영(蒲公英)이라는 식물이 유방의 종기를 치료하는 데 뛰어난 효력을 지닌 약재라는 사실을 중국의 의서 등을 통해 알고 있었다. 하지만 포공영이 실제로 조선 산천의 어떤 풀을 말하는지를 정확하게 알 수 없었다. 그러던 중 임란 시기에 조선에 주둔하던 명나라 병사들을 통해 포공영의 실체를 알 수 있었다. "1598년 봄 명나라의 병사가 왕래하면서 5~6명이 가까운 이웃에 머물렀다. 그들이 어떤 나물을 캐어 삶아 먹고 있어서 무슨 나물이냐고 물으니 포공영이라고 했다. 그 나물은 시속에서 이른바 두응구라(豆應仇羅)라고 불렸다. 포공영은 꽃이 피면 꽃잎이 국화와 비슷하고 그 줄기를 꺾으면 흰 즙이 나오는데 어린이들은 그것을 불어 피리 소리를 낸다. 이후부터 유종(乳腫) 환자는 본초의 처방에 의거하여 포공영 두 푼, 인동초(忍冬草) 한 푼을 술 한 잔에 넣어 달여 복용하면 즉시 효험이 나타났다. 누가 알았겠는가? 천하디 천한 물건이 기사회생의 공이 있는 줄을."[2] 포공영의 조선 약재 이름 즉 향약명은 두응구라, 오늘날의 둥굴레였다.

선초의 의서 『향약채취월령(鄕藥採取月令)』에서는 위유(萎蕤)를 향명으로 두응구라로 풀이해 놓았다. 일찍이 조선에서 방기(防己)로 알고 사용한 약재가 사실은 두응구라였다는 설명도 붙어 있다. 이러한 해설은 『향약집성방』에서도 마찬가지였다.[3] 그렇다면 조선에서 두응구라로 불리는 약재는 포공영인가 아니면 위유인가? 말과 사물이 일치해야만 세상이 편안할 수 있었다. 명(名)과 실(實)이 상부한 세상은 도덕 형이상학의 온전함을 넘어 실제 병든 환자를 치료하기 위해서도 필요했다. 두응구라가 조선 산천과 바다의 무엇을 가리키는지 정확히 모른다면 중국에서 약재를 구입하는 수밖에 없었다.

조선 시대 내내 중국의 본초서에 표기된 약재명과 조선의 산과 들, 강과 바다에서 나오는 실물, 즉 식물과 동물을 일대일로 연결 짓는 일에 상당히 어려움을 겪었다. 고상안은 농서를 지을 정도로 식물 재배 등 농학에 깊은 관심을 기울인 학자였으며 의약학에도 조예가 깊었다.[4] 그런 만큼 본초에 대한 이해가 남달랐을 가능성이 높다. 그렇지만 고상안도 중국의 본초서나 의서에 나온 약재의 이름을 조선의 식물, 동물과 대조하여 파악하지 못했다. 이러한 의미에서 상당수의 조선 약재를 중국 의서에 수록된 약재명과 연결하고 향명을 부기했던 『동의보감』의 편찬 사업은 16세기 후반 조선의 의약학 특히 본초학 수준을 한층 더 진일보하게 했다. 선조 임금의 가장 큰 바람에 부응할 수 있는 프로젝트가 된 것이다. 조선의 산천에 자생하는 향약재를 더 많이 사용할 수만 있다면 더 많은 백성들의 질병과 고통을 치료할 수 있었다.

허준은 인체부터 식물과 어류 및 동물에 이르기까지 각종 약재를 향명으로 표기함으로써 당시 조선의 산천초목에 관한 지식을 정리했을뿐더러 이후 자연에 대한 깊은 이해의 토대를 마련했다. 명과 실의 상부 즉 조선 산천의 약재와 향명의 연결은 표면적으로는 간단해 보이지만 저간의 사정을 헤아려 보면 『동의보감』이 이룩한 가장 어려운 학문적 성취 가운데 하나였다.

다시 한번 언급하지만 1596년 선조 임금은 태의 허준을 불러 중국의 약재명과 조선의 향약의 이름을 병기하여 많은 사람이 조선의 향약재를 쉽게 활용할 수 있도록 당부했다.[5] 『동의보감』에 수록된 수많은 약재의 한자명에 한글로 된 향명을 병기한다면 더 많은 사람들이 약재의 혜택을 누릴 수 있었다. 향약으로 대체할 수 있는 조선의 약재를 굳이 중국에 가서 구입할 이유가 없었다. 시간과 금전을 모두 절약할 수 있는 방안이 모색되었다.

조선 산천에서 활용할 수 있는 약재들을 모두 치료에 동원할 필요가 있었다. 심지어 개똥을 약에 쓰려 해도 중국 의서에 약으로 사용할 만한 인분이나 개똥을 무엇으로 표기했는지 알아야 했다.

사람의 침을 발라 각종 종기를 치료할 수만 있다면 침의 약효를 빌리는 일도 마다할 수 없었다.[6] 당시 조선 사람들은 침〔涎唾〕을 몸 안에서 온축된 사람의 기〔精〕가 밖으로 나온 것으로 믿었다.[7] 그래서 괴질로 죽어 가는 환자에게 침을 먹여 구활(救活)을 시도하거나[8] 양생의 한 방법으로 침〔神水〕을 입안 가득히 모아 삼키기도 했다.[9] 이외에 음열(陰熱)을 치료하는 데 월경수를 사용한다거나[10] 이른바 야인건으로 알려진 사람의 똥을 말렸다가 물에 담가 그 즙을 마시는 방법 등[11] 약으로 쓸 만하다고 알려진 모든 것을 활용할 정도로 조선의 약재 상황은 열악한 편이었다.

조선에 실재하는 다양한 동식물을 활용할 수 있어야 했다. 허준은 토사자(菟絲子)를 설명하면서 새삼삐(새삼의 씨앗)라는 조선의 이름(향명)을 병기했다. 이 약재는 속이 차서 정액이 새거나 소변을 찔끔거리고 입이 마르면서 갈증이 나는 증상을 치료했다. 특히 정(精)과 골수를 채워 주고, 허리가 아프고 무릎이 찬 증세를 없애 주는 약물로 정양(正陽)의 기를 응축시켜 씨를 맺었다고 해석했다. 한마디로 정기를 보하는 최고의 약물이었다.

허준은 토사자가 조선의 전국 각처에서 산출된다고 기록했다. 토사자는 대부분 콩밭에서 자라는데 뿌리 없이 다른 식물에 기생하고, 가늘게 덩굴 지어 자라며 노란색이라고 구체적으로 설명했다.

6~7월에 씨를 맺는데 몹시 작아 누에의 알과 같으며 9월에 씨를 채취하여 볕에 말린 후 술과 같이 쓰면 좋다고 덧붙였다. 오랫동안 양정(養精)의 보약으로 활용되었던 중국 의서의 토사자를 조선에서는 '새삼의 씨앗'으로 부른다고 설명함으로써 더욱 많은 조선 사람들이 콩밭에서 새삼을 찾아 9월에 씨를 채취할 수 있기를 기대했다.[12] 허준의 본초에 관한 탐구의 결과물은 『동의보감』「탕액편」에 응축되어 있다.

인동초는 악성 종기[癰疽]로 인한 발열과 갈증 치료제로 널리 사용되던 약재였다. 허준은 인동초에 관해 성질이 약간 차고 맛은 달며 독이 없으며 한열이 있으면서 몸이 붓는 것과 열독(熱毒), 혈리에 주로 사용하는 약물이라고 설명했다. 과연 인동초는 조선에서 무엇이라고 부르는가? 허준은 인동초를 향명으로 '겨ᅀᅵ리너출', 즉 겨우살이덩굴이라 부른다고 설명함으로써 명과 실의 일치를 이루었다. 또한 인동초와 연관된 속방을 소개하면서 "요즘 사람들은 겨우살이덩굴을 사용하여 옹저로 인한 고열 및 가슴이 답답한 증세를 치료할 뿐더러 감기로 인한 발한(發汗)을 치료한다."라고 첨언했다.[13] 감기에 걸린 후 고열에 시달리는 환자를 치료하기 위해 인동초를 해열제로 복용하게 했는데, 겨우살이덩굴이라는 향명을 부기하여 더 이상 인동초를 중국에서 구입할 이유가 사라졌다. 허준은 인동초를 겨우살이덩굴로 확정하여 더 많은 조선의 백성들이 손쉽게 감기를 치료할 수 있도록 했다. 허준의 『동의보감』이야말로 향약 사용의 확대에 가장 큰 기여를 한 셈이다.

조선에서는 급성 인후염 등으로 목구멍이 막혀 호흡이 어려워진 증상을 치료하는 데 붓꽃 열매를 사용했다. 붓꽃 열매는 인후통 이외에 말고기(馬肉)나 소고기를 먹고 부스럼(疗腫)이 났을 때 사용하면 큰 효과를 볼 수 있었다.[14] 붓꽃 열매는 중국의 본초서에 여실(蠡實)이라고 적혀 있었다. 지식인을 포함하여 조선의 많은 백성들은 여실이 조선의 어떤 꽃이나 나무를 가리키는지 몰랐다. 허준이 여실을 붇곳여름(붓꽃 열매)으로 명명하자 이전보다 인후염의 치료가 훨씬 쉬워졌다.

16세기의 지방관 이종준은 백성들을 위한 만병통치약을 개발하려고 산자고(山茨菰)를 연구한 지 무려 3년이 지나서야 산자고가 조선의 가치 무릇(까치무릇)이라는 사실을 알 수 있었다. 무엇보다 중국 의서에 통치약으로 소개된 자금단을 만들려면 그 재료가 되는 산자고의 정체를 먼저 알아야만 했다. 자금단은 각종 벌레나 음식 등의 독물이나 산천의 독기 등으로 인해 탈이 난 경우에 모두 해독할 수 있었다. 만병해독단이라는 별칭이 괜히 붙은 것이 아니었다. 자금단 처방은 18세기의 『산림경제』에도 그대로 이어졌으니[15] 선초에 이종준이 정립한 처방이 당연히 『동의보감』에 수록되었을뿐더러, 이후 수백 년 동안 조선의 전통 의료 지식으로 전승되었다.

사실 조선에서 무릇은 산과 밭, 들판 어디에나 있는 풀이었다. 흉년이 들어 먹을 것이 없을 때 뿌리를 캐다가 삶아 먹었으니 그 맛이 훌륭하여 기근을 이겨 내는 구황의 재료로 활용될 정도였다.[16] 그러나 자고를 들판의 무릇으로 명명하기 전에는 이를 삶아 먹거나 곡식과 함께 죽을 쑤어 복용할 수 없었다. 자연의 각종 동식물에 대한 이해가 깊어질수록 이를 기초로 한 다양한 조선의 속방도 축적되었다. 조선의 구황방도 조선의 오랜 전통 의료의 지혜이자 자원이었다.[17]

오늘날 잘 알려진 봄철 별미 가운데 두릅이 있다. 중국의 본초서에는 목두채(木頭菜)로 표기되어 있다. 목두채를 두릅이라는 조선의 향명으로 풀이해 놓지 않았으면 산천에 널리 자라는 두릅을 채취하지도 않았고 나물로 먹을 수도 없었다. 오래된 경험으로 두릅을 먹을 수는 있었지만 그 약효를 정확히 알기는 어려웠다. 허준은 중국 의서의 목두채에 한글로 '둘흅(두릅)'을 병기함으로써 여러 지역의 백성들이 보다 정확하게 두릅을 활용할 수 있도록 했다. 허준은 두릅이 전국에 분포하는데 초봄에 채취하여 먹을 수 있다고 부연했다. 특히 삶아서 나물을 무치거나 김치처럼 절여 먹을 수 있다는 설명은 두릅을 더욱 다양하게 활용하도록 했다.[18] 이외 생강과의 양하(蘘荷)는 주로 삼남 지방 사람들이 먹으며[19] 송이는 버섯 중의 으뜸으로 맛이 향기롭고 좋으며 소나무 향이 난다고 설명했다.[20]

백채(白菜)는 그 정체를 확인하는 데 많은 시간과 노력이 필요했다. 허준은 백채를 '머휘' 즉 머위로 풀이했다. 조선 후기의 『산림경제』에서도 허준을 따라 백채를 머휘로 보았다. 다산 정약용은 당시 조선 사람들이 송채(菘菜)를 배추[拜艸]라고 부르는데, 이는 백채(머위)를 잘못 부른 것이라고 주장했다.[21] 즉 다산은 백채가 배추인데, 조선 후기 사람들이 머위가 아닌 송채를 배추로 오해한다고 비판했던 것이다.

그렇다면 왜 조선 후기에 이르러 백채는 머위에서 송채로 둔갑했을까? 기왕에 허준이 주장했던 '백채=머위'설은 18세기 후반 '백채=송채'설로 대체되기 전까지 조선의 표준 지식이었다. 그런데 다산의 지적대로 백채가 머위라는 사실은 언젠가부터 머위가 아닌 송

채로 바뀌었다. 오늘날까지 우리가 배추라고 부르는 채소는 머위와
는 전연 상관이 없다. 조선의 산과 들에 존재하는 다양한 동식물을
무엇으로 명명할 것인지를 두고 오랜 세월 동안 다양한 해석들이 경
합했다. 물(物)·명(名)이 일치해야만 세상이 온전했다. 허준의 본초
연구와 향명 부기는 단순히 물·명에 관한 탐구를 넘어 세계관(형이상
학)의 안정과 깊이 연관되어 있었다. 인간이 자연의 질서에 부합하도
록 살려면 물·명의 불일치를 해소하고 명·실이 상부한 질서를 회복
할 필요가 있었다.

길경(桔梗), 즉 도라지의 정체를 탐구해 보자. 오늘날 도라지는
한국인이 사랑하는 비빔밥의 재료이자 제사상에 빠지지 않는 나물
이다. 그러나 조선 초기의 사람들은 야생의 도라지를 오직 구황식으
로 활용했을 뿐 일상의 음식으로 먹지 않았다. 16세기 이전에는 도라
지가 전연 일상의 식탁 위에 오르지 않았다.

성종 대에 약리(藥理)에 밝았던 이계기는 인삼·복령은 성분이 온
화하여 인성(人性)을 보양하고 수명을 연장시키며, 생강·계피는 맹렬
하여 병을 물리치고 구급을 구제하며, 길경(도라지)은 성분이 감평(甘
平)하여 굶주리지 않고 사람을 보양하는 이익이 있다고 했다. 도라지
를 약초로 인식하고 기본적으로 굶주림을 이겨 내는 구황 재료로 취
급한 것이다.[22] 그런데 구황의 용도였던 도라지가 언젠가부터 일상의
음식으로 변화했다. 허준은 『동의보감』에서 구황을 위한 도라지가
식탁 위의 도라지로 진화한 상황을 정확하게 묘사하고 있다. 길경은
도랏을 가리키며 요즘에는 나물로 만들어 사시사철 먹는다고 기록한
것이다. 허준의 『동의보감』은 단순히 자연학의 수집이 아니라 조선

인의 생활을 둘러싼 변화를 알려 주는 풍속지이기도 하다.[23]

조선 후기에 도라지의 활용은 한 번 더 진화했다. 15세기에는 구황을 위해 야생 도라지를 채취했다면, 16세기 후반 허준은 일상의 밥상 위로 올라온 나물 도라지를 관찰했다. 수백 년이 지난 18세기 후반에 이르러 산중의 야생 도라지를 캐 먹던 상황은 도라지의 재배로 이어졌다. 서유구(徐有榘)의 『임원경제지(林園經濟志)』에는 도라지의 재배법이 상세하다. 서유구는 길경이 '단단하다'는 뜻으로 인해 경초(梗草)로도 불린다고 설명하고, 도라지는 산이나 들판의 모래가 많은 땅을 좋아하는 성질이므로 물이 잘 빠지는 토지를 골라 봄에 씨앗을 뿌리거나 뿌리를 나누어 옮겨 심어야 한다고 했다. 도라지는 흰 꽃이 피는 백도라지와 자색 꽃이 피는 두 종류가 있으며 백도라지의 효능이 더 좋다고 설명했다. 조선 후기에는 야생 도라지를 재배하여 채소처럼 이용하는 방법이 널리 알려졌을뿐더러 뿌리가 아닌 도라지의 어린잎을 음식으로 활용하는 방법이 고안되었다. 애초에 구황이나 약초로 쓰이던 도라지의 활용법은 일상의 나물 음식으로, 그리고 뿌리가 아닌 잎을 먹는 방법으로까지 발전했다. 서유구는 거름을 충분히 주면서 길러야 한다고 설명하고 오랫동안 잘 기르면 팔뚝 정도의 굵기로 자란다고 첨언했다.[24]

허준의 본초 연구는 향약재의 활용을 높이려는 목적이 가장 컸다. 중국 의서에 기록된 다양한 약재를 조선의 이름으로 명명하는 과정은 오랜 시간이 걸리는 명과 실의 부합 과정이었다. 이 과정에서 조선의 동식물학의 수준이 높아졌음은 물론이다. 동시에 조선의 산천에 자생하는 다양한 재료를 활용하는 방법도 다양해졌다. 이처럼 허준의 『동의보감』은 조선의 자연학과 물명 연구(物名考)의 전통을 수립하는 중요한 출발처였다.

지방관에게 약재를 요청하는 김시진의 편지[25]

이번 모임이 편안했지만 술병에 시달려 여유롭게 이야기하지 못하여 아쉬움과 안타까움이 큽니다. 만나자 곧 헤어져 반년이나 기다리니 섭섭한 마음은 피차가 일반일 듯합니다. 다름 아니라 전날 서울에 있을 때 우연히 두세 명의 의관들과 약계(藥契)를 새로 결성했습니다. 소위 상계(上契)에 속하는 사람에게는 재물을 내라 하지 않고, 단지 약을 복용하는 데 보충할 수 있도록 향산(鄕産)을 구하는 것이 임무입니다. 수령으로 있는 모든 친구가 반드시 도와줘야 계에서 쫓겨나는 걱정을 면할 수 있습니다. 귀 고을은 태백산 아래 자리하여 각종 명약이 많이 산출되니, 가을에 새로 채취한 약재를 있는 대로 넉넉히 주시기 바랍니다. 제가 집에 돌아가지 않더라도 겨울에 가는 인편이 있으면 반드시 잊지 말고 구하여 제 집에 보내 주시기 바랍니다.[26]

17세기 조선의 수학자로 알려져 있는 김시진(金始振, 1618~1667)은 다양한 관직을 역임했다. 그는 27세에 문과에 올라 승문원에 들어간 후 병조 좌랑과 직산 현감을 역임하는 등 중외의 관직을 두루 지냈다. 암행어사로 경상도를 염찰하거나 수학에 밝아 경기도 균전사에 임용되기도 했는데, 특히 전주 부윤 시절 원나라의 주세걸(朱世傑)이 편찬한 『산학계

몽(算學啓蒙)』을 간행한 공로가 크다. 김시진은 서울에서 근무할 당시 몇 명의 관리들과 약계를 결성했다. 돈을 갹출하여 중국의 수입 약재들을 무역하거나 지방의 향약재를 구해 치병(治病)이 필요한 계원들과 나누기로 한 것이다. 일반적으로 조선의 계는 계원들이 돈을 조금씩 내어 물건을 사거나 함께 사업을 도모하여 이익을 나누는 형태의 협동 조직이었다. 김시진은 당시 태백산 근방의 친구에게 해당 지역의 약재를 요청하는 편지를 보내 약재 구득에 나섰다. 관료들조차 필요한 약재의 입수가 쉽지 않았던 것이 조선의 현실이었다.

다양한 동물성 약재의 활용

조선의 향약 연구는 산천 도처의 식물성 재료의 활용을 넘어 다양한 동물성 약재들을 발굴하고, 속방을 구성한 재료들의 효능과 명칭 등을 정리하는 작업으로 이어졌다. 동물을 약재로 활용하는 경우 직접 고기를 굽거나 쪄 먹는 이외에 기름이나 내장 등을 외용약으로 사용하기도 했다. 예를 들어 오래된 악창을 치료하기 위해 사다새의 복부 지방을 끓여 기름을 발라 준다거나[27] 기운을 보하는 음식으로 고지새 혹은 아리새로 불리는 조류를 잡아 구워 먹도록 권장했다.[28] 이처럼 조선의 오래된 단방은 각종 새를 잡아 음식으로 먹거나 기름을 활용했다.

조선의 오랜 의료 전통인 속방은 동물성 약재를 육류로 섭취하여 기를 보하거나 악창을 치료하는 연고로 개발했다. 예를 들어 기력을 회복하는 데 주로 사용했던 수달의 간을 나력(瘰癧, 일종의 연주창)을 치료하는 약재로 활용했다.[29] 조선에서는 오소리를 토저(土猪)라 불렀는데, 오소리 고기는 국을 끓여 먹으면 오래된 수창(水脹)으로 거의 죽게 된 환자를 치료하는 효과가 있다고 알려지기도 했다.[30] 조선의 속방은 동물의 고기와 기름뿐 아니라 다양한 부위를 약재로 활용하는 방법을 꾸준히 개발해 왔던 것이다.

당연히 바다에 서식하는 동물들도 약재로 사용했다. 특별한 재료도 있었으니 물개(海狗)의 외신(外腎), 해구신이었다. 정혈(精血)을 보하는 약재로 익히 알려진 해구신은 조선 시대부터 널리 애용되었다. 허준은 『동의보감』에서 해구의 외신은 강원도 평해군에서만 구할 수 있는 매우 희귀한 약재라고 소개했다. 강원도 평해는 지금의 경상북도 울진에 해당한다. 허준은 올눌제(膃肭臍), 해구신을 술에 담갔다가 불에 구워 사용한다고 설명하고, 진품이 없으면 황구(黃狗)의 음경 세 개를 구해야 비로소 해구신 한 개의 약효에 버금간다고 설명했다. 허준은 오직 동해의 울진에서만 진품을 구할 수 있었던 상황을 잘 기록해 놓았다.[31]

이외에도 조선의 속방에서 각종 동물의 음경을 약재로 활용했다. 흰말의 음경을 탕으로 달여 서병(暑病)을 치료하는데,[32] 반드시 쇠칼이 아닌 구리 칼을 사용하여 약재를 자르도록 하는 등 약물의 제조에 주의를 기울였다.[33] 수캐의 음경을 태워서 술에 타서 복용하면 명치에 적취가 뭉친 증세나 높은 데서 떨어져 다친 어혈을 치료할 수 있다고 소개하기도 했다.[34] 개와 우마(牛馬)는 조선에서 가장 유용한

가축이었다. 이들의 고기는 물론 심지어 가죽과 음경 등을 활용한 치료법이 개발되어 오랫동안 전승되었다.

청설모와 족제비의 발을 태워 그 재를 술과 함께 복용하면 산기(疝氣)가 치받쳐 죽을 듯한 증세를 치료할 수 있었다. 본초서나 의서에 기록된 청서(靑鼠)와 황서(黃鼠)를 보면 같은 종류로 색깔의 차이만 있는 듯하다. 허준은 청서와 황서 두 동물을 의서와 다양한 박물지를 통해 연구한 후 청서를 청설모로 황서를 족제비로 확정했다. 청설모의 가죽과 초피[貂鼠, 담비 가죽]가 효능이 같다는 허준의 기록을 보면, 그가 각종 짐승의 가죽과 털의 약효에 대해 상당히 많은 임상경험을 축적했음을 알 수 있다.[35]

허준의 관심은 조선의 바닷가에 서식하는 각종 동물에 대한 지식으로 나아갔다. 가령 『동의보감』에는 종기 치료 처방으로 가재의 내장을 이용하는 속방이 수록되어 있다. 허준은 게는 옆으로 기어가지만 가재는 뒷걸음을 친다고 둘의 차이를 설명한 후, 조선에서 일종의 종기인 저창(疽瘡)이 오래도록 아물지 않을 때 가재의 내장을 환부에 붙여 두면 효과가 있다고 부연했다.[36] 허준은 중국 본초서에 석해(石蟹)와 방해(螃蟹)로 기록된 두 가지 다른 갑각류에 대해 크기의 대소는 물론 걸음걸이와 서식처의 차이(가재는 시냇가에 산다.)등을 고려하여 석해를 조선에서 가재라 명명한다고 언해했다.

삼면이 바다인 조선은 18세기 이후 어류 관련 전문서들이 편찬될 정도로 상당히 지식이 축적되었지만, 『동의보감』이 간행되었던 17세기 초만 해도 조선의 어류를 중국의 본초서에 등장하는 어류와 일대일로 맞춰 보는 작업은 쉽지 않았다. 예를 들어 허준은 중국의 의서에 등장하는 회어(鮰魚)가 조선의 어떤 생선인지 전연 알 수 없었다. 그래서 회어를 단지 민어(民魚)가 아닐까 추측하는 데 머물렀다.[37] 민어는 조선에서 매우 흔한 생선으로 그 이름도 '백성들의 생선〔民魚〕'으로 불렸지만 허준은 회어가 민어인지 여부를 확인할 수 없었던 것이다.

결국 가장 확실한 방법은 조선의 동식물이나 어류의 표본을 가지고 중국을 방문하여 본초에 밝은 의사들의 자문을 받는 수밖에 없었다. 중국의 본초서나 의서의 약재명과 조선의 동식물의 명칭을 일일이 대조하고 확인하는 과정을 거쳐야 조선의 향약재를 안심하고 사용할 수 있었기 때문이다.

본초나 의서에 수록된 약재의 설명을 읽고 어떤 종류의 어류인지 혹은 식물인지 확정하거나 한자의 뜻을 풀어 대응시킬 수 있다면 그나마 형편이 나았다. 먼저 본초서의 화어(鮂魚)는 파자를 하면 대구(大口)가 되었다. 이에 허준은 조선에서 대구로 부르는 생선이 바로 화어라고 확신했다. 기를 보하는 음식으로 조선의 동북해에서 주로 잡히며 민간에서 대구라고 부르는 생선이라고 설명했다.[38] 비목어(比目魚)는 '눈이 나란히 붙은 생선'이라는 자의를 풀어 가자미로 확정하고 이는 조선의 광어 혹은 설어(서대나 박대 종류)에 해당한다고 주장했다.[39]

팔초어(八梢魚)도 글자의 뜻과 의서에 수록된 설명에 따라 허준은 조선에서 문어로 부르는 동물이라고 결론지었다. 본초서에는 8개의 긴 다리가 있고 비늘과 뼈가 없어 팔대어(八帶魚)라고도 한다는 설명이 붙어 있었다. 허준은 이를 보고 조선의 동북해에서 잡히는 문어라고 정의했다.[40] 그렇다면 작은 팔초어(小八梢魚)는 무엇인가? 본초서에는 팔초어와 비슷하지만 조금 작고 해변에서 잡힌다거나, 오징어보다 약간 크고 맛이 좋다고도 서술되어 있다.[41] 이에 대해 허준은 민간에서 부르는 낙지(絡蹄)가 소팔초어에 해당한다고 확정했다.[42]

문어와 낙지는 중국인들조차 쉽게 접할 수 없었던 어류였다. 『도문대작(屠門大嚼)』을 통해 각종 음식에 대한 비평을 남겼던 허균(許筠, 1569~1618)은 중국인들이 조선의 동해에서 나오는 문어를 특별히 좋아한다고 기록했는데 그만큼 중국에서도 희귀한 재료였기 때문이다.[43]

송어(松魚)는 고려 시대 이후 민간에 널리 알려진 생선이었다. 회귀성 어류로 알려진 송어는 조선의 동북 지방 연안 및 바다에서 주로 잡혔다. 붉고 두툼한 살의 무늬가 마치 소나무마디처럼 선명하다 하여 사람들이 송어라고 불렀다.[44] 허준은 오랜 임상 경험을 바탕으로 송어의 약성을 성질이 평(平)하고 맛은 달며 독이 없다고 설명했다. 『도문대작』의 저자 허균도 송어에 대해 함경도와 강원도에서 많이 나는데 바다에서 잡은 것보다 강에서 잡아야 품질이 더 좋다고 설명했다. 다만 송어의 알이 연어(鰱)의 알보다 맛이 덜하다고 평가했다.[45] 연어 또한 조선에서 즐겨 먹던 생선이었다. 허균은 연어에 대해 "동해에서 나는데 알젓이 매우 좋다."라고 기술했다.[46] 알젓은 송어의 알 대신 연어 알 젓갈이 더욱 풍미가 있었던 모양이다.

허준은 연어의 알에 대해 독이 없으며 맛이 달고 좋다, 진주 모양의 옅은 붉은색으로 그 맛이 매우 좋다, (연어는) 동북 지방의 강과 바다에 산다고 설명했다.[47] 회귀성 어류인 송어와 연어에 대한 정보, 알의 활용법과 풍미에 대한 차이를 묘사한 허준의 설명은 16세기 후반 조선의 자연학 수준이 어느 정도에 도달했는지 잘 보여 준다. 점점 더 다양한 경로를 통해 조선의 자연에 대한 특성과 정보들이 축적되었다. 『동의보감』에는 조선의 하천에서 잡히는 민물고기에 대한 지식도 증보되었다. 가령 한강에서 잡히는 백어(白魚)에 대한 설명을 보자. 후일 뱅어로 기록된 백어는 소화를 돕는 약효가 있었다. 허준은 겨울철 강이나 호수에 얼음을 뚫고 잡는데 한강에서 잡는 백어의 품질이 가장 좋다고 설명했다.[48]

허준은 조선의 음식 문화에 널리 활용되던 어류에 대해 속방의 이름으로 그 특징을 기록해 놓았다. 후속 연구의 필요성을 제기한 셈이다. 예를 들어 조선 사람들이 가장 좋아하는 복국은 반드시 미나리와 함께 먹는 풍속이 있었다. 조선에서는 미나리가 복어의 독을 제거하는 효과가 있다고 믿었던 것이다.[49] 그러나 중국의 의서 어디에도 미나리(水芹)와 복어를 함께 먹는다는 설명은 없었다. 복어에 중독되었을 때 갈대의 뿌리(蘆根)를 달여 복용하도록 했을 뿐이었다.[50] 그렇다면 오랫동안 복(河豚)을 미나리와 함께 즐긴 조선의 전통은 어디서 유래한 것일까? 이미 조선 초에는 봄만 되면 한강의 복어를 기다리는 사람들이 많았다.[51] 복어에 중독되는 이들이 많았고 이를 해독하는 과정에서 누구는 인분즙(人糞汁)을 먹이고, 누구는 소루쟁이 잎(羊蹄葉)을 짓찧어 즙을 먹여 보았다. 다양한 약재를 실험하는 과정에서 미나리가 속방으로 자리 잡았을 것이지만 이후 학자들이 풀어야 할 숙제가 되었다.[52]

허준의 본초 지식은 조선의 자연에 대한 의약학적 이해가 없이는 설명할 수 없는 것들이었다.[53] 조선의 자연학은 점차 '명·실 상부'

한 수준으로 발전하고 있었다. 조선의 민간에서 송어, 연어, 백어로 부르는 어류들을 중국의 본초서에서는 어떻게 표기하고 있는지, 반대로 중국의 의서에 한자로 기록된 어류의 한글 명칭(향명)은 무엇인지 정확한 이해가 필요했다. 물론 중국의 본초나 의서의 해설만으로 조선의 어류들을 모두 확정하고 설명하는 데는 한계가 있었다. 허준은 중국 의서의 청어(靑魚)가 조선의 청어와는 다른 종류로 여겨진다고 하면서도 정확하게 이를 설명하지는 못했다.[54] 결국 조선의 본초에 대한 깊은 이해는 조선 후기에 한 분야의 지식을 깊이 연구하여 해당 지식을 정리하고 자의를 확정할 수 있는 전문가의 등장이 뒤따라야 해결될 수 있었다. 잘 알려진 정약전의 『자산어보(玆山魚譜)』나 경남으로 유배되었던 김려(金鑢, 1766~1821)가 진해 바닷가의 어류를 탐구하여 1803년에 탈고한 『우해이어보(牛海異魚譜)』, 19세기 초 유희(柳僖, 1773~1837)가 지은 『물명고(物名考)』 등을 통해 조선의 자연학 지식은 한층 풍부해졌고 동시에 체계적으로 정리되었다. 자연에 존재하는 실물[物]과 해당 명칭[名]이 연결될 때[考] 비로소 이용후생의 길이 완성될 수 있었다. 특히 약재와 식물로 활용할 수 있는 동식물은 반드시 명과 실의 일치가 이루어져야만 했다.[55]

허준의 본초학, 즉 자연학은 그야말로 조선 후기 이용후생을 표방한 실학의 첫걸음에 해당했다. 18세기 후반 조선의 많은 학자들이 『동의보감』을 실생활에 반드시 갖추어야 할 필지의 서적으로 칭송한 데는 그만한 이유가 있었다. 허준의 「탕액편」이야말로 산림의 경제, 이용후생을 위한 백과사전이자 기본적인 참고서였기 때문이다.

와농자, 꼬막인가 피조개인가?

전복〔鰒〕도 조개의 일종이다. 껍데기 색깔도 조개〔貝〕와 같다. 우리나라 사람들은 전복 껍데기를 '가짜 조개껍데기〔假貝〕'라고 부른다. 전복은 크기가 일정하지 않고 신선한 것을 생포(生包)라 하는데, 말린 것이 전복(全鰒)이고 포를 뜬 것이 방언으로 복이다. 『한서(漢書)』「왕망전(王莽傳)」에 왕망이 복어(鰒魚)를 먹었다고 했는데, 바로 전복의 포〔鰒〕를 의미한다. 다른 종류는 와복(瓦鰒)이라 불리는데 껍데기가 둥글고 크기가 쟁반만 하며 껍데기 색깔은 자흑색으로 기와집처럼 고랑이 있다. 껍데기 안은 온통 희며 조개 색깔이 나지 않는다. 고기 맛은 전복과 유사하나 더욱 뛰어나다. 의서(醫書)에 "와농자(瓦壟子)라는 것이 있는데 성질이 차고 맛은 짜다. 부인들이 생리불순으로 핏덩어리가 뭉치는 증세를 치료할 수 있다."라고 했다. 양평군 허준이 관북에서 나는 강요주의 껍데기〔江瑤柱 殼〕라고 해설했는데, 강요주도 조개의 일종으로 껍데기 안팎이 모두 희며 고랑이 있다. 그리고 고랑이 좀 더 오목하다. 내가 일찍이 강요주를 식초에 담가 구워 용법대로 복용시켜 보았는데, 부인의 생리병에 별다른 효과가 없었다. 지금 이 조개를 살펴보니 와농자가 분명하다. 기록해 두고 알 만한 사람이 부인병에 시험해 보았으면 한다. "칠월이 되면 어촌 마을에선 서로를 불러서는 각가지 양념한 조개를 쟁반에 올려 대접하지. 만약에 의원 허준이 이 마을에 와 봤다면 와농자를 강요주로 잘못 알진 않았으리."[56]

김려는 「와농자에 대한 변증〔辨瓦壟子〕」을 통해 와농자(꼬막)라는 조개를 실증했다. 김려는 이 글에서 꼬막과 피조개를 혼동한 허준을 비판하면서도 자연 지식에 관한 한 『동의보감』의 설명을 참조할 수밖에 없었던 상황을 잘 보여 준다. 와농이란 기와의 골을 의미하는 표현으로 조개껍데기가 기와의 골처럼 깊이 파인 조개를 의미했다. 이러한 종류로는 꼬막과 피조개가 있다.[57]

허준은 『동의보감』 「잡병편」의 적취(積聚)를 치료하는 데 와농자가 혈괴와 담을 없애는 효능이 있다고 설명했다. 껍데기를 불에 달구었다 식초에 담금질하기를 세 차례 한 후 가루 내어 식초를 넣어 쑨 풀로 환을 만들어 복용한다고 했다. 「탕액편」에서는 합(蛤)을 '살죠개' 등으로 언해하면서 "바다에서 나는데 맛이 최고다. 껍데기가 기와지붕과 비슷해서 와농자라고 한다. 아마 지금의 강요주로 보인다. 조갯살이 달고 껍데기는 기와지붕 같다. 함경도 바닷가에서 난다.(疑是今之江瑤柱也 其肉味甘 而殼似瓦屋 出咸鏡道海中)"라고 소개했다. '아마(疑)'라고 한 것을 보면 허준 스스로 확신이 서지 않았던 듯하다. 조선 후기에 김려는 허준이 만일 관북이 아닌 남해에 와서 어부들이 꼬막과 피조개를 구별하는 것을 보았다면, 와농자를 강요주로 혼동하지는 않았을 터라고 지적했다. 조선의 자연학 지식은 허준에서 김려를 거치면서 조금씩 진보하고 있었다.

새로운 본초와 자연학의 심화

조선의 백성들이 더 많은 의료 혜택을 받으려면 앞서 설명한 대로 무엇보다 조선의 동식물을 포함한 향약에 대한 연구가 깊어져야 했다. 나아가 중국으로부터 새로운 본초를 입수하여 이식하거나 재배할 필요가 있었다. 선초 이래 이역(異域)의 식물들을 수입하여 조선의 토착종으로 만들려는 시도가 이어졌다. 15세기 초 학자이자 관료였던 강희안(姜希顔)은 『양화소록(養花小錄)』이라는 책을 편찬했다. 이 책은 단순한 완상용 화초의 재배법에 관한 책이 아니었다.[58] 사대부의 화초 감상을 넘어 점점 더 많은 이국의 식물이 조선에 전래되자 이들을 조선의 환경에 맞추어 재배하려는 시도가 이어졌다. 『동의보감』을 읽다 보면 종종 값비싼 중국의 약초들을 조선화하려는 의지를 엿볼 수 있다. 한마디로 조선의 속방에는 중국이나 일본의 다양한 동식물을 구득하고 이를 길러 보려 했던 조선 의학의 열망이 담겨 있다.

특히 고가의 중국 약재(唐材) 가운데 조선화가 시급한 본초는 감초(甘草)였다. 선초 이래 감초는 시골 사람들이라면 이름조차 들어 보지 못할 정도의 비싼 수입 약재였다.[59] 먼 지방에서는 감초처럼 중요한 약재를 구경조차 못 한다는 비판의 의미였지만, 약방의 감초라는 표현이 있을 정도로 중요성이 커지자 수입을 대체하기 위한 재배 시도가 이어졌다. 세종은 여러 차례 일본에서 바친 감초를 북쪽의 함경도와 남쪽의 전라도에서 시험 재배하도록 했다.[60] 그러나 중국이나 일본에서 가져왔던 감초는 생각보다 조선의 땅에 뿌리를 내리지 못했던 것으로 보인다. 함경도의 부령과 경흥 등지의 지방관들이 관청에 텃밭을 마련한 후 감초 재배를 시도했지만 태반이 말라죽었다.[61] 그럼에도 허준은 함경도에서 재배된 감초가 가장 약효가 좋다고 기록했다. 조선의 여러 지역에서 감초의 국산화를 시도했지만 대부분 실패하고 일부 지역(함경도)의 감초만이 약성을 유지할 수 있었다.[62] 약재의 국산화는 생각보다 오랜 시간이 소요되었다.

마황(麻黃)도 마찬가지였다. 중풍과 상한으로 머리가 아프거나 역병에 감염되어 고열에 시달리면 마황을 복용하여 땀을 내도록 했는데, 마황의 쓰임새가 증가하면서 당연히 중국에서 마황의 씨앗을 구입해 조선의 여러 읍에 옮겨 심었다. 혹은 중국의 마황과 유사한 조선의 식물을 찾으려고 노력했다. 15세기 초 경상도 관찰사는 장기에서 중국의 마황과 유사한 조선의 식물을 발견하고 이를 캐어 진상했다. 내의원 어의들이 중국의 마황과 다름없다고 판정하자, 세종은 마황을 바친 박홍에게 상을 내리고 조선의 마황이 발견된 지역의 토질과 생산량을 고려하여 지역 주변에서 재배를 시도하는 동시에 전국의 해안가에서 마황을 찾도록 명했다.[63] 이후 허준은 조선의 마황 재배 시도가 예상과 달리 크게 성공하지 못했고, 오직 강원도와 경상도 일부에서 성공했다고 기록했다.[64]

본초의 이식과 관련하여 무엇보다 고가의 향신료는 국산화의 주요 대상이었다. 허준은 일찍부터 회향(茴香)의 종자를 수입하여 전국에서 재배했다고 기록하고 있다.[65] 고려 말의 학자 이색(李穡)의 시문을 보면 당시 회향을 달여 차로 즐겼음을 알 수 있다. 회향은 부종을 치료하는 약재뿐 아니라 향신료로 널리 활용되고 있었다. 조선 초의 향신료 가운데 후추(胡椒)는 그 가격이 같은 무게의 금값과 같다는 기록이 있을 정도로 고가였다. 이런 탓에 선초부터 후추의 국산화가 시도되었다. 치통과 서증에 특효약인 후추의 재배는 쉽게 이루어지지 않았다. 오랫동안 일본의 대마도로부터 후추의 씨앗이나 묘목을

수입하여 국산화를 시도했지만 따뜻한 열대에서 자라는 후추가 조
선의 기후에 적응할 수 없었던 것이다.[66]

　　중국이나 일본에서 수입하는 고가의 약재들을 향약으로 대체하
기 위해 선초부터 국산화가 모색되었지만, 이국의 산물을 조선의 토
착종으로 재배하는 일은 생각보다 어려웠다. 감초와 마황, 대표적인
향신료인 후추뿐 아니라 16세기 후반 고추나 담배 등 남국의 식물들
이 급격하게 조선에 이식된 배경에는 모두 고가의 상품 작물이라는
사실이 바탕에 깔려 있었다.[67]

가삼(家蔘), 조선의 인삼 재배

① 　삼을 심는 방법은 분종(盆種)과 전종(田種) 두 가지가 있다. 분종은
　　흙을 모아 돈대를 만들어 가운데를 파내고 그곳에 화분을 안치하여
　　화분의 아래를 통하게 한 후에 흙을 부어 채우는 것이고, 전종은 흙
　　을 모아 돈대를 만든 다음 돌이나 벽돌을 사용하여 사방을 두르는
　　데 그 벽돌담의 크기는 적당하게 하되 그 형태를 네모지게 만들어
　　흙을 채운다. 화분이나 밭의 흙은 모두 산의 비옥한 흙이 먼 바람을
　　맞아서 검푸른 색으로 변한 것을 사용하되 가는 모래를 섞으면 더
　　욱 좋다. 이런 흙을 골라 햇볕을 쬐어 습기를 제거하고 미세하게 윤
　　기가 나는 정도를 기준으로 삼아 체로 쳐서 입자가 곱게 되면 쓸 수
　　있다.

② 　삼의 씨앗을 취하는 방법: 삼의 씨가 익을 때 따서 하룻밤 지난 다

음 맑은 물에 담가 뜬 것은 건져 버리고 가라앉은 것을 취해 햇볕에 말린다. 큰 대나무 한마디를 잘라 작은 구멍을 뚫어 흙을 한 번 흘려 넣고 또 삼씨를 한 번 흘려 넣는데, 이처럼 여러 번 하여 가득 차면 삼밭에 묻는다. 봄에 갈라 보면 낱낱이 껍질이 터져 싹이 나려 할 때 비로소 심는다. 삼 뿌리를 종삼으로 쓸 경우 가늘고 긴 것을 가려 백 뿌리의 무게가 한 냥이 되는 것이 가품(佳品)이다. 흙을 화분이나 밭에 채우되 반드시 고와야 하며 물을 뿌리고 삼을 심는다. 심는 사람은 손을 깨끗이 씻고 오른손으로 흙을 파 구멍을 만들고 왼손으로 삼 뿌리를 취해 그 형세를 따라 구멍에 손을 넣어 천천히 삼을 들어 올린다. 이때 뿌리 끝과 잔뿌리가 서로 얽히거나 구부러져서는 안 되며, 들어 올린 후 다시 흙을 뿌려 삼을 덮는다. 심은 후 바자로 둘러 단단히 고정하고 다만 문 하나를 내어 출입하되 빗장과 자물쇠를 엄중히 하여 도난을 방지한다. 삼대나 갈대, 대나무로 간격을 알맞게 하여 발을 엮어 바자 위에 덮어 주면 강한 햇빛과 큰 비를 차단하는데 비가 심하면 더 덮어 주도록 한다.[68]

중국이나 일본에서 새롭게 도입한 식물뿐 아니라 조선에서 오랫동안 약재로 활용되었던 인삼〔蔘〕도 대량 생산을 위한 재배가 시도되었다. 인삼은 조선의 약재 시장을 넘어 중국과 일본에서 고가로 유통되던 상품이었다. 조선의 인삼 재배(가삼)는 18세기에 이르러 더욱 활발해졌다. 18세기의 남인 실학자 이가환(李家煥)은 "근래 가삼이 널리 사용되고 있다."라고 기록하고 있으며, 『발해고(渤海考)』의 저자 유득공(柳得恭)도 "약포(藥舖)에서 가삼을 많이 파는데 영남 사람들이 재배했다."라고 언급하고,

영남인들이 삼을 채소처럼 밭에서 기른다고 부연했다. 가삼 재배의 이익이 커지자 많은 사람들이 특별한 재배 기술을 발전시켰을 뿐 아니라 이를 통해 지역별 품질 경쟁이 벌어지고 있었다.

유득공은 삼 재배법을 분에 심는 경우〔盆種〕와 밭에 심는 경우〔田種〕로 나누어 설명하고, 강한 햇빛과 비를 피하도록 권고했다. 가삼 재배법은 이후 서호수(徐浩修)의 『해동농서(海東農書)』를 거쳐 그 아들인 서유구의 『임원경제지』에 자세하게 증보되었다. 서유구는 당시 가삼의 종류 몇 가지를 소개하면서 영호남의 인삼을 '나삼(羅蔘)', 관서(평안도) 강계 지역 및 강원도에서 재배되는 인삼을 '강삼(江蔘)', 관북(함경도) 지역의 인삼을 '북삼(北蔘)'이라 부른다고 설명했다. 18세기 후반 조선의 전 지역에서 인삼 재배가 이루어지면서 각 지역별로 약효와 특성에 따른 가격 경쟁이 벌어졌던 것이다.

수세미〔絲瓜〕와 무화과(無花果) 등 새로운 식물의 종자가 중국으로부터 수입되었다. 허준은 오이〔瓜〕 종류의 신품종인 수세미를 오이〔胡瓜〕와 비슷하지만 훨씬 길고 크다고 설명했다. 오이는 잘 알려진 식물이라 수세미를 오이와 비교하여 설명한 것이다. 당시 재배한 지 얼마 되지 않은 수세미는 조선 사람들에게 여전히 생소한 식물이었다.[69] 누런 콧물이 계속 흐르는 증세를 치료하기 위해 수세미 줄기를 태워 재를 술에 타서 복용하는 처방이 알려졌던 만큼 수세미를 재배하려는 시도는 끊이지 않았다.[70]

중국에서 새로 들여온 식물 가운데 무화과도 있었다. 허준은 꽃이 피지 않으면서 열매를 맺는다고 이름 그대로 해설한 후 열매의 색이 청리(靑李)와 비슷하지만 약간 길다고 부연했다.[71] 과연 꽃이 피지 않는데 열매를 맺을 수 있을까? 16세기의 학자 유몽인(柳夢寅)은 새롭게 알려진 무화과를 소재로 "이름이 없는데 실물(열매)이 있다."라는 희롱의 글을 짓기도 했다.[72] 명·실의 불일치를 두고 장난스럽게 표현했지만 16세기 후반 무화과라는 새로운 식물이 조선에 알려졌고 이를 두고 지식인들이 자못 궁금해했음을 알 수 있다.

중국의 식물이나 종자는 어떻게 구득할 수 있었을까? 무엇보다 중국과 조선 두 나라의 공식적인 교류 과정에서 본초에 관심이 많았던 의원들이 사들였을 가능성이 가장 높다. 이외에 중국의 관리들이 조선의 친구들에게 씨앗을 선물하는 경우가 종종 있었다. 예를 들어 선초의 문호로 알려진 서거정(徐居正)은 강희맹(姜希孟)으로부터 중국의 화초와 채소 17종의 씨앗을 선물 받아 작은 밭에 심어 기른 적이 있었다. 강희맹은 이들 채소의 씨앗을 중국 황실의 말을 관리하는 어마감의 관리에게 선물로 받았다. 17종의 이름은 각각 용조두(龍爪豆), 백편두(白扁豆), 촌금두(寸金豆), 사과, 고과(苦瓜), 천가(天茄), 대가(大茄), 운대(雲薹), 동호(蕫蒿), 수라호(水羅蒿), 대백라복(大白蘿蔔), 백채, 자화채(紫花菜), 활등채(滑藤菜), 근엽채(芹葉菜), 개채(芥菜), 생채(生菜) 등이었다.

다양한 중국의 콩과 채소 이름 사이에 허준이 앞서 오이와 비슷하다고 설명했던 수세미가 보인다. 아울러 새로운 품종의 흰 무(大白蘿蔔)와 머위(白菜) 등도 강희맹이 그 씨앗을 조선에 가져와 처음 재배되었음을 알 수 있다.[73] 강희맹은 『금양잡록(衿陽雜錄)』이라는 농서를 지을 만큼 농학과 식물 재배에 관심이 많았을뿐더러 그의 형인 강희안 역시 앞서 언급한 바 있는 『양화소록』의 저자였다. 선초 이래 중국이나 일본으로부터 새로운 종자를 가져오거나 바닷가에 떠내려온 이국의 식물을 거두어 재배하는 등 다양한 외래 식물들을 조선의 풍토에 토착화하기 위한 실험은 줄곧 지속되었다.

『동의보감』 간행 전후 조선에 전래된 새로운 식물, 담배

남령초(南靈草)를 흡연하는 법은 본래 일본에서 나왔다. 일본 사람들은 이것을 담박괴(淡泊塊)라고 하면서 이 풀의 원산지가 남양(南洋)의 어느 나라라고 했다. 조선에는 20년 전에 처음으로 들어왔는데, 지금은 위로 공경(公卿)으로부터 아래로 가마꾼과 나무하는 아이, 목동에 이르기까지 피우지 않는 자가 없을 정도이다. 이 풀은 『본초(本草)』 등 여러 책에도 나와 있지 않다. 그 성질이나 효능을 알 수 없지만 다만 맛을 보니 매우면서도 약간 독기가 있는 듯하다. 이를 복용하는 사람은 하나도 없고 그저 태워서 연기를 들이마시는데 많이 들이마시다 보면 어지럼증이 생기기도 하지만 오래 피운 사람들은 그렇지 않다. 이에 지금 세상에서 피우지 않는 사람들을 찾아보면 백이나 천 명 가운데 겨우 하나 있을까 말까 할 정도이다. 지난번에 절강성(浙江省) 자계(慈溪) 출신 중국인 주좌(朱佐)와 이야기해 보니 "중국에서는 남초(南草)를 연주(煙酒)라고도 하고 연다(煙茶)라고도 한다. 백 년 전에 벌써 민중(閩中)에 있었는데, 지금은 거의 모든 세상에 두루 퍼져 있으며 적비(赤鼻)를 치료하는 데 가장 효력을 발휘한다."라고 했다. 이에 내가 묻기를 "이 물건은 성질이 건조하고 열이 있어서 필시 폐를 상하게 할 것인데, 어떻게 코의 병을 치료한단 말인가." 하니, 주좌가 대답하기를 "응체(凝滯)된 기를 흩뜨려서 풀어 주기 때문이다."라고 했는데 그 말이 일리가 있어 보인다.[74]

16세기 후반 조선의 최고 문장가 가운데 한 사람으로 불리던 장유(張維, 1587~1638)는 일본에서 유입된 남초, 즉 담배의 효능을 찬양한 바 있다. "배고플 땐 배부르게 하고 배부를 땐 배고프게 하며, 추울 땐 따뜻하게 하고 더울 땐 서늘하게 한다." 당시 담배의 유행을 두고 일부 비판이 있었지만 장유는 중국의 차를 음용하는 풍속처럼 널리 전파될 것으로 장담했다. 당시 유행된 지 겨우 수십 년밖에 안 되는데도 남초가 이처럼 성행하는 것을 보면, 백 년쯤 지난 뒤에는 담배의 이익을 두고 차와 각축전을 벌일 것이라는 전망이었다. 장유의 예언은 적중하여 담배는 18세기 조선을 대표하는 상품 작물이 되었다. 그 이익을 두고 많은 이들이 다투었음은 물론이다.[75]

여러 가지 본초에 대한 상세한 정보로 인해 『동의보감』은 출간 당시부터 많은 학자들의 자연학 참고서로 활용되었다. 조선 최초의 백과사전을 지은 지봉 이수광도 『동의보감』을 자주 인용하여 약초와 함께 식재료를 설명했다.[76] 『동의보감』 서문을 쓴 월사(月沙) 이정

구의 아들이기도 한 백주(白洲) 이명한(李明漢, 1595~1645)은 허준의 「탕액편」을 일러 기본적으로 의서이지만 향촌의 경험을 수록한 것이 많아 지방에 거주하는 이들에게 절실한 책이라고 칭찬했다.[77]

그도 그럴 것이 『동의보감』의 「탕액편」 즉 본초학 정보는 조선 의학 및 약학의 임상 경험이 충분히 녹아들어 있었다. 조선 건국 후 200여 년 동안 전국의 약재 분포와 활용에 대한 지식을 허준이 집대성한 것이다. 가령 허준은 맥문동을 '겨으사리불휘(겨우살이뿌리)'로 언해한 후 조선에는 경상도, 전라도, 충청도에 있는데 비옥한 땅이나 섬에서 주로 자란다고 설명했다.[78] 강활에 대해서는 '강호리'라고 하는데 강원도에서만 채취할 수 있으며,[79] 낙석(絡石)이라는 본초에 대해 '담쟝이(담쟁이)'로 풀이하고 바위틈에 자란 것을 낙석, 담장에서 자라는 것을 벽려(薜荔)라 하는데 둘의 약성이 동일하다고 설명했다.[80] 허준은 이처럼 약재가 산출되는 지역적 특성과 환경 등을 세밀하게 고려했는데, 이런 면에서 허준이 『동의보감』에서 성취한 조선 의약학의 수준은 본초의 산지와 환경에 따른 약성 차이, 약재로서의 가능성을 판별할 단계에 이르렀다고 평가된다.

조금 더 살펴보면 오미자도 함경도와 평안도산이 가장 효능이 좋고,[81] 지모(知母)는 황해도산의 품질이 좋으며,[82] 고본(藁本)은 경상도 현풍에서 나는 것이 가장 좋다고 평가했다.[83] 후일 『산림경제』는 고본은 정월과 2월에 뿌리를 캐어 볕에 말려 사용한다고 하면서 조선에서는 경상도 현풍에만 있다고 부기한 바 있다. 『동의보감』을 그대로 인용한 것으로 조선 후기 학자들의 『동의보감』에 대한 신뢰를 잘 보여 준다.

허준은 생강(生薑, 싱강)은 전주에서만 생산된다고 설명하고[84] 황정(黃精, 듁댓불휘)은 평안도에서만 산출되며,[85] 천문동은 삼남 지방에서만 난다고 기록했다.[86] 해송자(잣)에 대해서도 깊은 산중에서 자라는데 나무는 소나무나 측백과 비슷하지만 열매는 오이씨와 같아서 씨를 깨고 껍질을 제거한 후 먹을 수 있다고 설명했다.[87]

허준의 자연학은 팔도에 머물지 않고 제주도의 식생에 관한 정보를 포함하고 있었다. 제주의 특산인 비자(榧子)를 '비ㅈ'로 언해하면서 비자나무는 오직 제주도에서만 자란다고 정확하게 해설했다. 비자목을 톱으로 켜서 판자로 만들면 그 무늬가 매우 아름다워 문목이라는 별칭을 가졌다고도 첨언했다.[88] 이외 허준은 제주의 청귤(靑橘)·유자(柚子)·감자(柑子) 등 다양한 귤 종류에 대해서도 기왕의 정보를 자세하게 채록해 두었다.[89] 선초부터 제주의 다양한 물산이 중앙에 납입되었기에 해당 지역의 자연 정보가 누적되어 있었고, 허준은 이를 빠뜨리지 않고 『동의보감』에 수집할 수 있었다. 그렇지만 허준은 채취하기 어려운 제주의 물산을 향약으로 사용해야 한다고 고집하지 않았다. 조선 왕실의 대표적인 향재인 부용향이나 의향의 재료 중 하나였던 영릉향은 제주도에서만 생산되어 구하기가 매우 어려웠다. 허준은 제주에서 영릉향을 구하기보다 중국에서 수입하는 편이 낫다고 판단하고, 영릉향을 향약으로 대체하는 대신 당재(唐材)로 표기하고 수입을 권장하기도 했다.[90]

제주의 자연학과 관련하여 제주 목사로 부임했던 이형상(李衡祥, 1653~1733)을 주목할 필요가 있다. 그는 부임 기간 동안 제주의 식생을 연구하여 『남환박물지(南宦博物誌)』라는 상세한 지리지를 작성한 바 있다. 이형상은 약재와 감귤 등 다양한 물종(物種)을 중앙에 납입할 의무가 있었으므로 평소에『동의보감』을 읽으면서 여러 지역의 물산과 약재에 대해 공부한 것으로 보인다.[91]

　대부분의 지식인들이『동의보감』을 통해 조선의 동물과 식물에 관한 정보를 공부했다. 조선의 동물에 관한 지식도『동의보감』이 으뜸이었다. 허준은 사향을 설명하면서 조선에서 나는 것(함경도와 평안도)보다는 몽골산이 좋다고 설명하고 있다.[92] 오사(烏蛇) 즉 검은 뱀('거믄비얌')은 오직 황해도 풍천의 초도(椒島)에서만 잡을 수 있다고 기록하고, 특히 산초나무가 많은 지역답게 나무 위에 있어 잡기가 어렵다고 해설했다.[93] 조선의 동식물에 관한『동의보감』의 정보는 오랜 경험의 집적에 기초하여 매우 구체적이었다. 초도의 검은 뱀을 약재로 사용하려면 잡는 방법을 개선해야 했다. 19세기의 실학자 이규경은『오주연문장전산고』에서 검은 뱀에 대한 기본적인 설명을『동의보감』에서 취했다. 황해도 초도에 서식하는 오사는 검고 몸이 작은데 산초나무 위에서 자란다. 이 뱀이 술을 좋아하므로 술병을 나뭇가지 위에 걸어 두면 냄새를 맡고 병 안으로 들어와 쉽게 잡을 수 있다고 부연했다.[94] 허준 이후의 박물학자들은 대부분 그 기초를『동의보감』에 의존했다.

　허준은 초도의 검은 뱀 이외에 조선의 각종 뱀에 대해 비교적 자세한 설명을 남겨 두었다. 모든 풍병(風病)을 치료하는 데 효능이 좋은 토도사(土桃蛇), 즉 굿뱀('굳비얌')은 누런색으로 땅굴 안에 사는데 가을에 그 울음소리로 알 수 있다고 했다.[95] 뱀은 문둥병으로 알려진 대풍창의 치료 약재로 알려졌다. 눈썹과 머리털이 모두 빠지고 온몸이 마비되고 피부가 짓무르는 환자의 증상을 치료하는 데 특효 약재였다. 허준은 여러 가지 종기를 치료하려면 검은 뱀, 흰 뱀, 누런 굿뱀(토도사)을 각 한 마리씩 모두 술에 담가 사흘 후 살을 발라 가루 내고, 고삼(苦蔘) 가루와 섞어 환으로 만들어 복용하면 효과가 좋다고 소개했다.[96] 근대에 이르도록 이른바 문둥병(癩病) 환자들이 뱀의 효능을 그토록 신뢰했던 역사적 배경을 알 수 있다.

뱀을 약재로 쓰려면 각각의 종류와 특성, 잡는 법을 구체적으로 설명할 필요가 있었다. 허준은 『동의보감』 「탕액편」의 충부(蟲部)에서 오사와 백화사('산므애 비얌'), 토도사 등 다양한 뱀의 향명을 부기하고 각각의 특성을 자세하게 설명해 두었다. 풍증 치료에 특효인 백화사는 검은 바탕에 마름모꼴의 흰 꽃무늬가 있으며, 보통의 뱀들은 코가 아래로 향하지만 유독 이 뱀은 코가 위로 향해 쉽게 알 수 있다고 설명했다. 깊은 산골에 서식하는데 가을에 잡아 불에 말려 사용한다고 부연했다.[97]

조선의 동식물에 대한 이해가 깊어지면서 유사한 종류의 식물들도 정확하게 구분할 수 있게 되었다. 허준은 통초(通草)를 '으흐름너출(으름덩굴)'로 언해한 후 목통(木通)과 같은 종류라고 풀이했다. 조선의 전국 어디에나 있는 약재로 보통 강원도에서는 통초(으름덩굴)를 목통이라고 부르는데, 노란색으로 맛이 쓰고 습열을 없애고 소변을 통하게 하는 효능이 있다고 설명했다. 허준은 목통이 종기(瘡)를 치료하는 데 효과가 크다고 보았다. 통초와 비슷하여 혼동하기 쉬운 약재로 목방기(木防己)가 있었다. 허준은 통초와 목방기를 서로 다른 종류로 구분하고 목방기는 습(濕)을 없애는 최고의 약재라고 부연 설

명했다.[98]

『동의보감』에서 허준은 그동안 서로 다르게 불리던 목통과 통초를 같은 본초로 확정하고, 통초와 유사하여 혼동하기 쉬운 목방기는 다른 본초로 구분하는 등 조선의 향약재를 정확하게 활용할 수 있도록 기왕의 지식과 본인의 경험을 통합해 나갔다. 조선의 자연학 지식이 증보되면서 그때까지 관습으로 지속되던 약재의 오용(誤用)을 바로잡을 수 있었다.『동의보감』이전의 조선 사람들은 본초서의 백랍(白蠟)을 물푸레나무의 수지로 알고 있었다. 경상도와 전라도, 제주도에서는 물푸레나무의 진액을 활용하여 초를 만들어 사용하고 있었기 때문이다. 허준은 백랍은 '흰 꿀'이 확실하다고 풀이하고 꿀과 나무의 수지를 혼용해서는 안 될 것이라고 교정했다.[99]

허준의 축적된 본초 경험과 구체적 지식은 중국 의서의 오류를 교정하는 수준에 이르렀다. 허준은 중국의 본초서에 관동화(款冬花)가 조선에서 산출된다고 설명하고 있지만, 16세기 후반 조선에서 발견할 수 없다고 확인했다. 이런 이유로『동의보감』에서는 관동화를 향명으로 풀이하는 대신 당재로 교정했다.[100] 또한 백부자(白附子)는 신라, 즉 경상도 지역에서 산출된다고 한 중국 의서를 수정하여 경상도에 국한하지 않고 조선 전 국토에서 자란다고 보충하기도 했다.[101]

『동의보감』에 수록된 본초 및 다양한 향약재에 대한 설명을 보면 당시 조선 전통의 자연학 지식과 이를 수집하고 정리한 허준의 노고를 가늠할 수 있다. 허준은 중국 본초서에 등장하는 약재를 조선의 향약과 일일이 대응시켜야 했을 뿐 아니라, 강원도의 목통을 통초로 확정하는 동시에 목방기와 구분하거나, 백부자를 경상도가 아닌 전국에서 산출되는 향약재로 교정해야 했다. 또한 조선의 최남단 제주의 약재와 물산에 대한 정보를 누락해서도 안 되었다.

조선 건국 이후 조선의 자연학에 대한 연구와 임상 경험이 점차 축적되고 있었고, 허준은 속방의 정보를 체계적으로 수집하면서 새로 입수된 명대 의서의 자연 지식을 정리함으로써『동의보감』의 활용도를 더욱 높일 수 있었다.『동의보감』의 출간으로 향약의 활용은 물론 조선의 자연에 대한 이해가 심화되었다. 조선의 지식인들은 『동의보감』으로 조선 의약학의 수준이 높아졌다고 자부했다. 자연학에 대한 자신감도 드러났다. 영남 남인으로 퇴계의 학문을 이어받은 이휘일(李徽逸, 1619~1672)은 문집에 다음과 같은 글을 남겼다.

> 우리 조선은 약초가 많이 생산되어 천하의 으뜸이라 외국의 약재를 의뢰하지 않고도 충분히 쓸 수 있다. 또한『향약집성방』이나 『동의보감』과 같은 의서는 중국 의학에 비견할 만하다. 지금 의원과 약을 숭상하여 관청을 설치해서 제조(提調)를 두어 관장하게 하고 의과를 두어 재주 있는 사람을 뽑아, 위로는 내의원으로부터 아래로는 여러 고을에 이르기까지 약국이 없는 곳이 없으니 사람들은 귀천에 관계없이 모두 약물을 이용할 수 있게 되었다.[102]

한마디로 조선 향약재의 종류와 품질은 천하제일로 외국의 수입 약재 없이도 자족할 수 있으며, 의서 역시『향약집성방』,『동의보감』 등의 간행으로 중국의 의학 수준에 버금간다는 주장이다. 또한 국초부터 의약을 숭상하여 여러 의료 기관을 설치하고 의과를 시행하여 의원을 선발했으며, 전국의 모든 지역에 의국을 설치하여 많은 사람들이 약물을 사용하는 데 문제가 없다는 내용이다. 이휘일은 조선의 의학 수준이 높고 향약재가 구비되어 남녀노소와 귀천에 관계없이 많은 사람이 의료 혜택을 받을 수 있다고 자부했다. 글의 결론은 당시 유행하는 역병에 대처할 좋은 방법을 강구해야 한다는 내용으로 마무리되지만, 기본적으로 『동의보감』의 출간으로 향약재의 활용과 보급이 원활해진 상황에 대한 당대 조선 지식인의 자신감이 잘 드러나 있다.

『동의보감』 간행 후 20여 년이 지난 1636년 일본에도 조선의 의서 출간 소식이 전해졌다. 1636년(인조14) 조선 통신사 일행에 동참했던 의원 백사립(白士立)은 교토에서 일본 의원들을 만나 의약에 관한 필담을 교환했다.[103] 당시 일본 의원들은 여러 가지 일본산 약재를 보여 주며 조선에서 이들 약재를 무엇으로 명명하는지 질문했다. 백사립은 20여 년 전 허준이라는 의관이 『동의보감』 25권을 간행했는데, 이 가운데 본초에 관한 3권(「탕액편」)이 참고가 될 만하다고 답해 주었다. 『동의보감』 간행 소식을 알게 된 일본은 이후 『동의보감』의 구득에 매달렸다.

1662년(현종3) 3월 16일 동래부사 이원정(李元禎)은 왜관에 방문한 일본인들이 『동의보감』과 『의림촬요』의 구매를 원한다는 장계를 올렸다. 귤성반(橘成般)이라는 왜인이 『동의보감』 및 『의림촬요』 각 한 질의 무역을 요청하니 해당 관청에서 논의하여 처분을 바란다는 내용이었다. 정부의 허락이 있어야 비로소 의서들을 일본에 보낼 수 있었기 때문이다. 얼마 후 의서를 일본에 보내라는 비변사의 계목이 내려왔다. 처음으로 일본에『동의보감』이 전해지는 순간이었다.[104] 이후에도 일본은 수십 차례에 걸쳐『동의보감』의 무역을 원했다. 1637년(인조15)부터 1717년(숙종34)까지『왜인구청등록(倭人求請謄錄)』에 기록된 것만 살펴보아도『동의보감』10여 질 이상이 일본에 수출되었다. 이외에『마의방(馬醫方)』과 같은 조선의 수의서를 비롯하여 조선에서 새로 인쇄한 중국의 의서들이 일본으로 건너갔다. 시간이 지나 18세기가 되자『동의보감』및 인삼 등 조선의 약재에 대한 일본 의원들의 이해가 높아졌다.

1748년 도쿠가와 이에시게(德川家重)의 세습을 축하하기 위해 정사(正使) 홍계희를 비롯해 수많은 문무 관인 및 의관들이 통신사로 파견되었다. 당시 조선 의관이었던 양의(良醫) 조숭수(趙崇壽)는 나니와(浪華, 오사카 지역의 옛 이름)의 의원 히구치 준소(樋口淳叟)가 인삼의 효능에 관해 질문하자 정성스러운 답서를 보내 응대했다. 히구치는 일본에서 대량 수입하던 조선 인삼 잎의 약효를 물었다. 인삼 잎이 표증(表症)에는 효과가 있지만 보하는 데는 효과가 적은데 그 이유가 무엇인지를 질문했다. 이에 대해 조숭수는 조선에서도 인삼 잎을 약재로 사용한 풍속이 오래되지 않았다고 답하고 자신의 경험을 상세하게 전하면서 나름의 의학적 소견을 덧붙였다. 두 의원의 의학 문답 내용은 히구치가『한객치험(韓客治驗)』이라는 책으로 출간함으로써 현재까지 전해진다.『한객치험』에 기록된 두 사람의 문답을 살펴보자.

조선국 의관 활암 조숭수 국수(國手)를 비록 만나지 못했으나 감히 편지로 안부를 묻습니다. 귀하께서 만 리 길을 건너시면서 건강하시니 정말 기쁩니다. 저는 일찍이 의술을 업으로 삼아 오면서 의심나는 것들이 있었는데 지금 다행히 식견이 높은 분과 만나 한 가지 질문을 드리고자 합니다. 근래에 (일본의) 인삼의 잎은 조선에서 들어온 것들인데, 저희는 그 효능을 알지 못하여 중국 의서를 찾아보았으나 실려 있는 책이 없었습니다. 제 생각에 약재로 사용할 수 없었으면 채취도 하지 않았을 것입니다. 조선 사람들이 인삼 잎을 채취하여 교역한다면 분명 쓰임이 있어서 그러할 것입니다. 몇 차례 시험해 보니 표증에는 효과가 컸으나 보하는 데는 효과가 적었습니다. 인삼의 가치가 귀하여 가난한 사람은 많이 복용할 수 없습니다. 제가 인삼을 약재로 사용한 것이 이미 수 근에 이릅니다. 아마 선현들께서 언급하지 않은 것 가운데 일부이겠으나 조선의 의가들 또한 이를 사용하고 있는지요? 저의 간절함을 어여삐 여겨 가르침을 주시기 바라며 지혜로운 답변을 엎드려 기원합니다.[105]

직접 만나지 못했는데 이렇게 편지를 보내 주시니 그 깊은 정성에 어찌 감동하지 않겠습니까? 제가 육지와 섬을 오가면서 그대의 걱정을 면할 수 있으면 참으로 다행이겠습니다. 삼가 대략만 말씀드리자면 삼 잎을 사용한 것은 조선에서도 오래된 일은 아닙니다. 수십 년 전부터 조선의 시골에서 많이 사용했습니다. 저 또한 일찍이 세속의 방법을 사용해 보았는데 그 맛을 보니 신미(辛味)가 많고 단맛이 적었으며 기(氣)는 따뜻하면서 가볍게 떠올랐습니다. 이에 출산 후 감모(感冒) 환자에게 신감(辛甘)한 맛을 빌려 표사(表邪)를 흘어 내고 인삼의 힘에 기대어 허한 증세를 막도록 시도했고, 풍한(風

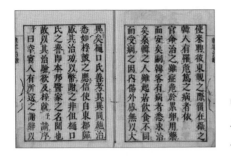

『한객치험』
교토대학 부속도서관 후지카와 문
고 소장(부분).

寒)에 감모된 경우 해표(解表)의 약재와 함께 사용해 본 결과 효과
가 있었습니다. 보익(補益) 처방에는 아직 시험해 보지 못했습니다
만, 보사는 기미(氣味)에 달려 있으므로 미(味)가 신감하고 기가 가
볍고 빠른 삼 잎이 어찌 허증을 보할 수 있겠습니까? 물론 뿌리 진
액이 위로 모였으므로 육계(肉桂)의 계지(桂枝)가 발산하면서도 보
하는 것과 비슷할 수도 있습니다. 하지만 실로 해표 위주의 소엽이
나 갈근과는 비교할 수 없을 것 같습니다. (삼 잎을) 사용할 수 있는
경우는 출산 후 발열, 허로, 감모 등의 증상이고, 사용할 수 없는 경
우는 허손으로 인한 병이니 만약 병증의 허실을 살피지 않고 쉽게
시험할 수는 없을 것 같습니다. 제 견해는 이 정도인데 그대는 어떻
게 생각하시는지요? 언제가 될지 모르나 귀로에 뵙고자 합니다. 이
만 줄이니 해량하십시오.[106]

『한객치험』은 조선의 의관과 일본 의원들이 본초에 관해 무엇
을 묻고 답했는지 잘 보여 주는 대표적인 필담록이다. 조선의 의관들
이 중국을 방문하여 의관들을 만나 본초에 관해 질문하고 답변을 들

으면서 다양한 식물과 동물에 대한 지식을 축적해 왔다면, 일본의 의원들도 조선의 의관을 만나 일본의 본초 지식을 심화해 나갔다. 특히 일본은 조선 인삼을 대량 수입하여 사용했던 만큼 인삼의 다양한 효능을 궁금해했다. 고가의 조선 인삼을 수입하는 대신 일본 국내에서 인삼을 재배하려는 노력을 기울이기도 했다.

조선 통신사의 왕래는 다양한 분야에서 조선과 일본 지식인들의 교류를 가능케 했다. 필담록에 전하는 조선 문인들의 시와 그림에 대한 일본인들의 선호뿐 아니라 의약학을 둘러싼 양국의 경험과 견해 차이, 유학(성리학)의 수용을 둘러싼 양국 학자들의 논쟁은 매우 현장감 넘치는 지식 교류의 장면이 아닐 수 없다.

1612년 온역 발생과 『신찬벽온방』

1612년(광해군4) 12월 22일 승정원은 함경도와 강원도 나아가 경성과 전국에 여역이 유행하여 수천의 백성들이 사망했다고 진언했다. 역병에 대비하는 차원에서 『벽온방』을 인쇄하여 전국에 나누어 주자고도 요청했다. 이 책은 쪽수가 많지 않아 만들기 쉽다는 점이 강조되었다.[1] 언급된 『벽온방』은 1525년 김순몽(金順蒙), 유영정(劉永貞), 박세거 등이 왕명을 받고 온역 치료법을 정리한 『간이벽온방』이었다.[2] 1612년 가을 함경도에서 시작한 온역이 강원도를 거쳐 서울과 전국으로 번지자, 정부는 발 빠르게 내의원에 소장 중이던 『간이벽온방』을 인쇄하고 언해하여 배포하기로 했다. 그러나 분량이 많지 않아 인쇄에 어려움이 없다는 장점은 곧 단점으로 부각되었다. 너무 소략하여 온역의 유행에 제대로 대응하기 어려웠다는 지적이 일었다. 1613년 봄 광해군은 허준을 불러 새로운 『벽온방』의 편찬〔新撰〕을 주문했다.

경연 도중 임금께서는 백성들의 재난에 대한 말에 이르자 측은하게 여기고 근심하는 기색이 가득했다. 대신들과 해당 관료들이 내의원의 노련한 의원들에게 여러 의서에서 치료법을 찾아내고 이를 다시 전국에 알리게 해야 한다고 요청했다. 임금이 드디어 양평군 허준에게 명하여 새롭게 의서를 만들어 널리 전파하도록 했다. 오호라, 타고난 천성이 어질고 자애로운 임금이 한결같은 마음으로 정성을 다하니 세상이 화평해지고 상서로운 기운을 다시 불러일으킬 수 있을 것이다. 우리 임금의 늘 걱정하는 마음으로 그 은택이 이처럼 지극함에 이르렀으니, 신은 이 책의 반포로 역병을 앓고 있는 백성들이 기뻐하면서 모두 다시 살아날 수 있다는 희망을 가지게 되었음을 알 수 있었다. 백성들이 건강하고 천수를 누릴 수 있게 하는 정치가 이 책을 한번 간행하는 사이에 놓여 있으니 어찌 위대하지 않은가?[3]

광해군은 온역의 발생 원인을 왕의 정치가 바르지 못한 데서 찾았다. 의례적인 수사로 볼 수도 있지만 조선의 왕들은 공구수성〔恐懼修省〕의 자세를 온역 발생에 대처하는 가장 근본적인 해결책으로 여겼다. 역병은 단지 자연의 흐름〔運氣〕이 어그러진 데만 원인이 있지 않았다.

의학이 인술로 불리는 이유는 의료 실천이 정확한 과학적 대응에 국한되지 않기 때문이다. 인술은 인정(仁政)의 다른 표현이었고, 정치는 단순한 테크닉 이상의 의미를 함축하고 있었다. 사실 조선의 의서는 의료 지식의 기술(記述)을 넘어 정치적 실천에 가까웠으므로 의학적 접근과 더불어 당대의 사회문화적 맥락에서 독해할 필요가 있다. 공구수성하는 왕의 마음은 『신찬벽온방』과 함께 지방관들에게 전달되어 해당 지역의 정치를 성찰하도록 만들었다. 불공정한 정치가 만연한 지역은 백성들의 원기가 쌓여 온역이 발생하기도 했다. 역병의 원인을 둘러싼 담론은 그 자체로 '정치적'이었다.

1612년 허준은 『동의보감』 편찬을 마무리한 상태로 거질의 의서 간행을 기다리는 중이었다.[4] 이때 새롭게 온역 의서의 편찬을 명받은 허준은 『동의보감』 「온역문」 집필 경험을 토대로 신속하게 『신찬벽온방』의 간행을 준비했다. 물론 허준은 『신찬벽온방』을 저술하면서 『동의보감』을 그대로 전재하거나 축약하지 않았다. 향촌에서 쉽게 활용할 수 있는 이른바 실용적인 의서가 되어야 했기 때문이다.

간편하면서도 실용적인 의서는 무엇을 의미할까? 답은 그리 단순하지 않다. 역병은 개인의 차원을 넘어 향촌과 국가 수준에서 해결해야 할 골칫거리였다. 한두 가지 약재를 활용한 간편한 처방〔單方〕을 될수록 많이 알려 준다고 해결될 수 없는 문제였다. 조선의 산과 들에서 채취할 수 있는 향약을 활용하도록 권장한다고 해도 근본적인 문제가 사라지지 않았다.

애초에 역병의 발생을 예방하려면 지방관의 청렴한 정치가 필수적이었다. 그뿐 아니라 전쟁의 환란으로 죽은 억울한 귀신을 위로하는 일(여제(厲祭))도 반드시 필요했다. 이에 더해 향촌 구성원들은 역

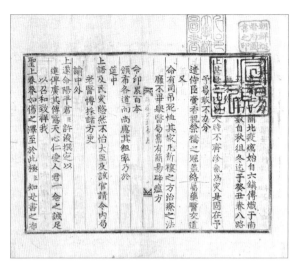

『신찬벽온방』

1612년 가을에 발생한 온역이 전국으로 확산되자 광해군은 이에 대책을 수립할 것을 지시했다. 허준은 김안국 등이 간행한 『분문온역이해방』의 내용을 재구성하고 『동의보감』을 편찬하는 과정에서 수집한 각종 처방을 집대성해 향촌에서 활용하기 용이하도록 『신찬벽온방』을 완성했다. 서울대학교 규장각한국학연구원 소장본.

병의 예방과 치료를 위해 서로 협동해야만 했다. 이들은 미리 역병을 예방하는 약물을 공동으로 제조하고, 역병으로 지역 공동체가 무너지지 않도록 지방관이나 사족들과 함께 상호 부조와 연대에 앞장서야 했다.

온역 치료에는 선진적인 처방 이상으로 귀려(鬼厲)를 퇴치해 온 오래된 주문과 액막이 풍속이 동원되었다. 억불숭유 정책을 펴는 지방관들이 승려를 앞세운 독경(讀經)을 금지하지 못한 이유가 여기 있다. 전통의 습속을 유지하면서 새로운 치료법을 도입해야만 했다. 신지식과 기술만으로는 반복되는 역병을 근본적으로 치유할 수 없었다.

허준은『신찬벽온방』에 조선의 오래된 속방의 전통을 효과적으로 삽입했다. 온역을 치료하는 새로운 처방들 사이에 민간에 익숙한 전통의 방법들과 풍속이 끼어들었다. 의서의 처방을 잘 따르면 역병의 고통에서 벗어날 수 있다는 믿음도 필요했다. 각종 처방과 한자로 된 약재의 이름을 향명으로 언해하는 일 이외에 역병을 물리친 성공담이 필요했다. '벽온'의 효과를 확증하는 이야기〔傳說〕들은 사람들에게 역병에 대한 두려움을 누르고 치료와 예방에 나서도록 격려했다.

『신찬벽온방』은 1612~1613년 조선 전국으로 번진 온역을 종식시키기 위한 정부의 신속한 조처와 노련한 허준의 공조가 이루어낸 성과였다. 이 책은 지방관과 향촌 사족들의 역할, 백성들의 처지에 맞추어 온역을 예방하거나 치료할 방법들이 간단하면서도 체계적으로 수록되었다.『신찬벽온방』에는 허준 한 개인의 노력 이상으로, 가족 및 향촌 공동체를 유지하려던 성리학자들의 의지가 잘 반영되어 있다.

평생 미신을 비판하고 약물 치료의 효능을 강조했던 허준은 온역의 원인을 귀신이나 미신에서 찾는 민간의 의식을 개선하고자 했다. 1612년 온역의 원인은 자연의 원리였다. 허준은 온역의 원인을 화운(火運)이라는 거스를 수 없는 천지자연의 흐름에서 찾았다. 이른바 무(戊)와 계(癸)의 해는 화운에 속하는데, 군화는 소음이요 상화는 소양이다. 소음〔군화〕이 천기를 주도할 때 세상에는 역병이 유행한다는 것이다. 또한 축(丑)과 미(未)의 해에 소음이 겹치면 온역이 성행하여 모든 사람이 앓게 된다는 주장이다.[5] 1613년은 계축년(癸丑年)으로 이른바 화운에 속하는 '계'와 온역이 발생하는 '축'이 겹치는 해였다. 허준은 화의 기운이 겹치면 열기의 치성으로 온역이 발생할 수밖에 없다고 강조했다. 운기론에 의하면 1612~1613년은 온역이 발생할 만한 필요조건을 갖추고 있었다. 물론 역사적으로 모든 화운의 해에 역병이 발생한 것은 아니었다. 따라서 1612~1613년처럼 특정한 해에 왜 역병이 발생하는지 좀 더 충분한 설명이 필요했다.

허준은 여러 의서를 참고하여 역병의 발병은 오운의 '과(過)와 불급(不及)'에서 발생한다고 설명했다.[6] 지나치거나 모자람은 균형과 조화를 잃은 상태를 의미했다. 자연과 인간 모두 모자라지도 지나치지도 않은 균형(時中)이 필요했다. 허준은 인간도 기의 균형이 깨지면 병이 나듯이 자연도 균형을 잃으면 역병이 발생한다는 논리를 펼쳤다. 역병의 발병은 자연(질서)의 균열을 경고하는 바와 다름없다. 자연의 질서, 천리(天理)를 거스르는 일이 있다면 역병은 충분히 발생할 수 있었다.

허준은 특정 계절에 특별한 역병이 발생하는 이유도 설명했다. 천지자연의 운행과 인간 생활은 기의 균형 속에서만 평화를 유지했다. 지나치거나 모자라지 않은 적절한 상황이 최적의 상태다. 자연의 흐름도 최적의 상태요 인간의 정치도 최선일 때 비로소 역병(혼란)을 예방할 수 있었다.

천리(사계절)의 최적 상태는 무엇인가? 봄에는 따뜻해야 하는데 도리어 춥거나, 여름에 더워야 하는데 도리어 서늘하거나, 가을에 서늘해야 하는데 도리어 덥거나, 겨울에 추워야 하는데 도리어 따뜻하다면 해당 계절의 최선 상태가 아니었다. 허준은 자연의 순환이 최적이 아닐 때 역병(時行病)이 유행한다고 보았다.[7]

한편, 역병이 조선의 전 지역에서 발생하지 않고 특정 지역에서만 나타나는 이유 또한 설명이 필요했다. 1612년에는 함경도와 강원도에 역병이 돌았다. 왜 지역적인 차이가 생기는 것일까? 또한 어느 집에는 온역 환자가 발생하는데 이웃은 그렇지 않은 이유는 무엇인가? 모든 이유가 충분히 설명되어야 했다.

허준은 『의방유취』를 인용하여 '돌아갈 곳이 없는 귀신'을 설명하고 억울한 기운(厲鬼)을 역병의 주요 원인으로 강조했다. 이른바 억울한 귀신이 돌아갈 곳이 없으면 재앙의 빌미가 된다는 주장이다. 허준은 천지의 순환이 최적이 아닐 때(역병의 필요조건), 여귀가 이에 의지하여 인간에게 해악을 끼친다고 설명했다.(역병의 충분조건)[8]

그렇다면 억울한 귀신은 어떻게 발생하는가? 허준은 죽은 자의 시신이 많이 묻힌 땅에는 사기가 뭉쳤다가 발산되어 역병이 된다고 보았다.[9] 죽은 자들을 제대로 매장하지 않거나 제사(위로)하지 않으면 억울한 사기가 쌓였다가 온역이 된다는 논리였다. 조선을 피비린내로 휩쓸었던 두 차례 왜란의 기억은 많은 이들에게 선명했다. 수많은 사람이 왜적에게 살해되었고 피난 중 굶어 죽었다. 길가와 구렁에 버려지는 이들이 비일비재했다. 부모가 자식을 제대로 거두지 못했고 자식들은 죽은 조상들을 위로할 수 없었다. 인간이 지켜야 할 도리인 인륜이 무너졌다. 전쟁 통에 죽은 자들은 물론 살아남은 이들도 충분히 인간다운 대접을 받지 못했다. 억울하고 원통한 일이 여전히 해원되지 않았다. 여제도 제대로 치르지 않아 온역이 발생할 만한 조건이 성숙되었다. 온역을 예방하려면 억울하게 죽은 자들을 위한 사회적 의례가 절실했다.[10]

이뿐만이 아니었다. 온역이 발생할 조건은 너무도 많았다. 하천의 물이 빠지지 않아 더러운 오물로 썩거나 관리들이 정의롭지 않아 억울한 백성들이 늘어도 온역이 발병했다.[11] 청결은 온역을 예방하고 치료하는 중요한 방법이었다. 악취를 뿜는 오물을 치워야 했다. 온역의 원인을 충분히 알았다면 역병의 예방을 위해 무엇을 할지가 분명해졌다. 여귀를 위로하는 여제가 필요하고 해당 지역을 청결히 하는 데 사족과 상천의 협력이 요구되었다. 이것만으로도 상당한 효과를 거둘 수 있었다.

특히 온역의 원인 가운데 관리들의 불공정한 정치가 문제였다. 억울한 백성들이 늘어나 원망의 기운이 쌓이면 반드시 옥온(獄溫)이 발생했다. 온역의 발생은 자연 조건만이 아니라 확실히 사회적인 조건과 깊이 연관되어 있었다. 온역의 예방과 치료는 청렴한 정치를 요구했다. 허준의 논리에 따르면 역병이 발생할 운기의 해에는 언제 어디서나 역병이 발생할 수밖에 없다. 자연의 운행을 인간이 어찌할 수 없는 것이다. 결국 온역의 예방은 억울한 정치의 해소가 우선이었다. 허준에게 역병의 원인과 대책은 이미 정치적인 것이었다. 지방관은 여귀를 위로하는 데 그치지 않고 자신의 정치가 공정했는지, 백성들이 억울하지는 않았는지 돌아봐야 했다. 역병이 하늘의 경고라면, 지방관에게 배송된 『신찬벽온방』은 선정을 요구하는 백성들의 민원(民怨)이었다.

허준은 인정을 역병 치유의 근본 대책이라고 주장함으로써 의학을 정치와 결합시켰다. 이정구는 「서문」에서 "백성이 건강하고 천수를 누리도록 하는 정치가 이 책을 한번 간행하는 사이에 놓여 있으니 어찌 위대하지 않은가?"라고 호응했다. 선정이란 백성들을 고통에서 빨리 벗어나게 해 주고 그들의 억울함을 풀어 주는 일과 다름없었다.

광해군은 온역의 발병에 맞서 한두 달의 준비를 거쳐『신찬벽온방』을 완성한 후 즉시 전국에 반포했다. 허준은 구체적인 온역 처방을 넘어 지방관의 선정과 향촌의 상호 부조, 두터운 인간관계의 토대인 가족[家]의 존립을 강조했다. '수신-제가-치국'의 도리[道]는 역병 예방을 위한 길[道]이기도 했다.

온역을 물리치는 다양한 방법들

① 약물 복용

허준은『신찬벽온방』에 온역의 증상과 더불어 다양한 치료법을 소개했다. 치료에 앞서 증상의 진단이 무엇보다 중요했다. 온역은 사계절의 유행에 따라 특징과 이름이 달랐다. 봄에는 온역이라 했으나 여름에는 조역(燥疫), 가을에는 한역(寒疫), 겨울에는 습역(濕疫)으로 구분되었다.

봄: 겨울에 추워야 하는데 도리어 따뜻하면 봄에 온역이 생긴다. 증상은 열이 나고 허리가 아프면서 뻣뻣하고 다리가 오그라들어 펴지지 않고 정강이가 끊어질 듯 아프며 눈앞에 꽃이 떠다니듯 하고 오한이 왕래한다.
여름: 봄에 따뜻해야 하는데 도리어 서늘하면 여름에 조역이 생긴

다. 증상은 몸이 떨려 멈추지 않고 열이 나며 입이 마르고 혀가 터지며 목구멍이 부어 막히고 목소리가 쉰다.

가을: 여름에 더워야 하는데 도리어 추우면 가을에 한역이 생긴다. 증상은 머리가 무겁고 목이 뻣뻣하며 피부가 뻣뻣하고 저리거나 목구멍과 인후에 멍울[結核]이 진다.

겨울: 가을에 서늘해야 하는데 도리어 흐리고 비가 오면 겨울에 습역이 생긴다. 증상은 잠깐 추웠다가 잠깐 더웠다가를 반복하고 기침을 심하게 하며 구토하고 몸에 열이 나며 발진이 생긴다. 가쁘게 기침하며 숨을 헐떡인다.[12]

온역의 명칭[溫·燥·寒·濕]에 따라 증상도 서로 달랐다. 허준의 설명은 실질적이면서도 분명했고 치료법은 간결하고 체계적이었다. 봄의 온역에는 갈근해기탕과 가미패독산을 처방하고, 조역은 조중탕과 대시호탕을, 한역은 창출백호탕과 오적산을, 습역은 감길탕과 오령산을 처방했다.[13] 허준은 『의학입문』과 같은 명대 의서의 처방을 대거 활용했다. 명나라의 명의 이정(李梴)이 수년에 걸쳐 집필한 이 책은 조선에 수입되어 많은 이들의 사랑을 받았다. 서애(西厓) 유성룡(柳成龍, 1542~1607)은 『침경요결(鍼灸要訣)』(1600)을 저술할 때 『의학입문』의 효용성에 대해 높은 기대감을 표출하기도 했다.[14]

계절만이 아니라 감염된 일수와 감염 정도에 따라서도 온역 처방이 달랐다. 역병의 기운이 밖[表]에서 안[裏]으로 깊어지는 단계에 따라 알맞은 치료법이 제시되었다. 단계는 ① 표증, ② 반표리증(半表裏症), ③ 리증(裏症)으로 구분되었다. 먼저 감염된 지 얼마 되지 않앉을 때인 표증이다. 온역에 걸린 지 2~3일이 되었을 때 머리가 아프고 몸이 쑤시며 춥다가 열이 났다 하는데, 사기(邪氣)가 표층에 있기 때문이므로 땀을 내야 효과가 있다.[15] 허준은 구미강활탕 등 땀을 내는 처방과 단방 세 가지를 소개했다. 각각 복숭아 잎을 달여 먹는 도엽탕(桃葉湯), 흰 파뿌리를 달여 먹는 총백죽(蔥白粥), 겨자씨를 가루 내어 배꼽에 찜질하는 개채자법(芥菜子法)이다. 복숭아 잎, 파의 흰 뿌리 등은 일상에서 구하기 쉬운 재료들일 뿐 아니라 치료법도 간단했다.

다음 반표리증의 단계를 치료하려면 사기를 화해(和解)시켜야 했다. 허준은 온병에 걸린 지 4~5일이 되어 머리와 몸이 아프고 열이 몹시 나며 가슴이 답답해지면서 갈증이 나고, 혀가 누렇게 되고 오줌이 붉고 코피가 나면 청량한 약물을 사용하여 화해시킨다고 했다. 허준은 소시호탕 등 다섯 가지 처방을 제시했다.[16]

마지막으로 가장 치료하기 어려운 리증이다.[17] "온역에 걸린 지 6~7일이 되어 눈이 붉고 혀가 검으며 발광하여 헛소리를 하거나 갈증이 나면 열독이 몸 속(裏)으로 침투한 경우이다." 허준은 마지막 단계인 리증을 치료하려면 사기를 토하고 설사하는 하제(下劑)를 처방해야 한다고 보았다. 인진환을 비롯하여 단방 열 가지를 준비했다. 단방 열 가지는 각각 인분즙, 저분즙(猪糞汁), 납설수(臘雪水), 지룡즙(地龍汁), 남엽즙(藍葉汁), 죽력(竹瀝), 월경수, 녹두죽(綠豆粥), 수지법(水漬法)이었다. 아홉 가지 단방 모두 한 가지 정도의 재료만을 복용하거나 곡류와 혼합하여 죽으로 복용하는 간단한 치료법이었다. 허준은 처방과 복용법을 간단하면서도 구체적으로 알려 주어 향촌의 백성들이 각 단계에 맞추어 쉽게 온역을 치료할 수 있도록 했다.

조선 후기에도 널리 활용된 인분즙의 경우, 마른 똥을 끓는 물에 담갔다가 먹거나 혹은 마른 똥을 항아리에 담아 깨끗한 모래로 덮은 후 우물물을 부어 두었다가 위의 맑은 물을 마시도록 구체적으로 방법을 알려 주었다.[18] 수지법은 베를 물에 적셔 환자의 가슴과 몸을 닦아 주도록 한 치료법으로 열을 내리는 데 가장 효과적이었다.[19] 허준의 처방이 실용적인 이유는 간단하면서 쉽기 때문이었다.

지방에서 약재를 쉽게 구할 수 없었던 당시의 상황을 고려할 때 일상에서 어렵지 않게 구할 수 있는 재료가 무엇보다 중요했다. 1538년 전라도 관찰사로『촌가구급방』을 편찬했던 김정국은 경기도 고양에 은거할 때 자신에게 찾아온 시골 백성들에게 여러 가지 처방전을 알려 주었지만, 결국 약물이 없어 무용지물이었음을 고백했다. 이에 민간에서 쉽게 얻을 수 있는 약재를 고르고, 노인들의 경험 가운데 효과 있는 처방만을 모아 의서를 만들었다고 말한 바 있다.[20] 약물이 없다면 아무리 최신 의학 정보라 해도 무용지물이었다. 허준은 향촌의 현실을 고려해 온역의 처방과 약물을 매우 실용적으로 구성했다.

② 부적과 액막이

수백 년의 역사를 지닌, 그 이전의 고려 왕조까지 생각하면 천년 이상의 문명을 누려 온 조선에서는 셀 수 없이 역병이 발생했고 이를 극복하기 위한 치료법과 전통 지식이 축적되었다. 이른바 김정국이 운운한 노인들의 경험과 효험 있는 치료법은 최신의 의학 정보에 못지않게 중요했다. 허준은 약물 치료에만 기대지 않고 오래된 주문이나 부적(禳) 등 액막이(辟法) 전통을 수집하여 민간에 배포했다. 온역이 심하면 고을 관청 주변의 땅을 석 자 깊이로 파고 모래 세 섬을 채운 후 술 석 되를 붓고 사또가 축문을 외우도록 했다. 역려를 없애는 좋은 방법이라는 것이다.[21]

해당 지방관이 민심의 이반을 막고 위로하기 위해 관아 근처에서 액막이 행사를 열거나 고을에 설치된 여단(厲壇)에서 여제를 지내 온역을 예방하도록 했다. 좋은 술을 대접하고 주문을 외우는 의례는 여귀를 위로할 뿐 아니라 백성들의 심신 안정에도 효과적이었다. 손쉬운 방법으로는 부적만 한 것이 없었다. '원(元)·범(梵)·회(恢)·막(漠)'의 네 글자를 붉은 글씨로 써서 패용하거나 환자가 머무는 방구석에 쑥뜸으로 훈증하는 방법은 조선의 오랜 전통이었다. 『의방유취』에 수록된 이 부적은 선초 이래 줄곧 활용되었다.[22]

이 부적은 『태상동현영보무량도인상품묘경(太上洞玄靈寶無量度人上品妙經)』이라는 도가 계통의 서적에 수록되어 있었다. 보통 『영보경(靈寶經)』이나 『도인경(度人經)』으로 줄여 부르는 이 책에는 온역을 물리치는 부적 이외에도 '시당예좌(始·當·詣·座)'와 같이 출산을 돕고 태아를 안정시키는 부적, '사자지상(獅·子·之·上)'처럼 학질에 사용하는 부적 등 다양한 액막이 방법이 수록되어 있었다. 부적의 특정 글자(某字)는 특정 질병을 치료하는 데 효과가 있었다. 특정 구절이나 특정 문장도 각각의 질병에 효과가 있었다. 붉은색의 부적을 몸에 차거나 불에 태워 재를 삼키면 질병을 물리칠 수 있었다.[23] 허준은 적극적인 약물 치료 대신 부적 등에 의존해서는 역병을 이길 수 없다고 비판했지만 민간에 전승되는 전통을 완전히 무시하지 않았다. 이런 이유에서 그는 심리적 예방에 가까운 부적과 액막이에 대해서도 꽤 많은 처방을 수집하여『신찬벽온방』에 수록했다.

무엇보다 병들기 전에 대비하는 예방이 중요했다. 역병을 예방하려면 향촌 구성원들의 연대와 공조가 필요했다. 허준은 온역이 유행하면 향소산을 큰 솥에 달여 동네 사람마다 한 잔씩 마시도록 했다. 혹은 소합향원 아홉 알을 청주 한 병에 타서 수시로 마시면 역병의 기운을 물리칠 수 있다고 소개했다.[24] 향소산과 소합향원은 조선 전기부터 역병이 창궐할 때 많이 사용했던 약물이다. 다만 고가의 재료들이어서 관리나 사족 등 지위가 높은 사람들이 구입했던 것으로 보인다.[25] 고가의 약물을 큰 솥에 달이거나 술에 풀어 동네의 여러 사람이 함께 복용함으로써 효과를 공유하도록 한 것이다.

이밖에 허준은 도소음(屠蘇飲)이 온역 치료에 큰 도움이 된다고 강조했다. 이 처방은 백출, 대황, 길경, 천초, 계피 등 향이 강한 방향성 약재를 포함한 약제였다. 이를 붉은 주머니에 담아 12월 그믐 마을 우물에 담가 두었다가 정월 초에 꺼내어 청주 두 병에 달인 후 어린아이부터 노인에 이르기까지 온 동네 사람들이 나누어 마시도록 했다. 또한 도소음을 만들고 난 약재 찌꺼기를 우물에 다시 넣어 두었다가 동네 사람들과 함께 그 물을 마시도록 권했다. 허준은 한 사람이 이 물을 마시면 온 집안에 온역이 사라지고, 한 집안이 이 물을 마시면 온 마을에 온역이 사라진다고 설명했다.[26]

향촌을 붕괴시키는 역병을 극복하려면 각 개인의 노력을 넘어 공동체의 연대가 필요했다. 향촌 구성원들이 연말에 도소음을 우물에 넣어 두었다가 새해에 함께 약물을 마시면서 온역의 예방과 마을의 안전을 기원하고 공동체의 협동과 환대의 마음을 북돋울 수 있었다.

허준은 액막이, 즉 벽법(辟法)으로 노군신명산, 무성자형화환, 태창공벽온단, 이자건살귀원, 신성벽온단, 칠물호두원, 태을유금산 등을 수록했다. 벽법은 각종 사기와 악귀를 물리치는 방법으로 미신에 가까웠다. 가령 무성자형화환의 경우 온역은 물론 백귀(百鬼)와 도적, 호랑이 등을 물리치는 효과가 있었다. 웅황, 자황, 반딧불, 화살나무〔鬼箭羽〕, 찔레, 사슴뿔, 야철 망치 등을 가루 내어 계란 노른자와 수탉의 붉은 피로 버무려 환을 만든 후 붉은 주머니에 넣어 팔에 차거나 대문에 걸어 둔다.[27]

약효보다는 각각의 외형과 이름에서 약재가 상징하는 바를 이용하여 역귀들을 물리치는 처방이었다. 가령 화살나무와 가시가 많은 찔레, 대장간의 쇠망치 등은 주술이나 부적에 가까운 재료였다.

허준은 온역 예방을 위한 부적과 주술도 빼놓지 않았다. 새벽닭이 울 때 마음을 청결히 하고 사해신(四海神)의 이름을 세 번씩 부르면 악귀와 온역을 물리칠 수 있다고 알려 주었다.[28] 허준이 소개한 주문과 부적은 그 효과와 무관하게 조선 후기에도 전승되어 『산림경제』에 동일하게 수록되었다.

주문이나 액막이 요법에 대한 백성들의 신뢰는 그리 높지 않았던 것으로 보인다. 허준은 무성자형화환을 소개하면서 전설을 첨부하여 효능을 과장하기도 했다. 옛날 한 장군이 무성자형화환을 몸에 차고 전투에 임했는데, 오랑캐와 싸우던 중 포위되어 화살이 비 오듯 쏟아졌으나 장군의 몸이 무사했다. 이를 본 오랑캐들이 신인(神人)으로 섬겨 살아날 수 있었다는 전설이다.[29] 허준은 믿기 어려운 부적이나 단순한 처방에는 효험을 보았다는 이야기를 첨부하여 역병의 공포를 이겨 내도록 했다.

요컨대 역병의 예방과 치료는 단순한 의학 기술을 넘어 사회적 믿음을 요구했다. 가능한 모든 치료 방법이 필요했다. 허준은『신찬벽온방』에 오래된 풍속과 새로 수입한 지식을 함께 수록했으며, 개인의 위생은 물론 공동체의 안녕을 위한 방법들을 동시에 알려 주었다. 복잡한 약물로 구성된 처방은 벽촌과 여항의 가난한 백성들에게 그림의 떡에 불과했기 때문이다.

③ 단방

허준의 역병 치료는 궁벽한 향촌의 인민들을 고려하여 간단한 약재를 사용한 단방이 주를 이루었다. 다섯 종류의 매운 재료, 즉 오신(五辛, 파, 마늘, 부추, 염교, 생강)이나 따뜻한 무즙(蕪菁汁)만으로도 온역의 악기(惡氣)를 물리칠 수 있었다.[30] 단순히 창포 뿌리를 청주에 담아 달여 먹어도 효과가 있었다.[31] 향을 태우거나 폭죽으로 악기를 물리칠 수도 있었다. 창출이나 마른 소똥을 태워 훈증하거나[32] 섣달에 잡은 쥐를 태워도 더러운 역병의 기운을 물리칠 수 있으며,[33] 폭죽을 터뜨리는 방법도 단순한 놀이가 아닌 역귀를 예방하는 방법으로 제시되었다.[34] 치료에 도움이 된다면 주문과 부적도 마다하지 않았다.

호랑이 머리뼈는 역기와 귀신을 물리친다. 호랑이 두개골로 베개를 만들어 항상 베고 자면 좋다. ○ 옛날에 어떤 사람이 역병에 걸려 거의 죽게 되었을 때 꿈에서 관리 한 사람을 보았는데 시중드는 사람들이 매우 많았다. 그가 방에 들어와 앉자 아전 하나가 앞에 나아가 말하기를, "이 집에 무서운 물건이 있으니 오랫동안 머무르시면 안 될 듯합니다. 나가시지요." 이 말을 들은 관리는 서둘러 일어나 말을 타고 가 버렸다. 환자가 잠에서 깨어 보니 시렁 위에 호랑이 가죽 한 장이 놓여 있었을 뿐이었는데 곧바로 병이 나았다. 이를 보면 사람만 호랑이를 무서워할 뿐 아니라 귀신도 무서워했음을 알 수 있다.(속설(俗說))[35]

호랑이 뼈가 역병을 물리치는 데 효과가 있다는 믿지 못할 이야기이지만 이를 수록하여 당시의 풍속을 배려하고 있다. 물론 허준은 당대의 미신이나 액막이 부적을 비판하고 무엇보다 약물을 통한 적극적인 대처를 강조한 바 있다. 그러나 사회 역학의 선구자답게 역병과 사회의 관계, 질병과 환자의 상황도 충분히 고려했다. 호랑이 뼈에 대한 신뢰는 이야기를 통해 더욱 단단해졌으며, 간편한 속방들과 역병을 이겨 낸 성공담은 빠르게 백성들 사이로 퍼져 나갔고 쉽게 세간에 회자되었다.

단방의 효과를 증명하는 믿기 어려운 전설을 하나 더 살펴보자. 웅황은 귀기(鬼氣)를 물리치는 데 효과가 큰 약물이었다. 허준은 웅황 한 덩이를 머리맡에 두거나 허리에 차고 다니면 귀신이 접근하지 못한다고 주장했다. 특히 가루 내어 온수에 타 먹으면 더욱 효과가 좋았다.[36] 여기에 무명씨의 일화가 덧붙었다. 무명씨는 웅황을 30년이나 복용했는데 어느 날 귀신이 말하기를 '나는 저승사자로 그대를 쫓아 사흘을 왔는데 어떻게 해도 그대에게 접근할 방법이 없다. 누런 광채가 리 위에서 비쳐 몇 자나 뻗치니 곧 웅황의 약효인가.'라면서 그만 가 버렸다는 내용이다.[37] 약재의 효능을 둘러싼 전설은 단방의 신뢰를 높여 주었고 처방의 유행을 가속했다.

붉은색은 귀신을 물리치는 효과가 있었다. 『신찬벽온방』에는 붉은 말의 발굽을 가루 내어 붉은 주머니에 넣어 허리에 차도록 하거나[38] 붉은 천금목을 이용하여 부적을 만드는 방법이 수록되어 있다. 천금목의 향명은 '붉나모'로 붉은 나무라는 의미였다. 옻의 일종인 천금목은 붉(은)나무로 불렸던 만큼, 갓끈을 만들거나 구슬을 만들어 패용하면 온역을 물리치는 효과를 발휘하기도 했다.[39]

붉은색과 관련하여 허준은 조선의 속방 하나를 소개했다. 팥의 효능에 대해 허준은 "정월에 베 보자기에 팥을 담아 우물에 넣어 두었다가 꺼내 온 집안이 먹는다. 동지에 팥죽으로 먹어도 효과가 좋다."라고 했다.[40] 팥죽과 붉나무 갓끈은 조선 후기에 이르러 세시의 풍속으로 정착했다. 정초에 동네 사람들이 모여 도소음을 마시고 우물물을 길어 온역을 예방했듯이 동지에는 팥죽을 쑤어 온 가족이 나누어 먹었다. 오늘날까지 즐기는 팥죽의 기원은 온역을 예방하려던 조선의 오랜 전통과 밀접했다.

조선 후기의 백과사전『산림경제』에는 일상에 필요한 다양한 정보와 반드시 알아야 할 지식들이 가득하다. 「벽온」에 관한 내용을 보면 "계절이 조화를 잃으면 온역이 치성한다. 간혹 온 집안과 마을 전체가 감염되는데 아주 위험하고 두려운 일이다. 부적을 붙이거나 약을 먹거나 불에 태우거나 문 위에 붙이는 등 예방할 만한 것은 모두 찾아보고 실행하도록 한다."라고 했다.[41] 구체적인 처방을 살펴보면 『신찬벽온방』의 부적과 주문, 단방을 그대로 수록하고 있다.

허준의 『신찬벽온방』은 중국 명나라의 최신 치료법뿐 아니라 조선의 오랜 속방을 수집하여 백성들에게 제공했다. 온역을 극복하는 방법은 한 개인의 신체를 넘어 공동체의 연대, 한마디로 환난상휼의 실천으로 확장되었다. 의약의 효능과 함께 두터운 인간관계가 중요했다. 자연스럽게 개인의 몸은 상호 부조와 공공의 관계 속으로 자리매김되었다.

④ 전염되지 않는 법

의료의 사회적 실천과 관련하여 『신찬벽온방』에 주목할 부분이 한 가지 더 있다. '전염되지 않는 법〔不傳染法〕'이다. 의서에 있을 법해서 특별할 것이 없어 보이지만, 두터운 인간관계의 기초인 가족의 지속 가능성과 관련하여 생각해 볼 여지가 충분하다.

조선 시대의 각종 사료에는 역병이 창궐하는 시기마다 이와 관련한 효자(녀)들의 이야기가 전한다. 가령 역병에 걸린 부모를 두려워하지 않고 자식의 도리를 다하여 완치시켰다는 내용들이다. 역병의 유행은 부모 자식 간의 인륜마저 저버리게 만들었다. 전염의 두려움을 잊은 채 부모를 봉양한 사실만으로도 효행의 증거는 충분했다. 『동국신속삼강행실도〔東國新續三綱行實圖〕』에 실린 사례를 보자.

충좌단지(忠佐斷指): 유학 서충좌는 천안군 사람으로 효자 서충필의 아우다. 나이 열두 살에 아버지 서혼이 어머니의 상(喪)을 당하자, 서충좌가 아버지를 좇아 할머니의 분묘 옆을 지키고 술과 고기를 먹지 않았다. 자신의 어머니 원씨가 온역에 걸려 기절하자 서충좌는 본인도 전염되어 앓았지만 손가락을 잘라 드리니 어머니가 다시 살아나 아흔 해를 살게 되었다. 선조 임금께서 정문을 내렸다.[42]

심씨성효(沈氏誠孝): 심씨는 삭녕군 사람으로 사인(士人) 김필의 아내이다. 계갑년(1593~1594)에 흉년이 들자 부모를 모시는 데 정성을 다하여 쌀을 빌려다가 조석의 끼니를 갖추었다. 시부모가 역병에 전염되자 약을 달여 정성을 다했는데 옷을 갈아입지 않을 정도였다. 돌아가시자 애통해하고 예의를 다했으며 죽을 먹기를 삼 년 동안이나 했다. 지금 임금(광해군)께서 정문을 내렸다.[43]

1547년 서울 도성 안에 역병이 돌아 많은 사람이 사망했다. 서울 안팎은 굶주리거나 역병으로 죽은 시체들이 포개어져 있었다. 당시 정부는 시신을 묻어 주도록 명했지만 일하는 자들이 시신을 묻는 대신 시체를 쌓아 놓은 후 불태웠다. 그 냄새가 도성까지 퍼져 사람으로서는 차마 맡을 수 없을 정도였다고 한다. 실록의 사신(史臣)은 이를 두고 죽은 이를 살리기는커녕 불태우다니 믿기 어려운 일이라며 슬퍼했다. 조선 시대에 일차적으로 역병 환자를 돌보는 임무는 가족에 있었다. 전염을 두려워하여 가족을 버리거나 시신을 불태운다면 인간에 대한 예의가 아니었다. 역병의 유행기에 인륜의 붕괴를 본 정부는 교화를 강조했다. 현실에서 이러한 사건은 얼마든지 재발할 수 있었다. '인간다움(인륜)'이 절실했다. 조선 후기의 행실도(行實圖)

『동국신속삼강행실도』에 실린 충좌단지(좌), 심씨성효(우) 이야기
서울대학교 규장각한국학연구원 소장.

에는 역병의 전염 우려에도 가족을 돌본 효행의 사례가 대폭 증보되
었다.

　불가피하게 온역 환자를 접촉해야 하는 이들을 위한 안내와 주
의 사항이 필요했다. 허준은 온역에 전염되지 않는 방법을 『신찬벽
온방』에 수록했다. 환자를 방문하는 의원은 물론 가족을 위한 배려
였다. 대문을 열어 둔 채 마당 한가운데 솥을 두고 물을 채운 후 소합
향원 20환을 넣고 달인다. 약재의 향기가 나쁜 기운을 물리친다는 것
이다. 환자가 약재 달인 물을 마시면 의원이 들어가 진찰한다. 이렇
게 하면 서로 전염되지 않는다. 온역 환자의 집에 들어갈 때는 좌측
으로 들어가서 환자를 등지고 앉거나 서도록 한다고 알려 주었다.[44]

온역의 치료와 예방만큼이나 집안의 온역 환자로부터 전염되지 않는 방법은 큰 의미가 있었다. 의원은 환자를 한 번만 방문하지만 가족은 경우가 달랐다. 부모와 함께하는 자식이나 자식을 돌보는 부모와 다른 가족은 일상에서 환자와 생활을 같이했다. '전염되지 않는 방법'이 반드시 필요했다. "전염되지 않는 방법을 준비하지 못한 채 온역 환자를 맞이했다면 독기를 빨리 밖으로 뱉어 내야 한다. 특히 악기는 머리로 올라갔다가 온몸으로 흩어지며 전염된다. 창졸간에 약이 없으면 참기름을 코끝에 바르고 종이 심지로 콧구멍을 후벼 재채기를 한다. 웅황 가루를 참기름에 개어 콧구멍 속에 바르면 환자와 침상을 함께해도 전염되지 않는다."[45]

앞서 언급했던 웅황은 전염을 막는 필수 약물이었다. 허준은 웅황환을 복용하도록 했다. 웅황, 적소두, 단삼 등을 가루 내어 환약을 만들어 매일 아침 다섯 알씩 복용하면 환자와 한 방을 써도 감염되지 않는다는 것이다.[46] 환자와 더불어 침상을 사용하거나 한 방에 거주해도 온역에 걸릴 염려가 없다는 정보는 이른바 '가(家)'의 존립을 위한 실질적인 정보였다. 부모에 효도하고 자식을 사랑해도 온역의 전염과 죽음의 공포는 끝내 가정을 무너뜨리고 공동체의 존립을 어렵게 만들었기 때문이다.

허준은 전염되지 않는 방법으로 옷을 삶는 법이 가장 좋다고 소개했다. 환자의 땀으로 온역의 독기가 배출되는데 이때 여러 사람을 전염시킬 수 있다. 환자의 옷을 삶거나 쪄서 소독하면 감염의 우려를 줄일 수 있다. 허준은 증의법(蒸衣法)에서 집 안에 온역이 유행하면 처음 병에 걸린 사람의 옷을 세탁 후 시루에 넣어 찐다. 이렇게 하면

전염의 걱정이 사라진다고 강조했다.[47]

앞서 『산림경제』 「벽온」의 처방들이 허준의 『신찬벽온방』과 동일하다고 설명한 바 있다. 물론 『산림경제』의 처방 중에는 『신찬벽온방』에 없는 조선 후기에 증보된 내용도 적지 않다. 증보된 처방을 살펴보면 대부분 역병 환자와 함께 생활해도 전염되지 않는 방법들이다. 윤씨〔尹方〕 혹은 오씨 의원의 경험방〔吳方〕으로, 가령 "자일(子日)에는 온귀(瘟鬼)가 오시에 집에 들어왔다가 신시에 나가는데 주로 대문에 깃들었다. 혹 축일(丑日)에는 미시에 들어왔다가 유시에 나가는데 대청에 거한다. 인일(寅日)에는 신시에 들어왔다가 술시에 나가며 집 앞에 있다. 묘일에는 유시에 들어왔다가 해시에 나가는데 환자 근처에 있다."는 것이다.[48] 이상의 사실을 미리 알고 대비한다면〔吳方〕 안심하고 환자를 돌볼 수 있었다. 윤씨 처방은 악기를 내뱉는 재채기 요법〔嚔藥〕이었다. 현호삭과 조각자, 천궁과 척촉화 등의 약재를 가루 내어 조금씩 콧속에 넣어 재채기를 하는 방법이다. 날마다 이 방법을 사용하여 재채기하면 역병에 전염되지 않으며 열흘이 지나 온역이 저절로 낫는다는 설명이다.

일상의 생활 습관도 중요했다. 허준은 일상의 금기로 온역을 앓고 난 후 백일 안에 성교를 하면 죽는다든지, 술을 마시면 반드시 재발하고 고기를 구워 먹어도 위험하다는 등의 주의 사항을 알려 주었다. 또한 온역에 걸렸을 때 순채를 먹으면 죽을 수 있고 아욱〔葵〕을 먹으면 실명할 수 있다고 경고했다.[49] 순채나 아욱 등 미끌한 식감의 채소들이 기운을 쇠하게 한다고 보았기 때문이다.[50] 음식의 금기와 역병의 재발을 연결하는 사고의 근거는 미약하지만, 『신찬벽온방』에는 온역의 치료와 예방을 위해 다양한 일상의 금기와 지식들을 상당 수 준비해 두었다.

연속되는 당독역 유행과 『벽역신방』

1613년은 고난의 연속이었다. 1612년 가을부터 유행한 온역이 이듬해 봄까지 이어져 맹위를 떨치다가 잠잠해지는가 싶더니, 이해 가을부터 중국에서 들어온 독역(唐毒疫)이 또다시 유행했다. 1613년 10월 25일 광해군은 허준에게 당독역 혹은 당홍역(唐紅疫)이라고 불리는 역병의 치료서를 편찬하도록 명령했다. 칠순의 노성한 의원 허준은 다시 한번 역병 의서 간행에 매진했다. 당시 관리들은 역병의 원인을 운기실서(運氣失序), 즉 자연의 질서가 흐트러진 데 있다고 해석했다. 역병의 명칭은 천행반진(天行斑疹)으로 불렸다.

많은 사람들이 1613년 유행한 역병에 감염되어 사망했던 이유에 대해 첫째, 기왕에 보지 못했던 새로운 역병이며 둘째, 금기에 구애되어 역병이 돌면 약물을 복용하여 적극적으로 치료할 생각을 하지 않은 채 귀신에게 먹을 것을 대접하면서 우리 집만은 괴롭히지 말라고 빌거나 셋째, 정확한 치료법을 몰라 어찌할 바를 모르기 때문이라고 해석했다.

무엇보다 역병에 걸린 환자의 임상과 정확한 진단을 통해 치료법을 강구해야 했다. 허준이 도맡은 의서 편찬이 더욱 시급한 이유였다. 각 지방의 여제 또한 중요했다. 많은 사람들이 새로운 독역의 원

인을 왜란 중에 죽임당한 억울한 귀신이 초래한 것으로 간주했기 때문이다.[51]

1613년 겨울(12월), 집필 후 채 두 달이 안 되어 완성한 허준의 『벽역신방』은 이른바 성홍열로 추정되는 역병을 진단하고 치료법을 제시한 의서였다. 일찍이 일제 강점기 조선 의학사를 연구했던 미키 사카에(三木榮)는 "『벽역신방』은 광해군 5년(1613) 계축 가을부터 당독역이라는 새로운 전염병이 유행하여 많은 사람이 사망하자, 허준이 왕명으로 새롭게 편찬하여 그해 12월에 반포했다. 이 책의 내용을 검토해 볼 때 당독역은 성홍열로 진단할 수 있다. 두 의서(허준의 『신찬벽온방』과 『벽역신방』)는 전염병 전문 서적으로서 매우 뛰어나다. 당시 전염병을 종류에 따라 진단하는 일은 동양은 물론 서양에서도 여전히 혼돈 상태를 벗어나지 못했다. 허준의 날카로운 관찰력과 넓은 학식은 말할 것도 없으며, 그가 동양 제일의 의학자로 존경받는 이유도 바로 앞에서 언급한 여러 의서들과 함께 고려해야 할 것이다."라면서 『벽역신방』의 독창성과 합리성을 칭송한 바 있다.[52]

『벽역신방』의 편찬을 계기로 허준의 역병학은 보다 넓은 차원의 사회 역학(Social Epidemiology)으로 발전했다. 역병 환자에 대한 치밀한 진단과 처치, 사회적 환경을 고려한 대응법은 유의, 즉 의원이면서 유학자였던 허준이 생각한 '사회 속의 역병' 덕분이었다. 임상에 임하는 허준은 환자의 병변에 합리적으로 대응하면서 동시에 사회적 맥락을 충분히 고려했다.

허준은 당독역이라는 새로운 역병을 운기론으로 설명하면서도 열독의 해소라는 관점에서 새롭게 접근했다. 허준은 이전의 벽온 치료보다 강력한 '하한(下汗)' 즉 땀을 내도록 해서 열독을 제거하는 치료를 고안했다. 나아가 역병 치료에 활용되던 속방을 제안하면서도 역병의 재발에 금기 음식을 관련짓는 대신 일상의 수양을 강조했다. 역병 환자에게 금주와 함께 성생활(房事)의 금지와 같은 윤리적인 생활을 요구한 것이다. 특히 역병에 대응하는 공동체의 문제를 더 깊이 고려했다.

허준은 기왕에 보지 못했던 역병의 정체를 새로운 명칭으로 정의했다. 민간에서는 당시 성행하는 역병을 당홍역으로 부르거나 반진(斑疹)으로 명명했다. 홍역을 의미하는 진(疹)과 유사한 증상을 보였기 때문이다. 문제는 당시의 역병이 진에 비해 훨씬 강력하여 많은 사람이 희생되었다는 사실이다. 이에 독한 마진이라는 의미로 '당' 자를 붙여 당홍역 혹은 모질고 혹독하므로 당독역이라는 별명이 붙는 것이다. 허준은 고금의 의서를 살펴보고 애매한 명칭으로는 유행하는 역병의 실체를 정의할 수 없다고 주장했다.

신이 고금의 의서를 두루 살펴보았지만 당독역이라는 병명은 없습니다. 따라서 당독역의 치료법도 없습니다. 이는 세상의 모진 병〔酷疾〕입니다. 금년(1613) 봄부터 여름에 이르기까지 여역이 성행하고, 여름 이후 다시 독역이 발생하여 많은 사람들이 죽었습니다. 대개 '계'의 해가 화운에 속하기 때문입니다. 그 병은 강렬하기가 보통의 온역과는 전혀 다릅니다. 민간에서 이를 고통스럽게 여겨 당독역이라고 했던 것입니다. 대개 병의 증상과 고통이 악독하면 '당' 자를 붙이는데 당학이나 당창이 그렇습니다.[53]

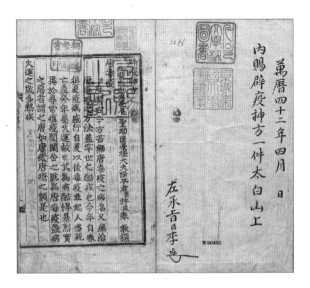

『벽역신방』

1613년 가을에는 기존에 없던 당독역(지금의 성홍열)이 크게 유행하여 인명 피해가 막심했다. 왕명을 받은 허준과 내의원 의관들은 새로운 역병을 정밀히 관찰하여 이를 진단, 치료, 예방하는 법을 『벽역신방』으로 정리했다. 당독역은 온역과 증상이 달랐으며 그에 따라 치료법도 달랐다. 정확한 진단을 강조하고 미신이나 주술을 가급적 배제한 경험적, 합리적 태도는 후대에도 널리 칭송받았다. 서울대학교 규장각한국학연구원 소장본.

1613년 봄부터 여름까지 발생한 여역의 정체는 온역 즉 티프스성 감염병으로 허준은 『신찬벽온방』을 편찬하여 치료에 나섰다. 연이어 1613년 가을부터 겨울에 이르도록 조선 사람들을 괴롭혔던 독역의 정체는 후일 성홍열로 밝혀진 새로운 감염병이었다. 허준은 독역의 원인을 운기의 조화가 깨진 탓으로 보았다. 1613년 계축년은 '화운'에 속하는 해였다. 조정의 관료들은 '운기가 질서를 잃었다.'라고 생각했고, 기본적으로 허준도 이에 동의했다. 허준은 중국 고대의

『내경』을 인용하여 독역의 원인을 당해의 화운이 하늘을 주관[司天] 하기 때문으로 이해했다. 이에 "천지 사이의 육기는 무·계의 해에는 화운이 자연의 질서를 관리하고, 자·오의 해에는 소음군화(少陰君火) 가 자연을 주관하며, 인·신의 해에는 소양상화(少陽相火)가 주관한다. 이때 두(痘)와 반(瘢)과 진(疹) 세 종류의 역병이 서로 뒤섞여 발생한 다."라고 설명했다.[54]

화운과 더불어 군화와 상화가 자연의 질서를 관장하는 시기에는 두창[痘]과 반진[瘢], 마진[疹]이 번갈아 발생할 수밖에 없었다. 따라 서 온역에 이어 독역이 뒤섞여 발병한 것은 운기론에 따른 자연의 원 리였다. 특히 온몸에 발진을 동반하는 역병은 '화(火)'가 주요한 원인 이었다.[55]

화를 다스리지 않으면 역병을 치유할 수 없었다. 허준은 화의 열 독이 원인인 역병을 세 가지로 구분했다. 발진의 크기와 모양이 가장 큰 역병이 두창이다. 두창은 발진이 크고 역병 증세의 진행 과정이 분명했다. 발진이 부풀어 오르고[起脹], 진물이 생긴 다음[回漿], 고름 이 잡힌 후 터지면[貫膿], 곰보딱지가 내려앉는[作靨] 네 단계를 밟았 다. 어떻게 보면 두창 증세의 분별과 대응이 가장 확실했다. 반진은 발진의 크기가 가장 작아 벼룩에 물린 듯한 자국만 남고 딱지가 생기 지만 시간이 지나면 저절로 사라졌다. 마지막으로 진은 특이하게도 발진[頭粒]이 좁쌀처럼 전신에 나타났다가 사라지고 사라졌다가 다 시 나타나기를 반복하는 증상을 동반했다.

그런데 세 가지 역병의 특징 어디에도 당시 창궐했던 독역의 증 세가 정확히 부합하지 않았다. 일단 허준은 독역의 정체를 마진의 일종으로 전제하고 『내경』을 인용하여 자신의 추론을 보강했다. "『내경』을 보면 화운의 해는 더위가 심하다. 이때 역병에 걸리면 고열과 피부의 통증이 생기면서 점차 속으로 깊어진다. 열독이 깊어지면서 발진과 진물 증세를 동반한다. 진의 색깔이 붉은 경우가 단진(丹疹)이다."[56]

중국의 의서를 인용하여 허준은 고열과 통증, 발진과 진물로 피부가 물러지는 증세를 확인했다. 특히 붉은색 물집을 보면 진의 변종이 분명해 보였다. 물론 허준은 독역을 마진이라고 확정하지는 못했다. 일반적인 마진 증세와 다른 증상들이 나타났기 때문이다.[57]

일단 독역의 정체를 진의 일종으로 정의한 허준은 이후 원인과 치료법을 밝히는 데 주력했다. 허준이 생각한 병인은 두 가지였다. 먼저 운기의 문제이다. 허준은 무·계의 해에 역병이 발생했으므로 소음군화의 남은 열기(餘熱)가 문제를 일으켰다고 보았다. 여열이란 심화(心火)가 지나친 경우로 과도한 열이 피부를 주관하는 폐금(肺金)을 녹이므로 벼룩에 물린 듯한 붉은 반점이 돋는다. 그다음은 열독이 문제였다. 기본적으로 폐금이 열독으로 손상되었다는 설명이다. 허준은 『의학정전』을 인용하여 "폐는 피부를 주관하고 위는 기육(肌肉)을 주관한다. 폐와 위가 모두 금에 속하므로 심화가 금을 이기면 열독이 피부와 기육에서 발생한다."라고 주장했다.[58] 허준은 독역의 증세가 피부 통증과 발진을 동반했기에 이러한 임상을 토대로 열독(심화)이 피부와 기육을 주관하는 폐와 위를 손상시킨 결과라고 설명했다.[59]

독역을 치료하려면 폐금(피부)을 손상시킨 심화(열)를 다스려야 했다. 허준은 독역의 원인을 자연의 흐름(운기론)으로만 환원시키지 않았다. 열독의 소행이라는 다른 원인을 강조함으로써 구체적인 치료법을 모색할 수 있는 길을 열었다. 허준은 역병의 원인을 귀신의 소행이거나[60] 운기와 같은 일종의 운명론으로 설명하는 대신 보다 합리적인 근거를 찾으려고 노력했다. 그는 적극적인 약물 치료야말로 독역 치료의 근본 대책이라고 누누이 강조했다. 『벽역신방』에 앞서 편찬된 『신찬벽온방』에서 허준은 온역의 원인을 ① 운기의 어그러짐과 ② 귀신의 소행으로 파악했다. 『벽역신방』의 병인론은 확실히 이전보다 진일보하고 있었다.[61]

원인이 분명하면 치료법도 확실했다. 허준은 확신에 찬 어조로 독역 치료법을 제시했다. 역병을 치료하려면 곧바로 독열(毒熱)을 공격해야 한다는 것이다.[62] 『벽역신방』의 모든 처방은 열독을 내리고 흩어지도록 하는 데 집중되었다. 또한 역병 치료에 일반적으로 응용되던 표증→반표리증→리증의 3단계 구분법을 버리고, 진행이 빠른 독역에 대응하기 위해 2단계 치료법(표증→리증)을 사용했다.

허준은 이전의 『신찬벽온방』에서 온역 증상의 단계를 ① 온역 표증, ② 온역 반표리증, ③ 온역 리증의 3단계로 구성하고 각각의 증세에 맞추어 땀을 내거나[宜汗], 화해시키거나[宜和解], 설사[宜下]의 치료법을 권장했다. 반면에 독역을 치료하려면, 훨씬 신속하게 대응해야만 했다. 역병 증세가 나타난 지 사흘 안에는 땀을 흘리도록 하고, 그다음 사흘은 곧바로 설사를 하도록 했다. 초기에 땀으로 고열을 내리다가 증세가 깊어지면 바로 강력한 하제(下劑)를 투여하는 한(汗)→하(下)의 2단계 속공법이었다. 허준은 땀을 내기 위한 1단계 처방으로 십신탕, 구미강활탕, 청열해독산을 권장했다. 이외 대시호탕,

양격산, 위조승기탕과 왕련해독탕을 응용하여 처방했다.[63]

치료는 한→하의 속공법을 사용하더라도 환자의 증상을 세밀하게 관찰하여 네 단계로 구분했다. 먼저 ① 목이 마른 증상〔煩渴〕, ② 열이 오르는 증상〔熱盛〕, ③ 심한 고열 증세〔熱極〕, ④ 인사불성의 단계이다. 가장 위험도가 낮은 1단계는 인삼백호탕, 죽엽석고탕, 녹두죽이나 인동차 등 열기를 식혀 주는 죽이나 음료의 식치를 권장했다.[64] 그러다가 점차 열이 오르면(②) 본격적으로 고열을 내리는 처방을 사용했다. 월경수에 청심원을 복용하거나, 구미청심원을 죽력이나 어린아이의 오줌〔童便〕을 넣은 생강탕과 함께 복용하도록 했다.[65] 특히 심한 고열(③)로 혀가 검게 되고 헛소리를 하면 곧바로 납설수와 인분즙, 저분즙 등 특단의 조치를 취해야만 했다.[66] 『동의보감』에 의하면 인분이나 저분 등은 모두 매우 찬 성질의 약재들로 심한 고열로 인한 위급 상황에 주로 처방되었다.

마지막으로 고열로 가슴이 답답하고 인사불성인 단계(④)이다. 사망할 가능성이 높은 위중한 상태의 환자는 약물 복용마저 쉽지 않았다. 이때 허준은 구급 처방으로 새 수건〔布〕을 우물에 담갔다가 가슴을 문질러 주도록 했다. 수건이 뜨거워지면 새로 갈아 주기를 반복했다. 수건도 없다면 우물 안의 이끼를 뜯어 가슴 부위를 문질러 주도록 했다.[67] 『신찬벽온방』의 수지법은 고열을 내리는 구급 처방으로 허준은 이를 당독역의 치료에 그대로 적용했다.

온역의 고열로 발광하여 참기 어려운 경우, 푸른 수건 5~6척을 몇 겹으로 접어 새로 길어 온 물에 적셔 환자의 가슴을 문질러 준다.

잠깐 사이에 물이 마르면 다시 물에 적셔 놓아두는데 하루에 수십 차례 바꾸어 주면 열이 그친다.[68]

놀랍게도 허준은 오늘날 수술에 해당할 법한 외과 처치도 동원 했다. 고열로 인후가 부어올라 숨이 통하지 않으면 침을 이용하여 해당 부위를 째고 나쁜 피를 빼내도록 했다.[69] 이상의 외과 처치는 단순히 약물 등의 내복 요법에만 머물지 않는 실용적이고 합리적인 대책들로, 종기의 피고름을 제거하는 침의(鍼醫)의 기술을 응용했던 것으로 보인다.

허준의 합리적 태도와 독창성

지금까지 온역과 당독역(성홍열) 등 고열 증세의 역병에 대한 허준의 진단과 예방, 다양한 치료법을 살펴보았다. 허준의 합리적인 진단 절차와 신속한 치료법은 역병 증상에 대한 풍부한 임상 및 정밀한 관찰로 가능했다. 오늘날 연구자들이 높이 평가하는 부분도 이러한 허준의 경험적이고 합리적인 태도이다. 당시까지 전연 경험하지 못했던 새로운 당독역에 관한 허준의 관찰과 묘사는 매우 정확할뿐더러 치밀했다. 허준이 관찰했던 당독역의 증상은 다음과 같다.

① 처음 병에 걸리면 머리가 아프고(頭痛) 온몸이 쑤신다(身疼). 오한과 고열 증세는 물론 머리, 얼굴, 전신이 붉게 부어올라 가

렵고 아프며, 몸 전체에 부스럼과 두드러기[痲瘡]가 생기고 정신이 혼미하며 답답하거나 조급해지고, 헛소리마저 지껄이는데 심하면 미쳐 날뛰거나 목구멍이 부어올라 막히기도 한다.[70]

② 증상이 발생한 후 사흘간은 (사기가) 체표(體表)에 존재하고, 다음 사흘간은 몸 안으로 들어가는데 증세가 성했다가 소멸하는 기간이 불과 7~8일에 불과하다.[71]

허준이 관찰한 당독역의 증상과 진행 과정은 현대의 과학자들이 진단한 성홍열의 임상 사례와 비교해도 차이가 없다. 성홍열은 잠복기가 1~7일로 갑작스러운 발열, 두통, 구토, 복통, 오한 및 인후동통으로 시작하여 12~48시간 안에 전형적인 발진이 발생한다. 발열은 갑자기 시작하여 40도에 이르는 고열이 나며 치료하지 않으면 5~7일간 계속된다. 인후는 심하게 충혈되어 진한 붉은색을 띤다.[72]

허준은 당독역의 인후통과 고열, 발진 증세의 과정을 정확하게 묘사하고 있을 뿐 아니라, 발진이 48시간을 전후하여 나타났다가 사라지는 현상을 역병의 기운이 겉에서 안으로 침투하는 과정이라고 진단했다. 발진의 7일 주기도 정확한 임상 관찰에 근거한 설명이었다.

허준은 독역(성홍열)을 앓고 난 이후 환자의 증상에 대해서도 정확하게 파악했다. 이른바 성홍열의 후유증으로 알려진 피부 박탈 현상이다. "사람이 독역을 앓고 난 후 머리카락이 모두 빠지고 피부의 좁쌀 같은 발진이 모두 말라붙어 벗겨지는데 이러한 증상은 모두 열독 때문이다."[73] 물론 허준이 피부와 머리카락이 모두 탈락하는 원인을 정확하게 이해할 수는 없었다. 그래서 천지간의 생물이 여름에서 가을로 넘어가면서(뜨거운 계절을 겪은 후) 깃털을 갈고 허물을 벗는 원리와 동일하다고 설명했다. "오행 가운데 오직 화가 사물을 변화시킬 수 있다. 대개 천지 사이에 영혼〔靈〕을 가진 것들은 모두 여름에서 가을 사이에 옛것을 버리고 새로 변하는데 형색의 변화는 금수가 깃털을 갈고 모충(毛蟲)과 뱀이 허물을 벗는 것과 같다."[74] 모든 과정을 화의 운기와 열독의 작용으로 이해한 것이다.

허준은 역병을 치료하고 예방하는 방법으로 금기를 통한 조섭을 강조하기도 했다. 『내경』에 따르면 울체된 화가 발하는 경우 심하면 가슴이 답답하고 괴로워하다가 급사한다. 화가 오장에 들어가기 때문인데, 이때의 장기〔臟〕는 심장이다. 역병을 앓는 자가 연이어 음주하고 성생활을 계속하다가는 급사할 수 있다고 허준은 경고했다.[75] 특히 이상의 금기를 지키지 않으면 설사 역병의 고통에서 벗어날지라도 후유증으로 오랫동안 고생할 수 있다고 재차 경고했다.[76] 일반적으로 음주와 성생활의 절제를 강조하는 수양론을 역병 치료와 연결 지어 양성과 양생이 두 가지가 아니라는 도덕의 양생론을 수립했다.

역병의 원인에 대한 합리적인 이해와 정확한 치료법을 강조했던 허준은 당시 유행하던 금기 가운데 미신에 가까운 내용들을 모두 삭제했다. 특정 음식이나 육류를 먹으면 안 된다는 내용 대신에 금주와 성생활의 절제와 같은 합리적이고 윤리적인 방안을 권장했다. 『신찬벽온방』의 금기 조항과 비교해 보아도 『벽역신방』은 더욱 합리적이었다. 성생활과 음주에 대한 주의는 두 의서가 모두 동일하다. 『신찬벽온방』은 "온열병을 앓고 있는데 열이 내렸다고 해서 백일 안에 성생활을 하면 죽는다. 죽을 때 혀를 빼물게 된다."라거나 "연이어 음주하면 반드시 재발한다."라고 하여[77] 음주와 성생활의 절제를 강조했다. 이에 더해『신찬벽온방』은 "양고기를 먹으면 온역이 더욱 심해진다." "순채를 먹어서는 안 된다." "해바라기(葵菜)를 먹으면 급사한다."[78]와 같은 믿기 어려운 내용들이 포함되어 있다. 하지만『벽역신방』에서 허준은 금기 음식 등 미신을 모두 삭제하고 일상생활의 절제와 수양을 강조했을 뿐이다.

물론 독역을 예방하기 위해 허준이 제시한 처방은 일반적인 역병의 예방법과 크게 다르지 않았다. 전통적으로 두창을 예방하기 위해서나 두창의 여독(餘毒)이 근육, 머리, 얼굴, 인후 부위에 퍼져 다양한 증세(잡병)를 나타낼 때 이를 해독하기 위해서 삼두음을 처방했다.[79] 상풍(傷風)으로 인한 통증 증세를 치료할 때는 궁지향소산을 권했다. 허준은『벽역신방』에서도 일반적인 역병 예방법에 따라 삼두음과 궁지향소산을 처방했다. 삼두음을 항상 마시도록 했을 뿐 아니라 십신탕이나 궁지향소산을 복용하고 조각자(皂角) 가루를 코에 넣어 재채기를 하도록 했다. 이외에 석웅황 가루를 향유에 섞어 코 안에 뿌려 주면 예방에 좋다고 했다. 또한 집안의 마당에서 창출이나 소똥을 태우면 그 연기로 독역을 예방할 수 있다고 보았다.[80] 창출이나 소똥을 집 주변에서 태우거나 조각자 가루나 참기름에 섞은 석웅황 가루를 코에 넣어 악한 기운을 내보내는 방법은 역병 예방을 위해 조선 시대에 널리 활용되고 있었다.

앞에서 언급한 대로 허준은 기도와 액막이 등 주술적인 내용을 가급적 삭제했다. 가령『신찬벽온방』의 「온역양법(瘟疫禳法)」은 일종의 부적이나 주문을 소개한 항목으로, "온역이 극성하면 땅에 깊이 3척,

너비 3척 정도로 구멍을 파고 3곡(斛)의 모래를 채운 후, 3승의 술을 붓고 주문을 외우며 기도하면 역병이 사라진다.”라고 했다.[81] 3의 기운이 온역의 예방과 어떤 관계가 있는지 알 수 없지만,「온역벽법(瘟疫辟法)」에는 “닭이 우는 새벽에 사해신의 이름을 각각 세 번씩 암송하면 온역을 물리칠 수 있다.”라고도 했다.[82] “호랑이 머리뼈〔虎頭〕를 머리맡에 두고 자면 온역을 예방하고[83] 제야에 폭죽을 터뜨리면 귀신이 도망간다.”[84] “무덤 위의 흙을 5월 5일에 취하여 질그릇에 담아 문밖 계단에 묻어 두면 집안사람들이 역병을 앓지 않는다.”[85] “단오에 쑥을 캐서 사람 모양을 만들어 문밖에 걸어 두면 역기를 막을 수 있다.”[86] “붉은색 말의 말발굽 가루 두 냥을 주머니에 담아 남자는 좌측에 여자는 우측에 차고 다니도록 한다.”[87] 이런 수많은 주술과 미신적인 내용들이 수록되어 있다. 이뿐 아니라 붉나무로 만든 갓끈,[88] 동지의 붉은 팥죽[89] 등 조선의 풍속도 모두 기록하여 오래된 속방을 배제하지 않았다. 그러나『벽역신방』에서 허준은 이런 미신적인 주문이나 부적 처방을 완전히 삭제했다.

미신이나 액막이 부적 등을 삭제한 배경에는 정확한 원인 진단과 약물 치료에 대한 허준의 확신이 깔려 있었다. 허준의 경험으로는 두창 환자를 살려 달라고 마마 신에게 빌어 보아야 소용이 없었다. 차라리 증세에 맞추어 정확한 약물을 복용해야 했지만, 왕실에서조차 세상의 금기를 두려워해 역병 환자에게 적극적으로 복약(服藥)을 권하지 않을 정도였다. 그런데 이미 선조 임금께서 용기를 내어 세속의 금기를 깨고 허준에게 왕세자의 두창 치료를 명령하지 않았던가. 그리고 의약학에 대한 왕의 신뢰에 허준은 저미고와 같은 약물의 효과로 부응하지 않았던가. 이후 많은 사람들은 왕의 실천을 본받아 적극적으로 약물을 복용했고, 열 번 약을 쓰면 열 명이 살아나는 경험을 할 수 있었다.[90] 허준은 의학 지식과 그 효과에 대한 사람들의 신뢰를 얻는 일이야말로 의료 혜택의 확산에 무엇보다 중요하다고 판단했다. 주술이나 부적보다 합리적인 사고와 이에 근거한 용기 있는 실천만이 역병 극복의 지름길이었다. 역병학자로서 허준의 합리성과 독창성이 빛을 발할 수 있었던 이유이다.

지금까지 1613년 가을, 당독역이라는 새로운 역병의 유행을 물리치기 위한 허준의 노력을 살펴보았다. 허준은 『벽역신방』에서 독역에 대한 정확한 관찰과 진단을 기초로 속공(速攻), 속효(速效)의 치료법을 제시했다. 그뿐 아니라 전통적으로 벽역과 벽온에 사용하던 주술과 미신, 금기 가운데 경험에 비추어 불합리한 내용들을 가능한 한 삭제했다. 물론 허준이 세속의 금기와 속방의 전통을 전적으로 부정하지는 않았다. 다만 금주나 성생활의 절제와 같은 일상의 도덕적 양생론을 주장했을 뿐이다.

허준은 세속의 구태나 금기에 구애되지 않고 새로운 의학 지식을 수용하며 이를 치료에 적용했다. 보다 경험적이고 합리적인 치료법을 믿고 의학에 정진한 것이다. 열을 내리고자 배와 수박을 먹거나, 고열의 환자에게 물에 적신 수건으로 가슴 부위를 문질러 주는 처방은 전통적인 방법이라도 치료 효과가 분명하면 적극적으로 수용했다. 한마디로 허준의 감염병학과 그 성취는 전통에 충실하면서도 끊임없이 환자를 진찰하고, 경험에 기초하여 새로운 실험과 합리적인 지식을 추구했던 구본신참(舊本新參)의 결과였다.

허준이 조선 시대를 대표하는 명의라는 사실은 너무도 명확하다. 여러 번 드라마로 제작되었을 만큼 그의 이야기는 신분을 극복한 극적인 인생 그 자체로 감동적이다. 그러나 누차 언급했듯이 드라마나 영화로 형상화된 허준은 역사적 사실과는 사뭇 거리가 있다. 역사 속의 허준은 내의원 출사 이전, 서울과 호남을 오가면서 활동했던 유의였다. 양친의 집안 모두 무관 출신으로 아버지 허론은 무과에 합격한 후 지방관을 역임했고, 외가인 영광 김씨도 전라도 지역의 무반(武班)이었다. 허준의 어머니는 서녀로 지방관이었던 허론의 첩이 되었고 서자 허준을 낳았다. 조선의 서자들은 문·무과 시험에 응시할 수 없었으며 관로 진출에 제약이 많았다. 이런 이유로 이들 가운데 일부는 잡과로 출신하거나 의술을 익혀 지방의 유의로 활동하곤 했다. 유의들은 해당 지역의 양반이나 중앙에 진출한 고관대작의 신병(身病)을 치료하고 그들 가족과 친구들의 건강을 돌보면서 책객처럼

집 안을 드나들었다.

허준은 젊은 시절 경학과 사서를 읽어 여느 선비들과 다르지 않은 학식을 갖추었지만 과거에 응시하지 않았다. 전라도 출신으로 높은 지위에 올랐던 미암 유희춘은 허준을 잘 알고 있었다. 허준은 사서삼경은 물론 의서에도 밝아 이미 명의로서의 자질과 명성이 충분했다. 이에 유희춘은 허준을 내의원에 천거했고, 허준은 당대 최고의 명의 양예수를 만나는 행운을 누릴 수 있었다. 30대 중반 내의원에 들어간 허준은 사망할 때까지 줄곧 내의원 어의로 생활했다. 그만큼 내의원 의관으로서의 정체성이 강했다. 한 사람의 몸을 치료하듯 한 나라의 병을 치료하는 '의국(醫國)'의 정신으로 충만했다. 의학은 단순한 기술이 아니라 정치였다. 40대의 허준은 진맥(診脈)에 관한 의서를 평설한 후 '의국의 의학론(醫論)'이 더욱 깊어졌던 것으로 보인다. 의술이 더욱 원숙해진 허준은 50대 이후 전쟁 중에 사라진 구급용 의서의 집필에 전념했다. 임란 직후 도탄에 빠진 백성들을 구하려면 구급용 언해본 의서들이 절실했다. 언해본 의서를 마무리한 그는 1610년 조선 최고의 의서 『동의보감』의 편찬 작업을 완료했다. 칠순의 허준은 『동의보감』의 간행(1613)을 기다리는 동안에도 쉬지 않고 1612년과 이듬해인 1613년 발생한 온역 및 당독역의 치료법을 집필했다. 『신찬벽온방』과 『벽역신방』이라는 역병 의서가 연이어 간행되었다. 이처럼 말년까지 감염병 연구에 매진하던 허준은 1615년 향년 76세의 나이로 세상을 뜨게 되었다.

허준은 사대부가의 자제들과 마찬가지로 어려서부터 사서삼경 등 유교 경전을 섭렵했다. 유학은 물론 노장과 불교의 서책들을 두루 읽었던 그를 두고 경전과 역사서에 밝은 유의였다는 후대의 평가는 과장이 아니었다.『동의보감』에는 유학은 물론 도가와 불교를 회통하려는 허준의 지향이 고스란히 담겨 있다. 특히 조선의 생물에 대한 그의 철저한 실증 정신은 조선 후기에 청의 영향으로 고증의 학풍을 이끌던 학자들의 칭송을 받기에 충분했다.

16세기 후반 조선의 사상계는 유·불·선의 통합을 추구하는 이들이 있는가 하면 선학(禪學)에 기울어진 학자도 있었다. 순정하게 성리학에 몰두하는가 하면 새롭게 조선에 수입된 양명학자 나흠순(羅欽順)의『곤지기(困知記)』를 읽고 심취한 학인도 생겨났다. 성리학자라면 기본적으로 문자학에 밝아야 한다며 사전을 편찬한 이도 있었다. 사단칠정 논쟁이 벌어지면서 성리학에 대한 이해가 심화되기도 했지만 남녀 교합의 방중술을 탐닉하는 별스러운 자들도 존재했다.

허준의 일생 동안 조선의 사상계는 성리학이 중심이었지만 도가를 지향하거나 양명학에 침잠하는 혹은 실증의 중요성을 강조한 학자들 덕분에 다양한 풍경을 가지고 있었다. 유·불·선 삼교를 아우르면서도 성리학의 통치 기획에 부합하는 의서 편찬이 필요했다. 선조 임금은 조선을 '장수하는 땅(仁壽)'으로 만들고자 했으며 스스로 성학(聖學)의 주인공이고자 했다. 허준에게 의서 편찬을 명령한 선조는 병들기 전 예방의 중요성을 강조하는 동시에 조선의 향약재를 활용하여 많은 백성들과 의료 혜택을 나눌 수 있도록 하라고 당부했다.

전쟁을 거치는 우여곡절 끝에『동의보감』이 완성되자, 허준은 조선을 더 이상 천하의 동쪽 끝에 위치한 약재도 부족하고 의학 수준도 높지 않은 '궁벽한 주변'이 아니라고 천명했다. 중국에 건조한 북방 지역 사람들에게 적합한 북의(北醫)와 습윤한 남쪽 지역 사람들에게 알맞은 남의(南醫)가 있듯이 한반도의 조선인에게 어울리는 동의(東醫)가 있었다. 허준에게 중의(中醫)와 동의의 차이는 없었다. 동의는 로컬 의학이자 보편 의학이었다. 조선의 의학은 허준에 의해 비로소 천지상하와 동서남북의 육합(六合), 즉 천하의 한 부분을 차지한 동의로 거듭났으며, 조선은 중화의 주변국이 아니라 스스로 중화 문명의 동반자로 새롭게 정의되었다.

조선 사람의 질병은 조선의 환경과 그곳에서 나고 자란 다양한 향약재로 치료할 수 있었다. 그 바탕에 조선의 유구한 향약 전통과 인간의 심신에 대한 깊은 이해가 깔려 있었다. 성리학자들은 모든 인간이 보편적인 리를 품부 받는 동시에 주어진 기의 차이로 인해 각자의 개성이 드러난다고 보았다. 기질(氣)의 차이를 알려면 인간의 보편성(理)에 대한 깊은 이해가 동반되어야 했다. 조선 사람은 보편적 인간이면서 동시에 조선인의 기질에 따라 특별했다. 허준의 동의는 중국의 남·북에 비해 동쪽 사람들의 기질을 고려하면서, 공히 인간다움(리)을 갖춘 보편적인 사람을 치료하는 특별한 방법이었다.

정(精)·기(氣)·신(神)을 갖춘 보편적인 인간이 건강을 유지하려면 정·기·신의 소모를 조심해야 했다. 정기(精氣)와 정신(神)은 기본적인 인간의 욕망, 즉 음식남녀(食色)의 절제와 번거로운 사심(私心)의 억제를 통해서 가능했다. 동의보감의 보편적 인간관은 근본적으로 성리학의 수양론과 일치했다. 허준이 강조한바 「신형장부도」는 보편적인 인간 즉 '자연을 닮은 인간'의 상징이었다. 허준은 '자연의 천리와 당연(當然)의 윤리'를 통일시킴으로써 인간다움의 윤리적 근거가 자연(본성)에 있음을 증명했다. 인간이 윤리적이고 도덕적이어야 함은 그것이 본성(자연)이기 때문이었다. 허준은 『동의보감』을 통해 인간의 몸과 마음을 자연을 모사한 소우주로 설명하고 성리학자들이 원하는 도덕적 삶, 즉 당위(사람다움)의 근거를 자연에 두었다. 『동의보감』은 성리학의 가르침(인륜)을 자연스럽게 받아들이도록 만든 자연학이었다. 이로써 16세기 조선의 성리학자들은 사회 질서를 '강제'가 아니라 '자연'이라고 주장할 합리적 설명을 획득할 수 있었다. 자연의 법칙과 인간의 윤리를 결합함으로써 심신의 절제와 조화를 자연스럽고 당연한 삶의 방법(양생법)으로 제시했던 『동의보감』이야말로 확실히 조선 성리학의 중요한 정치적 성과였다. 이는 허준이 단순한 의원이기보다 유학을 토대로 불교와 도가의 인간론을 통섭할 수 있는 유의였기에 가능한 일이었다.

　허준이 거의 평생을 내의원 어의로 활동했던 만큼 『동의보감』에는 조선 왕실의 의약 문화가 고스란히 담겨 있다. 이른바 조선 의료의 오랜 전통이 『동의보감』의 속방으로 집대성되었다. 속방 가운데 상당수는 왕실 의료를 담당했던 내의원 어의들의 처방이었다. 조선 왕실에는 겨울철의 보양식으로 전약이라는 특별한 음식이 있었다. 전약은 동지를 맞아 내의원에서 제조한 약선(藥膳)으로 왕이 신하들에게 하사하거나 외국의 사신들에게 접대한 음식이었다. 조선 후기에 이르러서야 민간에 널리 퍼져 일반의 기호품으로 변화했는데, 『동의보감』의 속방에 제조법이 수록되었기 때문이다.

　허준은 왕실의 명주도 빼놓지 않고 『동의보감』에 채록했다. 조선 시대에 값비싼 향신료로 명성이 높았던 후추를 이용한 자주라든가, 자초를 이용한 붉은색의 홍주는 대표적인 왕실의 술이었다. 여름철 수일 만에 숙성시켜 음용했던 백화춘은 호산춘과 더불어 왕실의 술 가운데 하나였다. 이러한 왕실의 제법들은 허준의 손을 거쳐 『동의보감』에 수록되었고, 조선 후기에 『동의보감』이 양반들의 필독서가 되면서 세상으로 널리 퍼져 나갔다.

물론 허준이 왕실의 비법이나 특별한 처방만을 수집하지는 않았다. 그는 조선의 의원답게 고려 말 이후 수백 년 동안 전래된 조선의 전통 의약 지식을 수집하고 정리했다. 민간에서 널리 사용하던 향약 전통을 속방이라는 이름으로 『동의보감』에 수록했다. 야맹증을 치료하기 위해 소의 간을 날로 먹거나, 감기에 걸렸을 때 파를 썰어 뜨거운 술과 함께 마신 후 땀을 낸 처방, 섣달에 말똥차(馬通茶)를 마셨던 풍속은 조선의 오랜 의료 풍속이었다. 눈병 치료를 위해 단풍나무 안약인 풍고를 점안하거나, 까치무릇의 뿌리와 줄기를 찧어 종기에 붙이는 치료법도 조선의 오랜 단방으로 조선 후기의 학자들 역시 그 효과를 칭송했다. 조선 의학의 오랜 전통 지식들이 후대에 전해질 수 있었던 것은 『동의보감』을 편찬하면서 이러한 지식을 수집·분류하고 계승한 허준의 노고 덕분이었다.

이외에도 허준은 수많은 조선의 동물과 식물들의 이름을 한글로 부기하여 민간에서 활용하기 쉽도록 정비했다. 세상에 존재하는 모든 사물의 명과 실이 상부할 때 자연의 질서는 어그러지지 않았다. 형체의 실(實)은 존재하는데 이를 정확하게 부르는 이름(名)이 없다면 명실상부한 세상이 아니었다. 허준의 학문은 형이하학이자 동시에 형이상학이었다. 자연의 지식학이자 당위의 윤리학이었다. 허준은 조선에 존재하는 초목과 동물, 날짐승과 바다의 생물들을 정확하게 명명하고자 했다. 그럴 만한 이유가 충분했다. 자연의 질서가 완전할 때 인간의 삶도 온전할 수 있기 때문이었다.

노년에 이른 허준은 당시 유행하던 새로운 역병으로부터 백성을 구하기 위해 의서 집필에 생의 마지막을 바쳤다. 더욱이 칠순의 나이에도 난생 처음 겪는 독역을 치료하느라 환자들의 임상과 진단을 마다하지 않았다. 그의 경험과 치료법은 『신찬벽온방』과 『벽역신방』에 고스란히 남았다. 역병의 원인은 단지 자연의 부조화 때문이 아니었다. 인간의 불공정한 정치에서도 비롯되었다. 허준은 인술이 곧 인정의 핵심이라는 사실을 누구보다 강하게 인식하고 실천한 유의였다.

특히 1612~1613년에 간행한 두 권의 역병 의서는 '인술의 공공성'을 잘 보여 주었다. 광해군은 기왕의 역병 의서를 넘어서는 새로운 의서를 허준에게 요구했다. 허준은 역병의 치료와 예방을 위해 무엇보다 역병의 원인을 합리적으로 설명하고자 했다. 왕실을 포함해 많은 조선 사람들은 역병을 여귀나 마마의 소행으로 보고 약물 치료를 회피하고 있었다. 적극적으로 치료하다가 귀신을 화나게 해서는 안 된다고 여긴 나머지 하늘에 빌거나 음식을 대접할 뿐이었다. 이들에게 적극적인 약물 치료를 권하려면 무엇보다 역병의 원인에 대한 합리적인 설명과 설득의 과정이 필요했다. 또한 환자의 증세가 가벼운 단계에서 심각한 수준으로 변화할 때마다 증상에 따른 구체적이고 손쉬운 처방을 제공해야만 했다.

우선 허준은 자연의 순환을 중시한 운기론을 들어 역병의 원인을 설명했다. 화의 해는 독열이 유행할 만한 필요조건을 갖추었다고

할 수 있다. 운기의 변화에 의하면 1612년과 이듬해 1613년의 역병 발생은 너무나 자연스러웠다. 운기 이외에 위로받지 못한 여귀들의 존재나 청결하지 못한 환경, 공정하지 않은 정치 등은 역병 발생의 조건으로 충분했다. 자연의 운기는 어찌할 수 없지만 여귀를 위로하고, 잘못된 정치를 성찰하는 지방관의 도덕성은 역병 예방과 종식을 위해 필수적이었다.

역병 유행은 한 개인의 고통이 아니라 공동체 전체의 붕괴를 불러왔다. 환난상휼의 덕목이 절실했다. 역병을 예방하기 위해 해마다 향촌 공동체의 구성원들이 상당한 양의 약물을 준비하고 함께 모여 일종의 의례를 치르는 것은 조선의 오랜 전통이었다. 약물을 함께 마시고 팥죽을 나누면서 역병에 대처하는 공동체의 연대를 강화할 수 있었다. 허준은 궁벽한 시골의 형편을 고려하여 간단한 처방을 선호했지만 단방에만 의존할 수는 없었다. 고가의 약물을 부조하고 함께 고통을 견디는 환대의 정신이 필요했다. 무엇보다 향촌의 사족들이 공공의 실천에 나서야 했다. 이러한 책임을 기꺼이 떠안으려는 사람만이 진정한 선비로 대접받을 수 있었다.[1]

역병 앞에서는 부모 자식 간의 인륜마저 무색해졌다. 역병의 두려움으로 인간다움의 근간이 흔들렸고 이를 극복할 방법이 모색되었다. 허준의 '전염되지 않는 법'은 의학이 얼마나 중요한 사회의 지식이자 실천인지를 잘 보여 준다. 이처럼 역병의 극복은 환자 개인의 감염을 예방하거나 치료하는 데 머물지 않았다. 역병 환자를 돌보는 최소 단위인 가족의 유지와 이를 넘어 향촌 공동체의 안녕이야말로 궁극의 목표였다. 인술은 인정과 더불어 종착지가 같았다.

21세기를 맞이했을 때 누구도 팬데믹을 과거 역사 속에서가 아니라 눈앞에서 직접 경험하리라고는 상상하지 못했다. 필자도 마찬가지였다. 갑작스럽게 맞닥뜨린 코로나의 위협 속에서 몇 년을 보내게 되자 많은 생각이 스쳐 갔다.

칠순의 노성한 나이에 백성들을 위해 역병 환자를 임상하고 그 치료법을 모색했던 허준의 삶을 정리하면서 우울한 코로나 시국을 이겨 낼 희망을 찾고 싶었고 찾을 수 있었다. 허준 평전을 쓰면서 공공의 지식인이자 의원으로서의 그의 삶을 어떻게 묘사할지를 두고 고민이 많았다. 젊은 시절 사서삼경을 독서한 유학자로서의 허준, 평생을 내의원 어의로 의서 편찬에 몰두했던 허준을 '유의의 정체성'으로 규정하고 그의 면모를 네 가지 측면에서 설명해 보려 했다.

글을 마무리하면서도 네 얼굴의 허준으로는 부족하다는 생각이 마음 한구석에 남아 있다. 역사를 공부하면서 역사 속의 인물 대부분이 한두 가지 이상의 얼굴을 지니고 있다고 생각했다. 과연 몇 가지 얼굴을 상상해야 허준의 면모를 입체적으로 그려 낼 수 있을까? 앞으로 더 많은 역사 속 인물과 그 속에 담긴 역사적 의의를 탐구해 보라는 숙제를 유의 허준에게서 직접 받은 느낌이다.

들어가는 글

1   김호, 「시골 양반 역병(疫病) 분투기: 18세기 구상덕의 『승총명록』을 중심으로」, 《역사비평》131(2020).

2   『구급간이방(救急簡易方)』「序」.

3   김호, 「15세기 초 박흥생의 목민론: 『居官箴戒』를 중심으로」, 《조선시대사학보》85(2018).

4   김성수, 「신선태을자금단(神仙太乙紫金丹) - 조선의 만병통치약」, 《인문논총》67(2012).

5   김호, 「'權道'의 성리학자 金正國, 『警民編』의 역사적 의의」, 《동국사학》63(2017).

6   김호, 「16~17세기 조선의 지방 醫局 운영 - 경북 영주의 濟民樓를 중심으로」, 《국학연구》37(2018).

7   김호, 『조선의 명의들』(살림, 2007).

8   『구급양방(救急良方)』「발문」. "右救急良方 乃今左相 俾內院諸公 講求

諸方而撰出者也 以余出按湖南 慮其遇疾而不得良醫也 因證考方 因方命藥 至簡而要 至效而神 若和扁之在傍矣 不敢私秘 並附于治腫方之左 欲與人共之"

9 안대현,「『창진방촬요』의 서지와 언어」,《국어사연구》7(2007).

10 김성수,「조선 전기 두창 유행과 『창진집』」,《한국한의학연구원논문집》16-1(2010).

11 이경록,「조선 중종 19~20년의 전염병 창궐과 그 대응」,《중앙사론》39(2014).

12 『모재선생집(慕齋先生集)』 권11「分門瘟疫易解方序」.

13 김호,「16세기 지방의 의서 편찬과 患難相恤의 實踐知」,《조선시대사학보》89(2019).

14 『포저집(浦渚集)』 권26「濟飢活民方序」.

15 『율곡전서(栗谷全書)』 권10「答成浩原」. 16세기의 성리학자 율곡 이이는 동료인 우계 성혼과 함께 인간의 기질과 마음의 수양에 대해 많은 토론을 나누었다. 그도 그럴 것이 식색(食色)의 욕망은 인간의 본성을 둘러싼 핵심적인 논제였다.

1 역사 속의 허준

1 김호,『허준의 동의보감 연구』(일지사, 2000).

2 한국정신문화연구원 어문연구실 편,『한국구비문학대계』(한국정신문화연구원, 1983).

3 이하 책에서는 몇 가지 중요한 사료를 가능한 한 원문에 충실하게 소개하려 한다. 허준에 관한 사료가 많지 않은 데다 허준이 직접 쓴 글도 거의 없기에 그의 면모를 잘 보여 준다고 생각되는 자료를 인용했다.

4 『약파만록(藥坡漫錄)』, 권43「宣祖朝」許浚(성균관대학교 영인본 中, 1995),

181~182쪽.

5 『이향견문록(里鄕見聞錄)』권8「楊太醫禮壽」. "楊禮壽 字敬南 號退思
翁 太醫也 學于山人張漢雄 神於醫理 著醫林撮要 嘗隨使赴燕 越江露
宿 有虎乘夜負去 置之高皐上 出諸雛置前 拜跪伏地 有乞憐狀 禮壽揣
其雛有病 遍察之 一子折脚將死 乃出囊中丸藥以付 且以松脂遞付之
示其狀 又以手指松 虎頷之 因跪謝不已 出一片黑石置前 禮壽取而藏
之 虎又負還故處 及入燕 以其石示博物者 驚曰 此酒泉石也 沈水 水化
爲酒 儘絶寶也 試之果驗 (震彙續考)"

6 『이향견문록』권8「許太醫浚」.

7 국립진주박물관 편, 『임진왜란』(1998), 178쪽 참조.

8 『간이집(簡易集)』권8 休假錄「贈送同庚太醫許陽平君還朝-自義州」.

9 『모재선생집(慕齋先生集)』권11「陽川許氏先世系譜序」. "我東號稱禮
義之邦 凡上之所以立政 下之所以爲俗者 擧尙中華之風 獨於譜牒一事
莫能致意 (중략) 近世安東權氏族譜 始於權文景公踶 卒成於達城徐相
公居正之手 至今士族考知源派 起追遠保族之思 其裨助風化 不爲小矣
惜乎有倡而無和 未聞有效而踵爲者 吾外家陽川許氏 自始祖諱宣文 佐
麗祖統一三韓 賜邑于孔岩之後 積代貴顯 德業功名 彪炳于世 至于今
不絶 爲東國甲族"

10 『모재선생집』권11「分門瘟疫易解方序」. "我聖上之三十七年 適値歲
氣流運 瘟疫熾發 遍于諸道 聖上惻念 命分遣醫員 考方劑藥救療 猶慮
窮村僻鄕 醫或未及遍歷 民之罹病者 未解治救之方 多致橫札之患 (중
략) 臣竊惟 天地運化 唯以生物爲心 帝王承天莅位 其所施設 孰非仁民
愛物之政 制爲醫藥 救活物命 所係尤切 況諸病之中 瘟疫之作 薰染轉
熾 洎于一家一鄕 以至被于遠邇 橫斃滅門者相踵 爲毒最亟 言之慘痛
聖上軫念至此 眞能體天地生物之心 而吾東方百萬億蒼生 永受其賜於
萬世 保命遂性 熙熙樂生 休和充洽 殃沴自消 皇天降騭 靈祚無窮 嗚
呼至矣 內而若書局 若醫司 外而若監司 若守令 苟能體聖上至仁之政

盡心鋟梓 期永流布 則活人之善 亦應感動於天 而與蒙其垂祐矣 嘉靖
二十一年蒼龍壬寅五月下澣 崇政大夫行禮曹判書兼知經筵春秋館成
均館事弘文館大提學藝文館大提學五衛都摠府都摠管臣金安國 拜手
稽首謹序"

11 『창진방촬요언해(瘡疹方撮要諺解)』「跋文」.

12 『촌가구급방(村家救急方)』「대방과」상한 참조.

13 『동의보감』「탕액편」권1 人部 人屎(사룸의ᄆᆞ른ᄯᅩᆼ). "今人取乾者 水漬
取汁飮 名曰野人乾 以男人糞爲良 (俗方)"

14 『벽역신방(辟疫神方)』「人糞汁」. "治天行瘟疫 大熱狂走煩渴 取乾者 溫
水漬之 取淸汁飮"

15 1592년(선조25) 임진왜란으로 이전의 『승정원일기(承政院日記)』가 모
두 소실되자, 『미암일기(眉巖日記)』는 선조 초반 10년의 역사를 정리하
는 기초 자료로 활용되었다.

16 수신서로서의 『소학』이 아닌 기초학이라는 의미의 소학, 즉 자학을
말한다.

17 『면암선생문집(勉菴先生文集)』권25「眉巖先生柳公神道碑銘」.

18 단국대학교 동양학연구소, 『신증유합(新增類合)』영인본(단국대학교 출
판부, 1992) 참조.

19 『순암선생문집(順菴先生文集)』권18「續千字跋」. "우리나라 사람들이
아이들을 가르치는 글로는 삼량(三梁) 주씨(周氏)의 『천자문』과 서거
정(徐居正)의 『거정(居正)』과 유희춘(柳希春)의 『유합(類合)』이 있다."

20 『신증유합』「발문」.

21 『부계기문(涪溪記聞)』참조. 『부계기문』은 김시양(金時讓)이 광해군 4년
(1612)에 함경북도 종성(鐘城)에서 귀양살이를 하는 동안 집필한 견문
록이다. 김시양의 자는 자중(子中), 호는 하담(荷潭), 본관은 안동이다.

22 『미암선생집(眉巖先生集)』附錄 권20「諡狀」李好閔. "平日於書無所不
讀 自聖賢經傳古今史策 以至僻書小說 莫不洞貫本末 尤長於强記 每

學篇背文 如誦己言"

23　『선조실록』선조 4년 신미(1571) 3월 13일(갑술). "惟卿愷悌英才, 圭璋令望, 撐腸文字, 五千卷經史子集之不遺, 揚眉論說, 數萬言 興亡治亂之如鑑"

24　『청장관전서(青莊館全書)』권56 앙엽기3「古人勤學」.

25　『석담일기(石潭日記)』권상 萬曆 元年(1573) 癸酉.

26　『석담일기』권상 隆慶 六年(1572) 壬申.

27　『오주연문장전산고(五洲衍文長箋散稿)』경사편1「小學」.

28　서유구를 비롯하여 신경준과 정약용, 이규경 등 18세기 말 19세기 전반의 학자들은『동의보감』의 백과사전으로서의 장점을 높이 평가했다.

29　『미암일기』1569년 6월 6일. "招許浚 往見羅兄之疾 而來告曰 因氣虛中風 尙有可治 姜活散最妙"; 1569년 7월 2일. "許浚 來言申昕之疾 雖重而可治; 1569년 7월 15일, 제2책, 69쪽. 許浚來議羅德明藥材而去"

30　『미암일기』1568년 2월 22일. "許浚 送老子文則造化論三書來 甚感且喜"

31　『미암일기』1568년 4월 20일. "許浚 送左傳十冊 唐本毛詩來"

32　유희춘의『미암일기』에는 허준 이외의 다른 의관들이 방문한 예가 상당수에 이르지만 허준과 같이 서책을 선물한 경우는 한 번도 없다. 『의림촬요(醫林撮要)』「본국명의(本國名醫)」항목을 보면 허준은 어려서부터 공부를 좋아하여 경사(經史)에 두루 박학했다고 한다.

33　『미암일기』1568년 3월 14일. "書冊僧宋希精來謁 參同契皇華集謏文瑣錄杜詩等而去"

34　『미암일기』1568년 7월 24일.

35　『미암일기』1569년 6월 23일. "許浚 被招來 議說腫病而去"; 1569년 6월 29일. "余自昨日 覺面左邊有腫 今日聞許浚之言 以地龍汁塗之"; 1569년 9월 9일. "昨夕(中略) 許浚 來議小菟絲圓製事"

36　『미암일기』1569년 7월 2일. "許浚來謁 令往視宋四宰之疾"

37　김호, 「17세기 초 예안 사족 김광계의 접빈객과 일상정치」, 『일기를 통해 본 양반들의 일상세계』(새물결, 2017).

38　김호, 「16~17세기 조선의 지방 醫局 운영-경북 영주의 濟民樓를 중심으로」, 《국학연구》37(2018); 김호, 「'향당(鄕黨)의 공공화', 상주 사족의 존애원(存愛院) 설립과 유의 성람」, 《인문논총》80-2(2023).

39　김호, 「환난상휼의 실천, 16·17세기 향촌 사족들의 지방 의국 운영」, 《역사와 현실》127(2023).

40　『미암일기』1569년 윤6월 3일. "爲許浚 通簡于吏判 乃薦于內醫院也"

41　『미암일기』1570년 6월 12일. "楊醫禮壽來言 二黃元一劑 二朔可畢 瓊玉膏一劑 乃一白樽 服至一年 每朝以銀匙 或桑木匙抄取"

42　『미암일기』1573년 1월 5일. "楊禮壽來 余問夫人病藥"

43　『미암일기』1570년 7월 29일. "食後出門 歷訪朴判書和叔 昨日楊禮壽 因余請而往見 以凝神散命藥 昨夕 服一度 頗出汗而熱亦感 (中略) 深喜深喜"

44　『미암일기』1570년 8월 1일. "楊禮壽 來視吾脈 以爲沈緩乃壽徵云" 『미암일기』1570년 8월 12일. "許浚來去"

45　『미암일기』1570년 5월 7일. "朝許浚來謁 議夫人所服吳茱萸丸而去"

46　『미암일기』1570년 6월 5일. "許浚 被余招來 見韓景斗金晋而去"

47　『미암일기』1570년 6월 30일. "許浚來議羅仲孚男濕藥胃苓湯而去"

48　『미암일기』1570년 9월 22일. "許浚 持所製二黃元八兩來"

49　『미암일기』1570년 12월 12일. "以許浚所貽二黃元八兩一劑 贈夫人令服"

50　『미암일기』1571년 7월 15일. "參禮察訪 自京下來 金堯敍 極感厚遺 許浚送二香來"

51　『미암일기』1571년 11월 2일. "希春以被推考 不得入副提望 只爲同知中樞府事 得閑於久勞之餘 以爲幸 僉知李遜司諫愼喜男大司憲盧守愼衛將李湛正郎許忠吉金山郡守成世平內醫僉正許浚生員許筬並來去"

52 『미암일기』 1571년 11월 7일; 1571년 11월 27일.

53 『미암일기』 1573년 3월 8일. "許浚來受了鄭判書書簡 乃內醫院提調處
乞鹿茸也"

54 『미암일기』 1573년 11월 3일. "內醫正許浚 石守道來謁 守道居水標石
里 與我隣居 生員誠之父而癸酉生也"

55 『미암일기』 1574년 3월 26일. "內醫許浚來謁 余令視光龍之病 浚以加
入平胃元麥門冬淸肺飮等藥 命之"

56 『미암일기』 1574년 4월 29일. "校書館人持司中許浚來聽我言 明日赴
權得卿家 點其兒應針之穴爲計"; 1574년 5월 18일. "昨與許浚 論尹寛
中濕渴證 以爲宜服乾葛桑枝湯 今日送桑枝湯服來"

57 『우계집(牛溪集)』 권4 「答鄭二相-澈-書」.

58 『한고관외사(寒皐觀外史)』 참조.

59 『미암일기』 1570년 7월 29일. "食後出門 歷訪朴判書和叔 昨日楊禮壽
因余請而往見 以凝神散命藥 昨日服一度"

60 양지수는 의관으로 활동하다가 임진왜란 중 포로가 되자 강에 투신
자살했다.(『선조실록』 권132 선조 33년 12월 1일)

61 『미암일기』 1568년 10월 24일. "昨日政 上以備忘記 下敎吏曹曰 醫楊
仁壽 潛邸時師傅也 此人東班六品敍用可也 予自不能忘昔日之恩 故言
之爾 吏曹回啓 仁壽乃微賤之人 東班似難 上又敎雖至微至賤 師傅之
恩 不可忘也" 언론의 반대로 동반직의 제수가 어렵자 선조는 양인수
를 상호군에 임명했다.

62 『어우야담(於于野談)』. "禮壽門寒人也 急於祿仕 遂應醫科爲名醫 其方
用伯術治百病 速效如神"

63 『어우야담』. "楊禮壽 昭敬大王朝太醫也 幼時謁鄭湖陰于直廬 湖陰方
讀陽節潘歷代論 謂禮壽曰爾亦志學也 仍誨其論 去其冊使誦之 禮壽應
口而誦 終篇不錯 湖陰大驚曰 以爾之才學文章 當傳我衣鉢"

64 『이향견문록』 권9 「古 4653-10」(서울대 규장각 소장). "楊禮壽 字敬南 號

退思翁 太醫也 學于山人張漢雄 神於醫理著醫林撮要"

65　『성소부부고(惺所覆瓿藁)』 권8 「張山人」. "張山人名漢雄 不知何許人也 自其祖三世業瘍醫 其父常飴商陸 能視鬼而役使之 年九十六 如四十許 人 出家去莫知所終 臨行以二卷付之 乃玉樞經及 運化玄樞也 山人受 之 讀數萬遍 亦能呼召神鬼 治瘡癤 輒已之 四十出家 入智異山 相逢異 人 受煉魔法 又讀修眞十書 坐空菴 不食三年餘 一日行次中 二僧隨之 至林薄間 有雙虎出而伏仰 山人叱之 虎耳搖尾 若乞命者 山人自騎其 一 令二僧竝跨其一 至寺門 虎伏而退去 住山十八年而回 至洛居于興 仁門外 六十而兒不衰"

66　김동욱, 『(국역)청야담수』 「허준」(2004).

67　『동의보감』 「내경편」에는 도가 의학의 정수가 모아져 있다. 『동의보 감』 편찬 작업의 초기 구성원이었던 정작(鄭碏)도 성리학자이면서 동 시에 도가에 밝은 유의였다.

68　장윤수, 『송당 박영, 문무겸비의 도학자』(예문서원, 2017).

69　『흠영(欽英)』 「楊禮壽傳」. "諭禮壽曰國人有病 何必唐藥料然後 始可治 哉 爾其以鄕材製藥 禮壽退而撰鄕藥集驗方三卷 其方全用人蔘 盖旣不 用唐材 故不得不歸重於蔘也"

70　선조 대 명의로 양예수와 안덕수 두 사람이 유명했다.(『이향견문록』 권8 「安醫師德壽」. "安德壽 宣廟時名醫也 年老多病 罕與人相接 而其診病命藥 百無一失 有一人遇邪祟 沈痛累月 德壽以藥療之 其證五變 藥亦五變 皆見效 夢有一人謂曰 吾 與若人 有世讐 告上帝 必殺之乃已 公以藥治之 吾將不勝公矣 明當變證 公若更變新 藥 當移讐於公矣 德壽異之 其家來問其病 德壽以疾辭 其人竟不救 (震彙續考)"

71　『어우야담』 「醫藥」. "楊禮壽 (中略) 其方用伯術治百病 速效如神"

72　『찬도방론맥결집성(纂圖方論脈訣集成)』 「찬도맥결발(纂圖脈訣跋)」.

73　『선조실록』 권24 선조 23년 12월 25일(계사).

74　『언해두창집요(諺解痘瘡集要)』 「跋文」.

75　『선조실록』 권25 선조 24년 1월 3일(경자), 4일(신축).

76 『백주집(白洲集)』권17「孝子通訓大夫行比安縣監朴公墓碣銘」.

77 『백헌집(白軒集)』권38「吏曹判書靑松君沈公諡狀」.

78 『언해두창집요』「발문」.

79 『언해두창집요』「발문」.

80 『내의원선생안』「서문」.

81 『광해군일기』권2 광해군 즉위년 3월 20일(정미). "兩司啓請 許浚依律
    定罪 (중략) 答曰 許浚事已諭不允" 이하 며칠간 이와 비슷한 논쟁이
    있었으나 결론은 마찬가지였다.

82 『대동야승(大東野乘)』「정무록(丁戊錄)」1607년 11월 12일.

83 『계암일록(溪巖日錄)』1607년 12월 8일. "聞臺諫 以許浚用藥不當 啓請
    罪 自上不允 ○先是 上疾篤氣絶及甦 見許浚在側 大發怒曰 以此漢用
    藥之誤 故我至此 欲杖之 至是臺諫請罪 盖浚爲內醫 柳永慶爲提調 因
    緣付托 其至臺諫 欲先攻浚 以及柳也 上不聽 奈何"

84 『연려실기술(燃藜室記述)』권23「仁祖朝故事本末」. 선조가 승하하니
    중독이라는 소문이 돌았다. 유의(儒醫) 성람이 입시하였다가 나와서
    말하기를, "임금의 몸이 이상할 정도로 검푸르니 소문이 헛말이 아니
    다."라고 했는데 그 말을 들은 조익(趙翼), 권득기(權得己) 등이 끝내 광
    해조에 벼슬하지 않았다.

85 『광해군일기』권15 광해군 원년 4월 23일(갑술). "司諫院連啓 請圍籬
    安置許浚 答曰 許浚昔予幼沖時 多有功勞 近來予之疾病連仍 而在京
    之醫 術業固陋 不敢放還者 以公議爲重也 渠聞此奇 自常懲木戈 不須
    至於加罪 勿爲煩雜"

86 『벽역신방』「唐毒疫」. "臣歷考古今方書無唐毒疫之病名 又無治唐毒
    疫之方法 蓋罕世之酷疾也 今年自春徂夏疫癘盛行 自夏以後毒疫竝起
    人多死亡 蓋癸年屬火運故也 其爲病酷悍暴烈 實異於尋常瘟疫 閭閻苦
    之號爲唐毒疫 蓋病之惡者謂之唐 如唐瘧唐瘡之類是也"

87 『분서집(汾西集)』권11「丙子亂後-集舊藏屛障記」.

2 동의의 전통을 수립하다

1   『월사집(月沙集)』 권39 「東醫寶鑑序」.

2   『동의보감』 「집례」. "臣謹按人身內有五藏六府 外有筋骨肌肉血脉皮膚 以成其形 而精氣神 又爲藏府百體之主 故道家之三要 釋氏之四大 皆謂此也 黃庭經有內景之文 醫書亦有內外境象之圖 道家以淸靜修養 爲本 醫門以藥餌鍼灸爲治 是道得其精 醫得其粗也"

3   『동의보감』 「집례」. "今此書, 先以內景精氣神藏府爲內篇 次取外境頭面手足筋脉骨肉爲外篇 又採五運六氣 四象三法 內傷外感 諸病之證 列爲雜篇 末著湯液鍼灸 以盡其變 使病人開卷目擊 則虛實輕重吉凶死生之兆 明若水鏡 庶無妄治夭折之患矣"

4   중국의 금·원 시대에 한의학의 유파들이 발전했는데, 특별히 유하간 (劉河間), 장자화(張子和), 이동원(李東垣), 주단계(朱丹溪) 네 명이 유명 하여 이들을 금·원 사대가라고 부른다.

5   『동의보감』 권1 「집례」 참조.

6   『동의보감』 「신형장부도」 참조.

7   『동의보감』 「내경편」 권1 身形 保養精氣神 참조.

8   『퇴계선생문집(退溪先生文集)』 권12 「與朴澤之」.

9   『퇴계선생문집』 권12 「與朴澤之」.

10   『동의보감』 「신형장부도」 참조.

11   『동의보감』 「집례」. "古人藥方所入之材 兩數太多 卒難備用 局方一劑 之數 尤多 貧寒之家 何以辦此"

12   『동의보감』 「집례」. "古人云 欲學醫先讀本草 以知藥性 但本草浩繁 諸家議論不一 而今人不識之材居其半 當撮取方今行用者 只載神農本經 及日華子註 東垣丹溪要語 且書唐藥鄕藥 鄕藥則書鄕名與産地及採取 時月 陰陽乾正之法 可易備用而無遠求難得之弊矣"

13   『동의보감』 「탕액편」 권1 탕액서례 用根梢法. "大凡藥根有上中下 人

之身半以上用頭 在中焦則用身 身半以下則用梢"

14　『동의보감』「탕액편」권1 탕액서례.

15　김호, 「18세기 후반 居京 士族의 衛生과 의료:『欽英』을 중심으로」, 《서울학연구》11(1998) 참조.

16　『청장관전서』권6「이낙서(李洛瑞)에게 주는 편지」참조.

17　홍한주, 김윤조 외 옮김,『지수염필』(소명출판, 2013), 102쪽 참조.

18　박지원, 김혈조 옮김,『열하일기』1(돌베개, 2009), 69쪽 참조.

19　『산림경제(山林經濟)』권3「구급」타박상."瘀血在內 煩悶欲死 蒲黄三錢 熱酒調服 又白楊樹皮 酒漬飲之 又生麻根葉擣 取汁 飲一升 非時則取乾麻煮汁飲 又童尿熱飲一二升 卽甦 又犬屎 燒存性爲末 熱酒調服二匙 犬膽一枚 分二次 溫酒調服 惡血盡下 寶鑒 打撲傷 痛不可忍 取蔥白 入煻火煨 乘熱擘開 其中有□便 罨傷處 冷則易熱者 須臾痛定 又芥子和生薑研 微炒 貼之亦妙 (寶鑒)"

20　『산림경제』권4「구급서」.

21　『지봉유설(芝峯類說)』권18 기예부「方術」."醫藥與卜筮並稱 而醫者救死濟生 卜者避凶趨吉 其初皆出於聖人 固不可小之也 我國之人 不尙襍技 近代唯朴世擧 孫士銘·安德壽·楊禮壽·許浚以醫著 鄭希良·鄭磏·金孝明·韓億齡·咸忠獻以卜鳴 今時則絶無可稱者 卜則然矣 醫尤甚焉"

22　『청성잡기(靑城雜記)』권4「성언」."我國需世之書 多出於卑微 喪禮備要 始於申義慶 武藝諸譜 成於韓嶠 東醫寶鑑 成於許浚 魚叔權輯攷事撮要 而掌故者取之 林芑註剪燈新話 而吏胥皆學之 五人者 皆庶孽也 華東正音 成於朴性源 三韻聲彙 成於鄭忠彦 而洪啓禧攘爲其物 二者竝委巷也"

23　『선화봉사고려도경(宣和奉使高麗圖經)』권22「잡속」.

24　『동의보감』「내경편」권1 身形 單方 松脂."服葉法 取葉細切 更研 酒下三錢 亦可粥飮和服 亦可以炒黑大豆 同搗作末 溫水調服 更佳 (俗方)"

25　『동의보감』「잡병편」권9 雜方 造煎藥法."白薑五兩 桂心二兩 丁香·胡

椒各一兩半(已上另爲細末) 大棗(蒸去核取肉爲膏)二鉢 一鉢爲三升 阿膠·煉蜜各三鉢 右先熔膠 次入棗蜜消化 乃入四味藥末 攪匀煎微溫 下篩貯器 待凝取用 (俗方)"

26   김호,「조선 왕실의 藥膳 '煎藥' 연구」,《진단학보》100(2005).

27   『동의보감』「내경편」권4 大便 老人秘結 三仁粥. "治大便秘結 老人虛人皆可服 桃仁·海松子仁各一合 郁李仁一錢 右同擣爛 和水濾取汁 入碎粳米少許 煮粥 空心服 (俗方)"

28   『동의보감』「탕액편」권2 蟲部 蝎(전갈). "我國昌德宮後苑及黃州 時有生者 盖貿諸中朝而來時散失者也 (俗方)"

29   『동의보감』「잡병편」권9 雜方 煮酒. "好淸酒一瓶 入黃蠟二錢 胡椒(硏)一錢 緊封口 置一撮濕米於其上 重湯煮之 其米成飯卽成矣 取出放冷用 (俗方)"

30   『산림경제』권2 治膳 釀酒 煮酒. "以上好淸酒一瓶 胡椒黃蜜各一錢 用陶缸盛 置於釜內 從絃置水煮之 經時乃出 煮時瓶數 多少任意 (攷事)"

31   『동의보감』「잡병편」권9 雜方 造紅燒酒法. "凡燒酒煮取時 先將紫草細切 納於缸中 一瓶燒酒 則紫草五錢或七錢爲準 乃承取熱燒酒於紫草缸中 停久則其色鮮紅可愛 (俗方)"

32   『산림경제』권2 治膳 釀酒 內局紅露酒. "一瓶承露時 以芝草一兩細切置于瓶口 則紅色濃深 內局 則以淸酒 用銀器煮取 故與外處燒酒不同上同"

33   『동의보감』「잡병편」권9 雜方 白花春. "糯米一斗 百度洗淨 浸一盆水中 過三日 蒸熟 以所浸水澆之 入白麴 如常法釀之 過三日卽成美醞 白蟻浮上最佳 (俗方)"

34   『오주연문장전산고』「酒典考辨證說」. "名酒爲春之始 安定郡王 以黃柑釀酒 名曰洞庭春色 其酒色香味三絶 唐人仍以名酒 如富水春若下春土窟春石凍春 (중략) 我東則有壺山春百花春之名"

35   『동의보감』「잡병편」권9 雜方 作酒本. "白米一升 洗淨浸水中 冬十春

秋五夏三日 待米透心潤濕 取米蒸爛熟 入麴小許 以手搦按 十分調匀
納缸中封口 冬置溫處 夏置涼處 待消化成酒乃取用 其味微酸澁而滑爲
好 (俗方)"

36　『의림촬요』권13 雜方.

37　『동의보감』「잡병편」권9 雜方 芙蓉香.

38　『동의보감』「잡병편」권9 雜方 衣香."茅香(蜜炒)一兩 白芷五錢 沈束香·
白檀香·零陵香·甘松香·八角香·丁香·三乃子各二錢 右幷爲矗末 入小
腦二錢末和匀 作一貼 置衣箱中最佳 夏月尤好 (俗方)"

39　『동의보감』「잡병편」권9 雜方 六香膏."其滓作團 於火中燒之甚佳 謂
之江梅香 (俗方)"

40　『동의보감』「잡병편」권9 雜方 六香膏."治多寒凍傷皸瘃 白檀香·沈
束香·丁香·零陵香·甘松香·八角香 各一兩 爲矗末 入三升蜜中浸之
封口 經七日或十日 取出 於火上微溫 下篩去滓 乃入三乃子細末五錢
小腦末三錢 冬瓜仁細末七兩或十兩 攪匀 再下疏篩 貯器中用之"

41　『연산군일기』연산군 11년(1505) 12월 29일.

42　『동의보감』「잡병편」권9 雜方 臘享膏."治凍瘡 臘猪脂·猫油各二兩
半 香油二合半 海松子油一合 明松脂·黃蠟各三兩七錢半 右各煉去滓
熔化成膏 待凝 貯器中 塗之 (俗方)"

43　『동의보감』「잡병편」권2 風 卒中風救急."卒中風不省 通用至寶丹·牛
黃淸心元·龍腦蘇合元方見氣門·牛黃金虎丹 以竹瀝·薑汁·香油·童便
調和 灌下 (俗方)"

44　『중종실록』중종 27년(1532) 11월 4일.

45　『중종실록』중종 33년(1538) 9월 2일.

46　『구급이해방(救急易解方)』「中風」至寶丹.

47　『동의보감』「잡병편」권2 風 風有中血脈中腑中臟之異 至寶丹."安息
香 性硬難化 倉卒難用 宜減半 代煉蜜爲佳 (俗方)"

48　『동의보감』「잡병편」권2 風 風有中血脈中腑中臟之異 至寶丹."治卒

中急風不語 不省人事及風中藏 精神昏冒 犀角·朱砂·雄黃·琥珀·玳
瑁各一兩 牛黃五錢 龍腦·麝香各二錢半 銀箔五十片 金箔五十片(內半
爲衣) 安息香(以酒濾去沙土淨)一兩 熬膏 右爲末 入安息香膏搜和勻 一兩
分作四十丸 人參湯化下一丸 一日二三服 (局方)"

49　『승정원일기』인조 13년(1635) 6월 19일.

50　『의림촬요』권3「火熱門」.

51　『동의보감』「잡병편」권3 火 火有上中下三焦之異 淸金降火丹. "治心
肺虛熱 天門冬·麥門冬·蓮實 各一兩 五味子五錢 砂糖五兩 龍腦三分
右爲末 蜜和兩作二十丸 含化嚥下 (俗方)"

52　『동의보감』「잡병편」권7 邪祟 蘇合香元. "蠟紙裹一丸如彈子大 當心
帶之 一切邪神不敢近 又取二七丸浸一瓶淸酒中 時時溫服 令微醺 邪
氣自絶 (俗方)"

53　『납약증치방(臘藥症治方)』(국립중앙도서관 소장본). "臘劑各種 証治與使
用之法 雖詳載方書 而考閱未易 且遠外窮鄕 雖得刀圭 未知下用之方
人多病之 玆摘古方要語 刊印以傳"

54　신동원, 「臘藥, 『언해납약증치방』, 그리고 허준」,《한국의사학회지》
13-2(2000).

55　『납약증치방』「牛黃淸心元」. "治中風不語 恍惚煩鬱 痰熱 傷寒發熱 心
氣不足 神志不定 一切病發熱等症 又治卒中風 不省人事 痰涎壅塞 精
神昏憒 言語蹇澁 口眼喎斜 手足不收 每取一丸 溫水化下"

56　『동의보감』「내경편」권2 痰飮 單方 木瓜. "木瓜煎 治痰益脾胃 木瓜蒸
爛取肉 硏搗篩去滓 量入煉蜜·薑汁·竹瀝 攪和作煎 每取一大匙 嚼下
日三四次 (俗方)"

57　『동의보감』「외경편」권1 眼 內障 肝虛雀目. "牛肝作膾 食之妙 (俗方)"

58　『사의경험방(四醫經驗方)』目部 雀目. "雀頭取血 點眼中 食猪牛肝 決明
子地膚子五戔 爲末 粥丸服"

59　『동의보감』「외경편」권4 前陰 單方 牛外腎. "治疝痛 牛陰莖灸乾作末

溫酒調服 (俗方)"

60 『동의보감』「외경편」권4 前陰 單方 貂鼠四足. "青鼠足 黃獷足亦同 (俗方)"

61 『동의보감』「잡병편」권1 汗 單方 忍冬草. "能出汗 (俗方)"; 清酒 "能發汗 (俗方)"

62 『동의보감』「잡병편」권2 風 單方 鵲. "治中風喎斜 取生鵲 劈開腹及血熱 貼喎緩處卽正 (俗方)"

63 『동의보감』「잡병편」권3 寒(下) 單方 葱酒. "治感寒初覺 連鬚葱白細切 投熱酒中飲之取汗 差 (俗方)"

64 『동의보감』「잡병편」권3 寒(下) 單方 菉豆粥. "治傷寒 熱病 煩渴 煮作粥 常服之 (俗方)"

65 『동의보감』「잡병편」권3 暑 單方 馬通. "臘月 馬糞乾者 煎湯飲之 治一切暑病 (俗方)"

66 『일성록(日省錄)』정조 즉위년(1776) 6월 3일.

67 『동의보감』「잡병편」권4 內傷 單方 荏子. "善解燒酒毒 生食之 或荏及藤 擣汁飲 (俗方)"

68 『동의보감』「잡병편」권6 脹滿 單方 蘿蔔子. "蘿蔔取子 陳根煮服亦佳 (俗方)"

69 『동의보감』「잡병편」권6 脹滿 單方 大麥麪. "治脹 常食最佳 大麥飯亦好 (俗方)"

70 『동의보감』「잡병편」권9 解毒 救諸中毒方 豆腐毒. "過食豆腐 腹脹氣塞欲死 新汲水多飲卽安 若飲酒卽死 (俗方)"

71 『동의보감』「잡병편」권9 解毒 通治單方. "中蠱人 常服燒酒與大蒜 最妙 (俗方)"

72 『동의보감』「잡병편」권9 解毒 救諸中毒方 燒酒毒. "過飲燒酒中毒 則面青口噤 昏迷不省 甚則腐腸穿脇 遍身青黑 或吐下血 死在須臾 初覺便脫衣推身袞轉之無數 吐之卽甦 又以溫湯裸體 浸灌常令溫煖 若灌冷

水卽死 又取生苽及蔓 搗取汁 斡開口灌之不住 又碎氷 頻納口中及肛
門 又葛根搗取汁 灌口中 漸醒而愈 (俗方)"

73　『산림경제』권4 「구급」소주독.

74　『동의보감』「잡병편」권5 咳嗽 喘嗽熏藥. "無款冬花 則用紫菀茸 如上
法熏之 亦佳 (俗方)"

75　『동의보감』「잡병편」권6 黃疸 單方 鮒魚. "主黃疸 作膾和五味食之 又
取活者 置水中常常看之 日一易 最效 (俗方)";「잡병편」권6 黃疸 單方
鯉魚 "治黃疸 如鮒魚法用之 (俗方)"

76　『언해구급방』권상(上) 「단곡불기약(斷穀不飢藥)」.

77　『동의보감』「잡병편」권4 內傷 單方 牛肚. "卽牛臟也 主補益脾胃 可蒸
爛 和五味食之 (俗方)"

78　『동의보감』「잡병편」권6 消渴 單方 獼猴桃. "止消渴 取霜後熟者 常啖
之 又和密作正果 尤佳 (俗方)"

79　『연산군일기』연산군 8년(1502) 10월 7일.

80　『동의보감』「잡병편」권4 內傷 單方 茶. "消宿食 溫煖飲之 雀舌茶亦可
(俗方)"

81　『신선태을자금단방』「紫金丹」. "治蠱毒 狐狸鼠蟒 惡菌河豚 死牛馬肉
毒 山嵐瘴氣毒 諸藥金石草木鳥獸百蟲一切諸毒 癰疽惡瘡瘭疹赤瘤丹
腫 每用半錠或一錠 薄荷湯下 自縊落水鬼迷驚死 心頭溫者 並令冷水
磨灌卽醒 又蛇犬所傷 諸惡蟲傷 以酒磨服 以水磨塗傷處 諸腫毒亦可
塗之"

82　김성수, 「신선태을자금단(神仙太乙紫金丹) - 조선의 만병통치약」《인문
논총》67(2012).

83　『동의보감』「잡병편」권9 태을자금단. "一名紫金錠 一名萬病解毒丹
治蠱毒挑生毒狐狸鼠莽惡菌河豚死牛馬肉毒山嵐瘴氣毒 諸藥金石草
木鳥獸百蟲 一切諸毒 蚊蛤(去蟲土) 三兩 山茨菰(去皮焙) 二兩, 紅芽大
戟(洗焙) 一兩半 續隨子(去皮油) 一兩 麝香 三錢 右爲末 糯米粥和勻搗

240

千餘杵 每一料分作四十錠 每服半錠 重者一錠 幷用薄荷湯化下"

84 『납약증치방』「神聖辟瘟丹」."留傳在世間 正元焚一炷 四季保平安"

85 『동의보감』「내경편」권4 大便 大小便不通 導便法."俗方 以淸醬香油
相和 灌肛內卽通 或以生桔梗浸油醬 挿入肛內亦通"

86 『산림경제』권4「구급」대변불통.

87 『동의보감』「외경편」권1 眼 外障 偸鍼."拔去睫毛 卽自消 (俗方)"

88 『동의보감』「외경편」권1 眼 點眼藥 楓膏."治爛弦赤腫流淚 楓葉多取
濃煎汁 去滓熬成膏 取以點眼 又楓葉細切 和燒酒蒸絞取汁 點眼亦效
(俗方)"

89 『동의보감』「외경편」권2 咽喉 獸骨髓 引鯁法."弓弦 槌令頭散 呑引之
亦出 (俗方)"

90 『동의보감』「외경편」권2 咽喉 單方 瓠花上飛蛾."治咽喉腫痛閉塞 燒
爲末 吹入喉中 神效 (俗方)"

91 『지봉유설』권19 食物部 藥."俗方 咽喉腫痛閉塞 瓠花上飛蛾燒爲末
吹入喉中 或云其蛾有龍腦臭者乃效 蓋能散氣故也"

92 『의령(醫零)』雜說6."咽喉腫痛閉塞 瓠花上飛蛾 燒爲末吹入喉中"

93 『동의보감』「외경편」권2 頸項 單方 蓖麻葉."治風濕項强 常傅之爲妙
(俗方)"

94 『의림촬요』권1 痛風門;『의림촬요』권2 濕證門;『의림촬요』권2 腫脹
門 등에 피마자 잎을 부착하도록 했다.

95 『동의보감』「외경편」권4 足 肉刺."又大棗去核付貼 候爛剔去 (俗方)"

96 『동의보감』「잡병편」권8 癰疽(下) 單方 茨菰."取根莖 搗付腫毒癰上
卽消 水煎服亦效 (俗方)"

97 『청장관전서』권61「太乙紫金丹」.

98 『동의보감』「잡병편」권9 諸傷 攧撲墮落壓倒傷 酒糟."主打撲墮落損
傷 瘀血腫痛 酒糟和醋滓 蒸溫熨之妙 (俗方)"

99 『언해구급방』권상(上)「총위법(蔥熨法)」."蔥白細切二三升炒熱 分兩

包 互熨臍中 冷則再炒蔚之 以手足溫爲效"

100 『동의보감』「외경편」권3 腹 單方 葱白. "主腹冷痛 濃煎湯飮之 又細切
和鹽炒 熱熨之良 (俗方)"

101 『동의보감』「외경편」권3 皮 單方 鹽湯. "海水浴 尤妙 (俗方)"

102 『양곡선생집(陽谷先生集)』권10 「贈醫僧景徽」. "余嘗患脚氣 偏腫在左
膝 遍問諸名醫 皆云風濕毒 或云浸鹽湯 或云服注藥"

103 『산당집(山堂集)』권2 「蒸室記」.

104 『동의보감』「잡병편」권7 癰疽(上) 癰疽湯洗法 鹽湯. "溫洗癰疽毒腫
日二三次最妙 (俗方)"

105 『동의보감』「잡병편」권7 癰疽(上) 癰疽湯洗法 桑灰水. "去瘡中膿血
毒水 桑灰淋汁侵洗 (俗方)"

106 『동의보감』「잡병편」권8 癰疽(下) 單方 生龜. "刺取血 塗癰疽腫毒卽
消 神驗 (俗方)"

107 『동의보감』「잡병편」권9 諸傷 金刃傷 熟艾. "搨金瘡 止血止痛 易合
或煎湯或熏烟亦好 (俗方)"

108 『동의보감』「잡병편」권8 諸瘡 軟癤 大黃膏. "治軟癤 大黃·黃柏·當歸
各等分 右爲末 以生地黃汁調塗之 (俗方)"

109 『동의보감』「잡병편」권8 諸瘡 有名無名諸惡瘡 黃蠟膏. "治諸瘡 能生
肌 香油·黃蠟·松脂各等分 右熔化 待凝貼之 加油髮灰尤妙 (俗方)"

110 『두창경험방(痘瘡經驗方)』「출두종일(出痘終日)」.

111 『승정원일기』영조 1년(1725) 5월 29일.

112 『동의보감』「잡병편」권11 小兒 起脹三朝 又方. "烹鼠水 治不起脹 雄
鼠大者一枚 去腸肚洗淨 以水煮熟 取汁服 臘月者尤佳 (俗方)"

113 『동의보감』「잡병편」권11 小兒 痘瘡諸證 黑陷 一方. "烹鼠水 溫服 (俗方)"

114 『언해두창집요』권下 「痘瘡諸證」2 黑陷. "猪尾膏 龍腦一錢 刺取小猪
尾尖血 和丸小豆大 淡酒或紫草飮化下 熱盛則新汲水化下 盖猪尾無一
時休息 取振掉發揚之意也"

115 『지봉유설』권19 食物部 藥. "猪尾膏者 能起死回生 治痘陷之聖藥也
舊俗於小兒痘症 禁忌用藥 坐而待死 先王朝御醫許浚始用此藥 救活甚
眾 自是閭巷之人 得免夭札者多矣"

116 『산림경제』권3「구급」두창경험방(박진희).

117 『급유방』권5「마진-속홍역」.

118 『동의보감』「잡병편」권11 小兒 起脹三朝 又方. "蕎麥麵 能發起痘疹
取細末作粥 和砂糖服 (俗方)"

119 『동의보감』「잡병편」권11 小兒 起脹三朝 又方. "母酒能令痘肥脹 取
母酒 和水猛煮以殺酒毒 乃服之 亦能補氣 (俗方)"

120 『동의보감』「잡병편」권11 小兒 飲食 痘疹宜食物. "宜食菉豆·赤小痘·
黑豆·雄猪肉(山猪尤佳)·石首魚·廣魚·鰒魚·薯蕷·海松子·葡萄·栗子(煨
之佳)·蔓菁·蘿葍·苽菹·軟白飯·糯米粥(泄瀉可食)·蕎麥麵)起脹可食)·
母酒(起脹可食)·雪糕·砂糖. (俗方)"

121 『동의보감』「잡병편」권11 小兒 痘瘡諸證 便秘 油醬法. "治大便久不
通 香油·淸醬各一合 攪令十分和勻 以小竹筒 揷入肛門內 取油醬 灌
入竹筒內 令人吹之 令漸入 或以物推入肛內卽通 (俗方)"

122 『동의보감』「잡병편」권11 小兒 痘瘡諸證 稀痘湯. "卽秘傳稀痘湯也
凡痘收醫時 取母湯 微溫洗面 則無瘢痕 洗半面 則半面無瘢痕 神效
(俗方)"

123 『동의보감』「잡병편」권11 小兒 秘傳稀痘湯. "六月上伏日 採葫蘆嫩蔓
數十根 陰乾 遇正月初一日五更 勿令人知 將葫蘆蔓安鍋內 燒湯一盆
洗未出痘小孩兒 渾身頭面上下 無處不洗到方可 此後卽不出痘"

124 『동의보감』「잡병편」권10 婦人 胞衣不下 一方. "又方 取三姓家雞
卵三枚 三姓家水各一匙 三姓家鹽各一撮 相和頓服 仍探口令嘔 卽下
(俗方)"

125 『동의보감』「잡병편」권10 婦人 胞衣不下 一方. "又以葱白濃煎湯 熏
洗下部 卽下 (俗方)"

126	『동의보감』「잡병편」 권10 婦人 産後發熱 一方. "婦人月經水 飮之 最妙 (俗方)"

126 　『동의보감』「잡병편」권10 婦人 産後發熱 一方. "婦人月經水 飮之 最妙 (俗方)"

127 　『동의보감』「잡병편」권10 婦人 下乳汁 又方. "毋酒煮服良 (俗方)"

128 　『동의보감』「잡병편」권10 婦人 小兒初生救急. "初生 穀道無孔 不得大便 急用金玉簪尖 看其的處 刺穿作孔 以蘇合香元少許作鋌 納孔中 或以油紙撚紝住 不令再合 (俗方)"

129 　『언해두창집요』권상「해독면두방(解毒免痘方)」.

3 조선의 생물을 탐구하다

1 　『모재선생집』권11「送禮曹尹參議朝京師序」. "抑又聞之 醫藥以濟人 聖王至仁之政 而藥物之産 因土地之宜 散出天下 不能所在而得 一劑之合 一藥或缺 則藥不成藥 而無治病之理 海內雖廣 往來無阻 人得貨貿 無遠不致 吾東國僻處一隅 藥品之所出 未當中國十分之一二 封疆限隔 拘以時制 道途不相通 其産于中土者 無得以致之 用一二分之藥物 欲以救千萬變之證疾 宜其夭札相望 縱有神醫 不得有所施其術也 豈不可矜矣哉"

2 　『태촌선생문집(泰村先生文集)』권4「效嚬雜記(上)」叢話. "蒲公英 治乳腫之聖藥也 考諸醫書 則云田塍路側皆有之 春初開花 花罷飛絮 而未能的知爲何物也 戊戌春 天兵往來 有五六輩來舍近隣 採一荣烹而食之 問之則曰蒲公英也 卽俗所謂豆應仇羅荣也 開花則花花辮似菊 而折其莖則出白汁 小兒吹以爲聲者也 自後有患乳者 依本方蒲公英二分 忍冬草一分 入酒一盞 水煎服之則立效 誰知賤賤之物 有起死回生之功乎 古之人不棄溲勃 良以此也"

3 　『향약집성방(鄕藥集成方)』권78「本草」草部 上品之上. "女萎(萎蕤) (鄕名) 豆應仇羅"

244

4 　염정섭, 「16세기 후반 경상도 상주의 지역농법: 고상안의 『농가월령 (農家月令)』을 중심으로」, 《농업사연구》 2-1 (2003) 참조.

5 　『동의보감』 「내경편」 권1 東醫寶鑑序. "궁벽한 고을에 의원과 약재가 없어 요절하는 자가 많은데, 조선에는 향약이 많이 산출되지만 사람들이 제대로 알지 못하니 이를 종류별로 나누고 조선에서 부르는 명칭(鄕名)을 병기하여 백성들이 쉽게 알 수 있도록 하라.〔我國鄕藥多産 而人不能知爾 宜分類並書鄕名 使民易知〕"

6 　『동의보감』 「탕액편」 권1 人部 口中涎及唾 입에춤. "又塗諸般腫上 卽消 (俗方)"

7 　『약천집(藥泉集)』 권29 「參同契首章解」.

8 　『광뢰집(廣瀨集)』 권12 「申烈婦李氏傳」.

9 　『산림경제』 권1 攝生 「臞仙導引訣」.

10 　『동의보감』 「탕액편」 권1 人部 婦人月水 겨지븨월경슈. "治陰熱最佳 (俗方)"

11 　『동의보감』 「탕액편」 권1 人部 人屎 사룸의모른똥. "今人取乾者 水漬取汁飮 名曰野人乾 以男人糞爲良 (俗方)"

12 　『동의보감』 「탕액편」 권2 草部(上) 兎絲子 새삼삐. "處處有之 多生豆田中 無根假氣而生 細蔓黃色 六七月結實 極細如蠶子 九月採實 暴乾得酒良 仙經俗方 幷以爲補藥."

13 　『동의보감』 「탕액편」 권2 草部(上) 忍冬 겨♀사리너출. "今人用此 以治癰疽熱盛煩渴 及感寒發表 皆有功 (俗方)"

14 　『동의보감』 「탕액편」 권3 草部(下) 蠡實 붇곳여름. "今人以此治急喉痺 及食牛馬肉發疔腫 最妙. (俗方)"

15 　『산림경제』 권4 「治藥」 신선태을자금단방(神仙太乙紫金丹方).

16 　『동의보감』 「탕액편」 권3 草部(下) 野茨菰 물웃. "生田野處處有之 飢歲人採其根 煮食甚美 (俗方)"

17 　김호, 「五洲 李圭景의 醫藥論: 『五洲衍文長箋散稿』를 중심으로」, 《진

주

단학보》121 (2014).

18 『동의보감』「탕액편」권2 菜部 木頭菜 둘흅. "性平 無毒 煮作茹 作菹 食之佳 處處有之 春初採之 (俗方)"

19 『동의보감』「탕액편」권2 菜部 蘘荷 양하. "我國南方有之 人多種食 (俗方)"

20 『동의보감』「탕액편」권2 菜部 松耳. "性平 味甘 無毒 味甚香美 有松 氣 生山中古松樹下 假松氣而生 木茸中第一也 (俗方)"

21 『다산시문집(茶山詩文集)』권14「跋竹欄物名攷」. "菘菜方言曰拜艸 不 知是白菜之誤也"

22 『성종실록』성종 14년(1483) 2월 11일; 『성종실록』성종 12년(1481) 5월 19일.

23 『동의보감』「탕액편」권2 菜部 桔梗 도랏. "今人作菜茹 四時長食之物 也 (俗方)"

24 『임원경제지(林園經濟志)』「관휴지」권4 桔梗.

25 하영휘 외, 『간찰 속의 조선 시대(경남대학교 데라우치문고)』(국외소재문화 재재단, 2014), 274쪽.

26 위의 책, 275쪽. "今番之會 可以穩矣 而因于 杯酌病 未從容 悵歉殊深 相逢旋別 當作半年之濶 想彼此同此黯然也 就白 頃日在洛時 偶與數 三醫官新結藥契 而所謂上契者 不責出物 只以求請鄉産以補其用爲之 任 凡在親友之爲守宰者 須有以助濟之方 可免黜契之患 貴邑邑于太白 之下 各品名藥多數産出 望以秋來新採 隨所有優濟 如何"

27 『동의보감』「탕액편」권1 禽部 鴻鷀嘴 사두새부리. "腹下有脂 煮作油 塗瘻蝕惡瘡久不差 神效 (俗方)"

28 『동의보감』「탕액편」권1 禽部 鷿脂 고지새. "炙食甚美 能補氣 (俗方)"; 「탕액편」권1 禽部 鷦鷯 아리새 "補氣 炙食甚美 (俗方)"

29 『동의보감』「탕액편」권1 獸部 獺肝 명우릐간. "療結核 瘰癧最效 (俗方)"

30 『동의보감』「탕액편」권1 獸部 猫肉 오스리고기. "俗名土猪 (俗方)"

31 『동의보감』「탕액편」권1 獸部 膃肭臍 "凡使火燎去毛 酒浸一日 微微

火上炙令香 細剉 另研用 如無眞者 以黃狗腎三枚 可代一枚"“今出江
原道平海郡 甚貴難得 (俗方)"

32	『동의보감』「탕액편」권1 獸部 白馬莖 흰몰음깅."煎湯服 治暑病最佳 (俗方)"
33	『동의보감』「탕액편」권1 湯液序例 忌銅鐵藥."白馬莖 以銅刀劈破 忌 犯鐵"
34	『동의보감』「탕액편」권1 獸部 牡狗陰莖 수가히음깅."今治心腹積聚 及落傷瘀血不下 燒存性 和酒服 神效 (俗方)"
35	『동의보감』「탕액편」권1 獸部 貂鼠 돈피."靑鼠셔피 貂鼠同功 (俗 方)";「탕액편」권1 獸部 黃鼠 족져비"四足主疝氣上衝 燒灰服 (俗方)"
36	『동의보감』「탕액편」권2 蟲部 石蟹 가재."與螃蟹不同 形且小 其黃付 久不合疽瘡 螃蟹橫行 石蟹退行 此亦異 生溪澗中 (俗方)"
37	『동의보감』「탕액편」권2 魚部 鮰魚."疑是今之民魚 (俗方)"
38	『동의보감』「탕액편」권2 魚部 𩸴魚 대구."性平 味鹹 無毒 食之補氣 腸與脂 味尤佳 生東北海 俗名大口魚 (俗方)"
39	『동의보감』「탕액편」권2 魚部 比目魚 가자미."卽今廣魚舌魚之類 (俗方)"
40	『동의보감』「탕액편」권2 魚部 八梢魚 문어."性平 味甘 無毒 食之無別 功 身有八條長脚 無鱗無骨 故又名八帶魚 生東北海 俗名文魚 (俗方)"
41	『동의보감』「탕액편」권2 魚部 小八梢魚."比烏賊魚差大 味珍好 卽此也"
42	『동의보감』「탕액편」권2 魚部 小八梢魚."性平 味甘 無毒 形似八梢魚 而小 亦無鱗無骨 生海邊 俗名絡蹄 (俗方)"
43	『성소부부고』說部5 屠門大嚼 八帶魚."卽文魚 産于東海 華人好之"
44	『동의보감』「탕액편」권2 魚部 松魚."性平 味甘 無毒 味極珍 肉肥色 赤 而鮮明如松節 故名爲松魚 生東北江海中 (俗方)"
45	『성소부부고』說部5 屠門大嚼."松魚: 咸鏡江原道多 而捉於海則不佳 卵不及鰱"
46	『성소부부고』說部5 屠門大嚼."鰱魚: 東海有之而卵醢好看"

47 『동의보감』「탕액편」권2 魚部. "鰱魚 性平 無毒 味亦甘美 卵如眞珠而 微紅色 味尤美 生東北江海中 (俗方)"

48 『동의보감』「탕액편」권2 魚部 白魚. "性平 無毒 開胃下食 生江湖中 冬月鑿氷取之 生漢江者尤好 (俗方)"

49 『동의보감』「탕액편」권2 魚部 河狍 복. "與水芹同煮 則無毒云 (俗方)"

50 『동의보감』「잡병편」권9 解毒 諸魚毒及蟹毒. "食鱸魚鯸鮧魚中毒 蘆 根煮汁飮一二升 生汁亦可"

51 『사가집(四佳集)』권20「聞河豚已上 悠然起興有作」.

52 『산림경제』권3「구급」제어독(諸魚毒).

53 『성소부부고』說部5 屠門大嚼 松魚 참조.

54 『동의보감』「탕액편」권2 魚部 靑魚. "非我國之靑魚也 (俗方)"

55 미셸 푸코, 이규현 옮김, 『말과 사물』(민음사, 2012). 푸코는 말과 사물, 즉 명실이 상부해져야 비로소 형이상학(존재론과 인식론)의 안정이 가 능하다고 보았다.

56 『담정유고(薝庭遺藁)』권8 牛海異魚譜「辨瓦壟子」. "蝮亦蛤類 蛤色如 貝 故東方人以蝮殼爲假貝 其大小不壹 而鮮曰生包 淹曰全蝮 包者方 言蝮也 漢書王莽傳言啖蝮魚 卽此蝮也 有一種名瓦蝮 殼圓而大如槃 殼背紫黑色 有溝如瓦屋 殼內渾白 無貝色 肉味似全蝮而尤勝 醫書有 瓦壟子 性凉味鹹 能療婦人癖積癥瘕血塊云 許陽平浚以爲關北所産江 瑤柱殼 江瑤柱亦蛤類 而殼色內外皆白有溝 然但微凹而已 余曾醋炙如 法 用之婦人血病無效 今見此蛤 分明是瓦壟子 聊記之 以待知者 又欲 試之治血云 余牛山雜曲曰 新秋漁戶另相邀 綵蛤登槃五味調 若使陽平 來海嶠 不將瓦壟視江瑤"

57 이두순, 『우해이어보와 다른 어보들』(한국농촌경제연구원, 2017), 106쪽.

58 강희안, 이종묵 옮김, 『양화소록: 선비, 꽃과 나무를 벗하다』(아카넷, 2012) 참조.

59 『세종실록』세종 15년(1433) 6월 1일.

60 『세종실록』세종 30년(1448) 2월 1일.

61 『세조실록』세조 10년(1464) 2월 17일.

62 『동의보감』「탕액편」권2 草部(上) 甘草. "自中原移植於諸道各邑 而不爲繁殖 惟咸鏡北道所産最好 (俗方)"

63 『세종실록』세종 20년(1438) 3월 24일.

64 『동의보감』「탕액편」권3 草部(下) 麻黃. "自中原移植于我國諸邑 而不爲繁殖 惟江原道 慶尙道有之 (俗方)"

65 『동의보감』「탕액편」권3 草部(下) 茴香. "我國種植 隨處有之 (俗方)"

66 『성종실록』성종 17년(1486) 10월 6일.

67 『성종실록』성종 19년(1488) 6월 15일; 안대회, 『담바고 문화사』(문학동네, 2015) 1부 참조.

68 『고운당필기(古芸堂筆記)』권6 「종삼방(種蔘方)」.

69 『동의보감』「탕액편」권2 菜部 絲瓜 수세외. "自中原 得子移種 形如胡瓜 極長大 (俗方)"

70 『의림촬요』권7 「비병문」.

71 『동의보감』「탕액편」권2 果部 無花果. "無花結實 色如靑李而稍長 自中原移來 我國或有之 (俗方)"

72 『어우집(於于集)』권6 「題鄕校里報禮曹狀後」.

73 『사가집』권40 「謝姜晉山寄唐蔬十七種」.

74 『계곡만필(谿谷漫筆)』권1 「南靈草吸煙」. "南靈草吸煙之法 本出日本 日本人謂之淡泊塊 言其草出自南洋諸國云 我國自二十年前始有之 今則上自公卿下至輿臺蕘牧 無不服之 其草不見於本草諸書 未知性氣及主治 但味辛似有小毒 人未嘗菇服 但燒煙吸之 吸多則亦令人暈倒 久服者不必然 世之不服者 僅僅千百之一耳 頃見華人朱佐 浙江慈溪人也 言中國稱南草爲煙酒 或稱煙茶 百年前閩中已有之 今則幾遍天下 治赤鼻最有效 余問此物燥熱 必傷肺 何能治鼻 朱曰 能散滯氣故耳 其言亦有理"

75 안대회, 『담바고 문화사』(문학동네, 2015).

76 『지봉유설』권20 禽蟲部 鱗介 文魚. "名八帶魚 亦名八梢魚 天使王敞
詩 果下已無三尺馬 盤中時有八梢魚是也 東醫寶鑑曰 小八梢魚本草名
章擧魚一名石距 比烏賊魚差大 味珍好 卽今所謂絡締也"

77 『백주집』권16「東醫寶鑑湯液篇小跋」. "此書本軒岐鞭嘗之遺旨 而添
以鄕閭所經驗者 比政化舊本 加詳且要 而於田居擯處者尤切焉 吾家自
有數件 軼於兵亂 今無一권存者 武城李使君士會與家兒爲碩交 念兒編
配荒遠 常以疾病醫藥爲憂 印送此三編 亦古人軼袍戀戀之意也 塞路餘
二千里 數三月無一往來 顧何得以致之哉 姑留此 以待驛使之還者 崇
禎己卯午月 書于雙阜之村舍"

78 『동의보감』「탕액편」권2 草部(上) 麥門冬 겨으사리불휘. "我國慶尙
全羅忠淸道有之 生肥土及海島中 (俗方)"

79 『동의보감』「탕액편」권2 草部(上) 羌活 강호리. "我國 惟江原道 獨活
羌活俱産焉 (俗方)"

80 『동의보감』「탕액편」권2 草部(上) 絡石 담장이. 薜荔 "在石上者爲絡
石 在墻上者爲薜荔 同是一物也 (俗方)"

81 『동의보감』「탕액편」권2 草部(上) 五味子 오미ᄌᆞ. "我國生咸鏡道平安
道 最佳 (俗方)"

82 『동의보감』「탕액편」권3 草部(下) 知母. "我國黃海道多産 品亦好 (俗方)"

83 『동의보감』「탕액편」권3 草部(下) 藁本. "我國慶尙道玄風地有之 (俗方)"

84 『동의보감』「탕액편」권2 菜部 生薑 싱강. "我國惟全州多産焉 (俗方)"

85 『동의보감』「탕액편」권2 草部(上) 黃精 듁댓불휘. "我國惟平安道有之
平時上貢焉 (俗方)"

86 『동의보감』「탕액편」권2 草部(上) 天門冬. "我國 惟忠淸全羅慶尙道
有之 (俗方)"

87 『동의보감』「탕액편」권2 果部 海松子 잣. "處處有之 生深山中 樹如松
柏 實如瓜子 剝取子去皮食之 (俗方)"

88 『동의보감』「탕액편」권2 果部 楷子 비ㅈ.“楷文木也 作板甚有文彩 我國惟出濟州 (俗方)”

89 『동의보감』「탕액편」권2 果部 橘皮 동녕귤.“我國惟産濟州 其靑橘柚子柑子皆産焉 (俗方)”

90 『동의보감』「탕액편」권3 草部(下).〔唐〕零陵香“我國惟濟州有之 然難得 (俗方)”

91 김호,「조선 시대 제주의 주변성과 의료」,《한국학연구》59(2020) 참조.

92 『동의보감』「탕액편」권1 獸部 麝香 국놀의ㅂ l쏙 水麝.“本國麝香 出於咸鏡平安兩地者爲好 然不及於獵子地方出者 (俗方)”

93 『동의보감』「탕액편」권2 蟲部 烏蛇 거믄비얌.“我國黃海道豊川海中椒島有之 常在椒樹上 吸其氣 然最難得 (俗方)”

94 『오주연문장전산고』「辟蛇治咬辨證說」.“有烏蛇 色烏體細 長不滿周尺六七寸 我東則産於海西海中椒島 棲止川椒樹上 性嗜酒 故捕者 以小瓶盛露酒 掛椒樹枝上 烏蛇聞酒氣 入於瓶中 更不得出 仍收取曬乾爲藥”

95 『동의보감』「탕액편」권2 蟲部 土桃蛇 굳비얌.“此蛇黃色 在土窟中 入秋則鳴吼 其聲遠聞 取肉燒灰酒服 治大風 諸風疥癩一切風. (俗方)”

96 『동의보감』「잡병편」권8 諸瘡 大風瘡 愈風丹.“治癩疾深重 一名三蛇丹 治大風 髮脫眉落 遍身麻木瘡爛 烏蛇·白花蛇·土桃蛇 各一條 (并酒浸)三日 取肉爲末 苦參一斤剉搗取頭末四兩 皂角濃煎汁熬膏和丸梧子大 以防風通聖散煎水 呑下五十丸 日二 (入門)”

97 『동의보감』「탕액편」권2 蟲部 白花蛇 거믄비얌.“黑質白章 其文作方勝白花 治風速於諸蛇 一名褰鼻蛇. 生深山谷中, 九十月採捕之, 火乾. 諸蛇鼻向下, 獨此蛇鼻向上, 以此名褰鼻蛇”

98 『동의보감』「탕액편」권3 草部(下) 通草 으흐름너출.“木通通草 乃一物也 處處有之 江原道出一種藤 名爲木通 色黃味苦 瀉濕熱 通水道 有效 治瘡亦效 別是一物也 或云名爲木防己 瀉濕爲最 (俗方)”

99 『동의보감』「탕액편」권2 」蟲部 白蜜 빗흰꿀 白蠟 흰밀. "又有白蠟 出於兩南及濟州 乃水靑木脂也 作燭甚明 非此白蠟也 (俗方)"

100 『동의보감』「탕액편」권3 草部(下) 〔唐〕款冬花. "本經云生我國 今無之 (俗方)"

101 『동의보감』「탕액편」권3 草部(下) 白附子 흰바곳. "本經云生新羅 卽我國所産 今在處有之 (俗方)"

102 『존재선생문집(存齋先生文集)』권7「醫藥」. "吾東藥草之盛 甲於天下 不資外國而其用自足 如鄕藥集成之方 東醫寶鑑之作 亦可侔擬於中朝之醫學歟 方今醫藥是尙 建官設司 有提調以領之 有醫科以取技 上自內院 下及列邑 莫不有局 人無貴賤 皆得用藥 庶幾民無疾病之苦 享有壽考之慶"

103 통신사의 의약 필담에 관한 논의는 김호, 「조선 후기 통신사와 한일 의학교류-필담록을 중심으로」, 《조선통신사연구》6(2008) 참조.

104 정경주 옮김, 『국역 왜인구청등록 2』(부산광역시사편찬위원회, 2005), 106쪽.

105 『한객치험(韓客治驗)』疑問「필담」. "攝陽隱醫 樋口道與淳叟 奉書: 朝鮮國醫院官活菴趙國手 雖未得接芝眉 敢修尺素以候 台範海程萬里 動止佳勝 正堪忻忭矣 僕曾勤刀圭之業 仍其所疑者 今幸欲遇明鑑正之 疑問一件書 尤近年人參藥者 從貴國來 僕等未識其功能 仍考中華書無所戴 僕顧非其可用者 則不可採收也乎 貴國之民 採收而交易者 當有其所堪用而然也 因數試之治 表症之効者多 而補裡之効者劣矣 以人參價貴 而貧乏者不能多服 僕爲渠用此 旣盡數斤也 然以前賢未論之有所首巤焉 貴國醫家 亦有用之乎 幸憐僕愚悃 勿吝敎論 伏祈垂鑑"

106 『한객치험』疑問「필담」. "奉覆攝陽樋口公案下: 未有合簪之契 荷此投牘之眷 致意丁寧 再三披玩 曷勝忻感 僕海陸程程 得免顚沛之患 是所幸也 示論謹悉槩 參葉之用 非古也 籾自數十年來 弊邦鄕曲亦多用之 僕亦嘗因俗用之 而其味辛多甘小 其氣溫而輕浮 如産後感冒者 假其辛甘而散之 賴其參力 而不致重虛 感風者感寒者 和用於解表之劑而

有効焉 至於補益之方 亦未敢試之 弟補瀉在乎 氣味辛甘輕飄之藥 豈
有補虛之功也 然而以其有根液之上湊 故酷猶肉桂之桂枝發中亦有補
固不可比論於蘇葛之專一於解表也 其可用者 産後發熱勞發感冒等症
其不可用者 虛損之病 若不顧其虛實一槩試之 殆妄矣 愚見如斯 足下
以爲如何 萬萬可期 歸路得接淸儀 略此不具 惟希統照"

4 역병에 맞서 백성을 구하다

1   『광해군일기』 1612년 12월 22일. "政院啓曰 目今癘疫熾發 非但咸鏡江
    原兩道 如京城及諸道 已爲傳染 處處皆然 將來之患 亦不止此 不可不
    預爲之備 辟瘟方一書 張數不多 工役易就 速令校書館多數印出 廣布
    中外 以爲救急之地何如 傳曰允"

2   이경록, 「조선 중종 19~20년의 전염병 창궐과 그 대응」, 《중앙사론》
    39(2014).

3   『신찬벽온방』 「서문」. "乃於筵中 上語及民災 惄然不怡 大臣及該官 請
    令內局老醫 博採諸方 更論中外 上遂命陽平君臣許浚 撰定以進 俾廣
    其傳 噫 天心仁愛 人君一念之誠 足以召和致祥 我聖上 眷眷如傷之 澤
    至於此極 臣知是書之布 域中疲病之民 欣欣咸有更生之望 壽域春臺
    之治 只在於一轉移之間 豈不韙哉 書成 命臣略記其事于卷面 時萬曆
    四十一年二月下澣 崇祿大夫行禮曹判書兼弘文館大提學藝文館大提
    學知春秋館成均館事世子右賓客同知經筵事 臣李廷龜 奉敎謹序"

4   김호, 『허준의 동의보감 연구』(일지사, 2000), 130~131쪽.

5   『신찬벽온방』 「火運之勢多疫癘」. "五運之中 戊癸屬火 火有君火相火
    君火爲少陰 相火爲少陽 少陰司天 天下疵疫 少陽司天 疫癘大行 丑未
    之歲 少陰加臨 則民病瘟疫盛行 遠近咸若 火運之歲 熒惑光明 天下疫
    癘 (內經)"

6　『신찬벽온방』「運氣之變成疫」. "夫五運六氣 乃天地陰陽運行升降之常道也 五運流行 有大過不及之異 六氣升降 有逆從勝復之差 凡不合於德化政令者 則爲變眚 皆能病人 故謂之時氣也 (三因)"

7　『신찬벽온방』「四時失節亦爲疫」. "凡時行病者 春應暖而反寒 夏應熱而反涼 秋應涼而反熱 冬應寒而反溫 非其時而有其氣 是以一歲之中病無長幼 大率多相似此 則時行瘟疫之氣 俗謂之天行 是也 (活人)"

8　『신찬벽온방』「疫雜鬼厲」. "疫疾如有鬼厲相似 故曰疫癘 (入門) ○ 又謂鬼厲之氣 夫鬼無所歸 乃爲厲爾 若夫天地有不正之氣 鬼厲依而爲祟 (類聚)"

9　『신찬벽온방』「瘟疫各有所因」. "斯疾之召 或溝渠不泄 穢惡不修 熏蒸而成者 或地多死氣 鬱發而成者"

10　조선 시대 여제에 대해서는 이욱,「조선 시대 국가 祀典과 厲祭」,『宗敎硏究』19(2000); B. 왈라번,「조선 시대 여제의 기능과 의의」,《東洋學》31(2001).

11　『신찬벽온방』「瘟疫各有所因」. "斯疾之召 (중략) 或官吏枉抑 怨讟而成之者 世謂獄溫場溫墓溫廟溫社溫山溫海溫家溫竈溫歲溫天溫地溫等 不可不究 (三因)"

12　『신찬벽온방』「瘟疫形證」. "冬合寒反暖 春發溫疫 其證發熱 腰痛強急 脚縮不伸 胻中欲折 目中生花 或濇濇增寒復熱 ○ 春合暖反涼 夏發燥疫 其證身體戰掉 不能自禁 或內熱口乾舌破 咽塞聲嘶 ○ 夏合熱反寒 秋發寒疫 其證頭重頸直 皮肉強痺 或蘊而結核 起於咽喉頸項之側 ○ 秋合涼反陰雨 冬發濕疫 其證乍寒乍熱 暴嗽嘔逆 或體熱發癍 喘咳引氣 (三因)"

13　『신찬벽온방』「瘟疫治法」. "春發溫疫 宜葛根解肌湯 夏發燥疫 宜調中湯 秋發寒疫 宜蒼朮白虎湯 冬發濕疫 宜甘桔湯 (入門) ○ 春發溫疫 宜加味敗毒散 夏發燥疫 宜大柴胡湯 秋發寒疫 宜五積散 冬發濕疫 宜五苓散 (得效)"

14 『서애선생문집(西厓先生文集)』권17「鍼經要訣序」."近取諸身 百物皆備 自五臟六腑十二經絡三百六十五穴 上與天地陰陽之運 脗合無間 非心通造化之妙 而洞觀三才者 其孰能知之 醫之道其至矣乎 近世中原有醫學入門書 乃深於素難 而折衷諸家者也 (중략) 余自少多病 得此書累年披閱 未嘗不欣然而喜"

15 『신찬벽온방』「瘟疫表證宜汗」."瘟疫初得二三日 頭痛身疼 或寒或熱此邪氣在表 宜汗之 用九味羌活湯·十神湯·聖散子·香蘇散·十味芎蘇散·加味敗毒散·柴胡升麻湯·清熱解肌湯·單方三"

16 『신찬벽온방』「瘟疫半表裏證宜和解」."瘟病四五日 頭身痛 壯熱煩渴舌黃尿赤 或衄血 用清涼之藥 和解之 宜小柴胡湯·蒼朮白虎湯·竹葉石膏湯·清熱解毒散 衄血者 犀角地黃湯合小柴胡湯 主之"

17 『신찬벽온방』「瘟疫裏證宜下」."瘟病六七日 目赤舌黑 發狂譫妄大渴是熱毒入裏極盛 宜用大柴胡湯· 茵蔯丸黑奴丸·九味清心元·三黃石膏湯·單方十"

18 『신찬벽온방』「瘟疫裏證宜下」單方十."人糞汁 主天行瘟疫 大熱狂走取乾者 沸湯漬飲之 或取乾者 盛器中 淨沙覆之 澆井水 取清飲之 治熱病 最佳 一名野人乾水 (本草)"

19 上同."水漬法 天行瘟疫 大熱發狂 不能制伏 青布五六尺疊摺 新水浸之 搭病人心胸上 須臾蒸熱 又浸水搭之 日數十易 自止 (得效)"

20 『촌가구급방』「서문」.

21 『신찬벽온방』「瘟疫禳法」."瘟疫熾發 可於州治六合處 穿地深至三尺闊亦如之 取淨沙三斛實之 以醇酒三升 沃其上 俾使君祝之 斯亦消除疫癘之良術也 (得效)"

22 上同."又方 元梵恢漠四字 朱書佩之 且吞服 ○又方 密以艾灸病人床四角 各一壯 勿令病人知 (類聚)"

23 『의방유취(醫方類聚)』권3 총론3「永類鈐方(永類鈐方)」.

24 『신찬벽온방』「瘟疫辟法」."凡瘟疫初起 取香蘇散 煎一大鍋 每人服一

蓋 可以辟瘟預防 (必用) ○蘇合香元 每取九丸 浸一瓶淸酒中 時時飮之
最辟鬼疫之氣 且絳囊盛三丸 當心帶之 亦妙"

25 『간이벽온방』「疫癘病候」"香蘇散 治四時瘟疫傷寒";"蘇合香元 治鬼
    氣時氣鬼魅 每服四丸溫水"

26 『신찬벽온방』「瘟疫辟法」屠蘇飮."辟疫氣 令人不染瘟病 白朮一兩
    八錢 大黃桔梗川椒桂心各一兩半 虎杖一兩二錢川烏六錢右剉盛絳囊
    十二月晦日日中 沈井中 正月朔日早曉 出藥 入二瓶淸酒中 煎數沸 從
    少至老 東向飮一杯 其滓還沈井中 常飮之 一人飮 一家無疫 一家飮 一
    里無疫 (千金)"

27 『신찬벽온방』「瘟疫辟法」務成子螢火丸."辟瘟疫惡氣百鬼五兵盜賊
    虎狼 雄黃雌黃各二兩 螢火鬼箭羽蒺藜子白礬燒各一兩 羚羊角煆竈灰
    鐵槌柄取入鐵處 各二錢半 右爲末 以鷄子黃幷雄鷄冠血 一具和之 如
    杏仁大 縫三角絳囊盛五丸 帶左臂上 又掛於戶上 (千金)"

28 『신찬벽온방』「瘟疫辟法」."常以鷄鳴時 淨心存誦 四海神名三遍 則辟
    百鬼及瘟疫 甚效 東海神名阿明 南海神名祝融 西海神名巨乘 北海神
    名禺(音雍)强 (類聚)"

29 『신찬벽온방』「瘟疫辟法」務成子螢火丸."昔冠軍將軍劉子南 受得此
    方 後於北界 與虜戰敗被圍 矢下如雨 未至子南馬數尺 矢皆墮地 虜以
    爲神人 解圍而去 故一名冠軍丸 (千金)"

30 『신찬벽온방』「單方十五」五辛, 溫蕪菁汁."五辛 元日食五辛 以辟疫
    氣 一曰葱·二曰蒜·三曰韭·四曰薤·五曰薑 (本草). 溫蕪菁汁 辟瘟疫氣
    立春後初庚子日 取溫蕪菁汁 合家大小人 竝服之 (本草)"

31 『신찬벽온방』「單方十五」菖蒲酒."辟疫氣 五月五日 菖蒲根細切 投淸
    酒中 煮一沸 又入雄黃末少許 日中飮之 (本草)"

32 『신찬벽온방』「單方十五」蒼朮."燒之 辟疫氣 乾牛糞燒之 亦好 (本草)"

33 『신찬벽온방』「單方十五」臘月鼠."辟瘟疫 正旦朝 所居處 埋之 ○又
    燒之 辟疫氣惡氣 (本草)"

34 『신찬벽온방』「單方十五」爆竹."除夜 爆竹庭中 辟疫氣鬼魅 (本草)"

35 『신찬벽온방』「虎頭」."辟疫氣鬼邪 虎頭骨作枕 常枕之 佳 ○昔有人染 疫 垂死 夢見一官人 騶從甚盛 入室而坐 一吏進曰此家有可畏之物 不 可久留 請出 其官人遽起乘馬去 病者窺而視之 架上張一虎皮爾 其病 卽瘥 非但人畏之 鬼亦畏之 (俗說)"

36 『신찬벽온방』「單方十五」雄黃."辟疫氣鬼邪 以一塊繫頭上 又佩之 鬼 邪不敢近 作末和溫水 服一錢 尤佳"

37 上同."劉無名 服雄黃三十餘年 一朝有鬼使至 曰泰山直史 追躡子故 我已三日 無計近子 子之黃光 照灼於頂 追高數尺 得非雄黃之功乎 遂 辭而去 (廣記)"

38 『신찬벽온방』「單方十五」赤馬蹄."辟瘟疫 赤馬蹄屑二兩 絳囊盛 帶男 左女右 (本草)"

39 『신찬벽온방』「單方十五」千金木."붉나모 辟瘟疫氣 取作笠纓子 或作 珠佩之 (俗方)"

40 『신찬벽온방』「單方十五」赤小豆."辟瘟疫 正旦 布裹置井中 三日出之 擧家服 男十枚女二十枚 冬至日 作粥食佳 (俗方)"

41 『산림경제』「辟瘟序」."時氣失和 歲饑瘟疫 間有闔家擧村 轉相傳痛 殊 可危怖 或佩或服 或燒或帖凡可以預防者 可考而行 至於瘟鬼臨在之所 亦宜審察出入 玆錄辟瘟之方 爲第十二"

42 『동국신속삼강행실도(東國新續三綱行實圖)』권5「효자도」."忠佐斷指: 幼學徐忠佐天安郡人 孝子忠弼之弟也 年十二父混丁內艱 忠佐隨父居 廬不食酒肉 母元氏瘟病氣絶 忠佐方染痛 斷指以進 母復甦 享年九十 歲 昭敬大王朝旌門"

43 『동국신속삼강행실도』권8「효자도」."沈氏誠孝: 沈氏朔寧郡人士人 金瑾之妻也 癸甲年飢 養舅姑盡其誠 乞米以供朝夕 舅姑染瘟 侍藥不 解衣 及歿 哀毀過禮 啜粥三年 今上朝旌門"

44 『신찬벽온방』「不傳染法」."凡入瘟疫家 先令開啓門戶 以大鍋盛水二

주　　　　　　　　　　　　　　　　　　　　　　　　　　　　　　　257

斗 置堂中 取蘇合香元二十丸 煎之 其香能散疫氣 病者各飮一器後 醫

者乃入診視 不致相染 (得效) ○凡入疫家 行動從容 左位而入 男子病穢

氣 出於口 女人病穢氣 出於陰戶 其相對坐立之間 必須識其向背 (回春)"

45 上同. "凡瘟家 自生惡氣 聞之卽上泥丸 散入百脈 轉相傳染 若倉卒無

藥 以香油抹鼻端 又以紙撚探鼻嚏之 爲佳 又雄黃末調香油 濃塗鼻竅

中 雖與病人同床 亦不相染 朝夕點之 (得效)"

46 『신찬벽온방』「不傳染法」雄黃丸. "治瘟疫 令不相染 雄黃一兩 赤小豆

炒鬼箭羽丹參各二兩 右爲末 蜜丸 梧子大 每日空心 溫水呑下五丸 可

與病人 同衣床 亦不相傳染 (易老)"

47 『신찬벽온방』「不傳染法」蒸衣法. "家染時疫 取初病人衣服 浣洗令淨

飯甑中蒸之 卽無傳染之患矣 (類聚)"

48 『산림경제』권3「辟瘟」.

49 『신찬벽온방』「禁忌」. "溫熱病 熱退後 百日內 犯房室者死 死時 必吐

舌數寸而死 ○ 飮酒 必再發 食羊肉 尤甚 (仲景) ○ 溫病 勿食蕁 食者多

死 ○天行病後 食葵菜 頓喪明 (本草)"

50 순채는 물가에서 자라는 식물로 조선인들이 사랑하는 채소였다. 『동

문선(東文選)』에 실린 서거정(1420~1488)의 「순채가(蓴菜歌)」에 식감

이 잘 표현되어 있다. "순채는 남국에서 생산된다. (중략) 미끄럽디 미

끄럽고 가늘디 가늘어서 / 실보다 가볍고 타락죽보다 보드랍네 / 나

는 본래 채식이라 / 평생에 담박한 것을 즐기는데/ 나물이 내 식성에

꼭 맞는지라 / 내가 몹시 좋아하노라."

51 『광해군일기』광해군 5年(1613) 10月 25日(己酉). "禮曹啓曰 近來運氣

失序 疾疫爲災 天行斑疹 自秋熾發 閭閻之人 多致不救 此前所稀罕之

証也 或拘於禁忌 或昧於治療 坐視其死 莫敢下手 民生夭扎 誠爲矜惻

請令內局名醫 博考方書 經驗諸方 纂爲一書 印出頒布 答曰 令許浚等

速爲纂出 厲壇更爲祈禳〔自秋冬間有此疫 俗稱唐紅疫 又癘疫間發 自

是無虛歲 東城外僵尸相枕 人以爲殺戮强魂之所致云〕

52   三木榮, 『朝鮮醫學史及疾病史』(자가출판, 1963) 참조.

53   『벽역신방』「唐毒疫」. "臣歷考古今方書無唐毒疫之病名 又無治唐毒疫之方法 蓋罕世之酷疾也 今年自春徂夏疫癘盛行 自夏以後毒疫竝起 人多死亡 蓋癸年屬火運故也 其爲病酷悍暴烈 實異於尋常瘟疫 閭閻苦之號爲唐毒疫 蓋病之惡者謂之唐 如唐瘡唐瘧之類是也"

54   『벽역신방』「火運之歲多熱疾」. "天地間六氣 戊癸之歲火運司天 子午之歲少陰君火司天 寅申之歲少陽相火司天 此等之歲 多有痘癍疹三種相雜而行 蓋瘡瘍者火之屬 皆君相二火之所爲也 (內經)"

55   『벽역신방』「毒疫卽疹也」. "熱毒之疾有三等 一曰痘 其形最大 起脹·回漿·貫膿·作靨 皆有次第 二曰癍 有色痕而無頭粒如蚤咬之痕 日久自消 三曰疹 有頭粒或如粟米 遍滿一身 隨出隨沒 或沒而又出 或頭戴白漿潰而作瘡"

56   『벽역신방』「毒疫卽疹也」. "內經曰火運之歲 大暑流行 民病身熱 膚痛爲浸淫 浸淫者瘡瘍也 又曰皮膚痒痛 屬心實 又曰邪在肺 則病皮膚痛 又曰疹色赤者 又名丹疹 (內經)"

57   후일 정약용은 이 대목을 들어 허준이 당독역을 마진으로 오해했다고 비판했다.

58   『벽역신방』「毒疫專屬心火」. "①內經曰少陰所至爲瘍疹 夫少陰所至者 言君火有餘熱 今大行 戊癸之歲也 在人則心主之 心火太過 則制己所勝而燒爍肺金 蓋肺主皮毛 故紅點如蚤之狀 見於皮膚之間 或遍體生粟 色赤痒痛 已延及於陽明胃也 ②又曰肺主皮膚胃主肌肉 肺胃俱屬金 乃心火勝金 故熱毒發於皮膚肌肉之部分也 (正傳)"

59   『벽역신방』「毒疫形證」. "大抵此疾非傷寒熱病 六經傳變之比 只在手少陰心手大陰肺足陽明胃三經 而專主於心火" 대개 이 병은 상한열병(傷寒熱病)은 아니고 육경(六經)의 전변(傳變)에 비교하면, 단지 수소음심(手少陰心), 수대음폐(手大陰肺), 족양명위(足陽明胃) 삼경(三經)에만 발생하니 모두 심화(心火)가 주관한다.

60   『동의보감』「잡병」온역 피온역예방법(辟瘟疫豫防法)과 『신찬벽온방』
      「온역벽법(瘟疫辟法)」에는 사해신(四海神) 이름을 암송하는 주문이 적
      혀 있다.

61   『신찬벽온방』「火運之歲多疫癘」."五運之中 戊癸屬火 火有君火相火
      君火爲少陰 相火爲少陽 少陰司天 天下疵疫 少陽司天 疫癘大行 丑未
      之歲 少陰加臨 則民病瘟疫盛行遠近咸 若火運之歲 熒惑星名光明 天
      下疫癘 內經";「運氣之變成疫」"夫五運六氣乃天地陰陽運行升降之常
      道也 五運流行有大過不及之異 六氣升降有逆從勝復之差 凡不合於德
      化政令者 則爲變眚 皆能病人 故謂之時氣也(三因)";「疫雜鬼厲」"又謂
      鬼厲之氣 夫鬼無所歸乃爲厲爾 若夫天地有不正之氣 鬼厲依而爲崇楊
      玄操云謂雜其鬼厲之氣 不知何經之動也 亦其義也 (類聚)"

62   『벽역신방』「毒疫治法」."此病當直攻毒熱"

63   『벽역신방』「毒疫治法」."前三日 宜汗之 用十神湯九味羌活湯淸熱解
      毒散 後三日 宜下之 用大柴胡湯涼膈散調胃承氣湯 合黃連解毒湯 ○
      通用防風通聖散荊防敗毒散".

64   『벽역신방』「毒疫治法」."煩渴 則人參白虎湯竹葉石膏湯菉豆粥忍
      冬茶"

65   『벽역신방』「毒疫治法」."熱盛 則月經水調淸心元 九味淸心元入竹瀝
      童便薑湯和用"

66   『벽역신방』「毒疫治法」."熱極 則舌黑狂言 臘雪水人糞汁猪糞汁地龍
      汁飮之"

67   『벽역신방』「毒疫治法」."熱塞心胸不省人事 則新布蘸濕井水搭置心
      胸 熱則換新者 又井中苔多取罨兩乳間如上法"

68   『신찬벽온방』「水漬法」."天行瘟疫大熱發狂不能制伏 靑布五六尺疊摺
      新水浸之 搭病人心胸上 須臾蒸熱 又浸水搭之 日數十易自止 (得效)"

69   『벽역신방』「毒疫鍼法」."咽喉腫塞 氣不得通 則速爲鍼刺出惡血
      最捷"

70 『벽역신방』「毒疫形證」. "始患之證 頭痛身疼惡寒壯熱 頭面身體赤腫 痒痛 遍身痞痛 精神昏憒 煩躁譫語 甚則發躁狂妄 或咽喉腫痛閉塞"

71 『벽역신방』「毒疫形證」. "前三日在表 後三日入裏 其盛衰不過七八日 之間"

72 차성호, 「성홍열」, 『감염학』(대한감염학회, 2007).

73 『벽역신방』「毒疫換形」. "凡人患毒疫之後 頭髮盡脫皮膚之粟 皆乾枯 剝退如換軀殼 皆熱毒之所化也"

74 『벽역신방』「毒疫換形」. "五行之中惟火變物 蓋天地間 含靈之物 經 夏至大暑之節 則莫不去舊生新 變易形色 如禽獸毨羽毛蟲蛇蛻殼之 類是也"

75 『벽역신방』「毒疫善暴死」. "內經曰火鬱之發甚 則悶冒懊憹善暴死 又 曰少陰所至爲暴死 蓋火入於臟故也 臟謂心也 如患此疾 而飲酒犯房者 亦多暴死"

76 『벽역신방』「毒疫形證」. "大抵此疾非傷寒熱病 六經傳變之比 只在手 少陰心手太陰肺足陽明胃三經 而專主於心火 前三日在表 後三日入裏 其盛衰不過七八日之間 或不守禁忌 而以致彌留者亦有之"

77 『신찬벽온방』「禁忌」. "溫熱病熱退後 百日內犯房室者死 死時必吐舌 數寸而死 飲酒必再發"

78 『신찬벽온방』「禁忌」. "食羊肉尤甚 仲景 ○溫病勿食蕈 食者多死 ○天 行病後 食葵菜頓喪明本草"

79 『동의보감』「雜病」小兒. 痘瘡豫防法

80 『벽역신방』「毒疫預防」. "三豆飲常常飲之 十神湯芎芷香蘇散每日一 服 又皂角末搐鼻取嚏爲妙 又石雄黃末和香油 常點鼻中亦妙 又蒼朮牛 糞常燒於庭中可預防"

81 『신찬벽온방』「瘟疫禳法」. "劉根別傳云 瘟疫熾發 可於州治六合處 穿 地深至三尺 闊亦如之 取淨沙三斛實之 以醇酒三升沃其上 俾使君祝之 斯亦消除疫癘之良術也 所謂太歲 (得效)"

82	『신찬벽온방』「瘟疫辟法」. "常以鷄鳴時 淨心存誦四海神名三遍 則辟 百鬼及瘟疫甚效 東海神名阿明 南海神名祝融 西海神名巨乘 北海神名 禺靑雍強 (類聚)"
83	『신찬벽온방』「瘟疫辟法」. "虎頭 辟疫氣鬼邪虎頭骨作枕常枕之佳"
84	『신찬벽온방』「瘟疫辟法」. "爆竹 除夜爆竹庭中 辟疫氣鬼魅 (本草)"
85	『신찬벽온방』「瘟疫辟法」. "塚上土 五月五日取塚上土 盛瓦器中 埋于 門外階下 則合家不患時氣 (本草)"
86	『신찬벽온방』「瘟疫辟法」. "艾人 端午日四民 踏百草採艾以爲人 懸之 戶上 辟瘟疫氣 (本草)"
87	『신찬벽온방』「瘟疫辟法」. "赤馬蹄辟瘟疫 赤馬蹄屑二兩 絳囊盛帶男 左女右 (本草)"
88	『신찬벽온방』「瘟疫辟法」. "千金木붉나모 辟瘟疫氣 取作笠纓子 或作 珠佩之 (俗方)"
89	『신찬벽온방』「瘟疫辟法」. "赤小豆辟瘟疫 正旦布裹置井中 三日出之 擧家服男十枚女二十枚冬至日作粥食佳 (俗方)"
90	『언해두창집요』「발문」.

나가는 글

1   조선 후기에 이르러 향촌의 사족들은 국가를 대신하여 온역 등 재 난 극복의 지식을 직접 수집하고 편찬했다. 조선 후기의 『산림경제』 는 이러한 사례의 전형으로, 여기서 『동의보감』의 정보가 다시금 주 목되었다. 허준이 모아 놓은 의학 지식과 정보는 사족들에게 필수적 인 생활의 지혜가 되었다. 김호, 「五洲 李圭景의 의약론」, 《진단학보》 121(2014); 김호, 「풍석의 의학론: 「인제지」의 '이용후생'을 중심으 로」, 『풍석 서유구 연구(上)』(성균관대출판부, 2014).

연보

1539년(중종 34년)

양천 허씨 허론의 서자로 출생하다.(생모 영광 김씨)

1569년(선조 2년; 30세)

호남 출신 관료 유희춘이 내의원 의원으로 천거하다.

1570년(선조 3년; 31세)

유희춘의 부인인 송덕봉이 복용할 약물을 논의하다.

1571년(선조 4년; 32세)

종4품직 내의원 첨정(內醫院僉正)에 오르다.

1573년(선조 6년; 34세)

정3품직 내의원 정(內醫院正)에 오르다.

1574년(선조 7년; 35세)

유희춘의 아들 유광룡이 복용할 약제를 논의하다.

1575년(선조 8년; 36세)

어의 안광익(安光翼)과 선조를 진료하고, 선조의 고열을 내리기 위해 문을 열어 바람을 쐬게 하다.

1577년(선조 10년; 38세)

내의 양예수, 의녀 선복(善福) 등과 함께 인종의 비인 인성왕후(仁聖王后)를 진찰하다.

1581년(선조 14년; 42세)

『찬도방론맥결집성』을 교정하다.

1587년(선조 20년; 48세)

우계 성혼을 방문하여 송강 정철의 건강 상태를 전하다.

내의원 어의들과 선조를 치료하여 왕의 건강이 회복되다. 양예수·안덕수·이인상 등과 함께 사슴 가죽을 상으로 받다.

1590년(선조 23년; 51세)

후에 광해군이 될 왕세자의 두창을 치료하고, 정3품 당상관(통정대부)의 작위를 받다.

1592년(선조 25년; 53세)

임진왜란으로 선조가 의주로 피난하자, 도성부터 의주까지 왕의 곁을 떠나지 않고 호종하다.

1595년(선조 28년; 56세)

내의원 어의 이공기(李公沂), 의약동참 박춘무 등과 선조를 진료하고
침구 치료를 행하다.

1596년(선조 29년; 57세)

광해군의 병을 치료한 공로로 정2품 정헌대부의 작위를 받다.
선조로부터 『동의보감』의 편찬을 명받다.

1597년(선조 30년; 58세)

선조가 허준에게 의서 500권을 내주면서 『동의보감』 편찬을 마무리
하도록 명하다.

1600년(선조 33년; 61세)

내의원 수의가 되다.

1601년(선조 34년; 63세)

내의원 어의 이공기, 침의 허임(許任) 등과 함께 선조를 진료하다.
『언해구급방』, 『언해두창집요』, 『언해태산집요』를 편찬하다.

1604년(선조 37년; 65세)

임진왜란 때 선조를 의주까지 호종한 공로로 호성공신에 봉해지고,
양평군의 군호를 받다.
선조의 편두통을 치료한 공으로 숙마(熟馬) 1필을 하사받다.

1605년(선조 38년; 66세)

내의원 어의들의 명단과 이력을 정리한 『내의원선생안』을 완성하다.

1606년(선조 39년; 67세) _____

선조의 병세를 회복한 공으로 정1품 작위를 하사받다.

1607년(선조 40년; 68세) _____

『언해구급방』이 간행되다.

10월에 선조가 쓰러져 의식이 돌아오지 않자, 내의원 어의들과 함께
청심원, 소합원 등을 처방하다.

11월부터 내의원 수의(허준)가 선조의 치료 약물을 잘못 썼다는 탄핵
이 이어지다.

1608년(선조 41년; 69세) _____

『언해태산집요』, 『언해두창집요』가 간행되다.

선조의 사망에 수의로서 책임을 지고 의주로 유배되다.

1609년(광해군 원년; 70세) _____

11월 귀양에서 풀려나 『동의보감』 편찬에 전념하다.

1610년(광해군 2년; 71세) _____

『동의보감』 편찬 사업을 완성하다. 광해군이 공로를 인정하여 숙마
1필을 직접 하사하다.

1612년(광해군 4년; 73세) _____

이항복 등과 광해군의 치통을 살피고 침구 치료를 행하다.

1613년(광해군 5년; 74세) _____

『동의보감』 25권 25책이 내의원에서 간행되다.

『신찬벽온방』, 『벽역신방』 등 역병 의서를 연이어 편찬하다.

내의원에서 후학 양성에 전념하다 사망하다.

보국숭록대부(輔國崇祿大夫)에 추증되다.

참고 문헌

1차 자료

『간이벽온방(簡易辟瘟方)』.

『간이집(簡易集)』.

『계곡만필(谿谷漫筆)』.

『계암일록(溪巖日錄)』.

『고운당필기(古芸堂筆記)』.

『광뢰집(廣瀨集)』.

『구급간이방(救急簡易方)』.

『구급양방(救急良方)』.

『구급이해방(救急易解方)』.

『급유방(及幼方)』.

『납약증치방(臘藥症治方)』.

『내의원선생안(內醫院先生案)』.

『다산시문집茶山詩文集』.

『담정유고(藫庭遺藁)』.

『대동야승(大東野乘)』.

『동국신속삼강행실도(東國新續三綱行實圖)』.

『동문선(東文選)』.

『동의보감(東醫寶鑑)』.

『두창경험방(痘瘡經驗方)』.

『율곡전서(栗谷全書)』.

『면암선생문집(勉菴先生文集)』.

『모재선생집(慕齋先生集)』.

『미암선생집(眉巖先生集)』.

『미암일기(眉巖日記)』.

『백주집(白洲集)』.

『백헌집(白軒集)』.

『벽역신방(辟疫神方)』.

『부계기문(涪溪記聞)』.

『분서집(汾西集)』.

『사가집(四佳集)』.

『사의경험방(四醫經驗方)』.

『산당집(山堂集)』.

『산림경제(山林經濟)』.

『서애선생문집(西厓先生文集)』.

『석담일기(石潭日記)』.

『선화봉사고려도경(宣和奉使高麗圖經)』.

『성소부부고(惺所覆瓿藁)』.

『순암선생문집(順菴先生文集)』.

『승정원일기(承政院日記)』.

『신선태을자금단방(神仙太乙紫金丹方)』.

『신찬벽온방(新纂辟瘟方)』.

『약파만록(藥坡漫錄)』.

『약천집(藥泉集)』.

『양곡선생집(陽谷先生集)』.

『어우야담(於于野談)』.

『어우집(於于集)』.

『언해구급방(諺解救急方)』.

『언해두창집요(諺解痘瘡集要)』.

『언해태산집요(諺解胎産集要)』.

『연려실기술(燃藜室記述)』.

『오주연문장전산고(五洲衍文長箋散稿)』.

『우계집(牛溪集)』.

『월사집(月沙集)』.

『의령(醫零)』.

『의림촬요(醫林撮要)』.

『의방유취(醫方類聚)』.

『이향견문록(里鄕見聞錄)』.

『임원경제지(林園經濟志)』.

『존재선생문집(存齋先生文集)』.

『지봉유설(芝峯類說)』.

『찬도방론맥결집성(纂圖方論脈訣集成)』.

『창진방촬요언해(瘡疹方撮要諺解)』.

『청성잡기(靑城雜記)』.

『청장관전서(靑莊館全書)』.

『촌가구급방(村家救急方)』.

『태촌선생문집(泰村先生文集)』.

『퇴계선생문집(退溪先生文集)』.

『포저집(浦渚集)』.

『한객치험(韓客治驗)』.

『한고관외사(寒皐觀外史)』.

『향약집성방(鄕藥集成方)』.

『흠영(欽英)』.

2차 자료

강희안, 이종묵 역해, 『양화소록: 선비, 꽃과 나무를 벗하다』(아카넷, 2012).

국립진주박물관 편, 『임진왜란』(국립진주박물관, 1998).

김남일, 『한의학에 미친 조선의 지식인들: 유의열전(儒醫列傳)』(들녘, 2011).

김동욱, 『(국역)청야담수』(보고사, 2004).

김성수, 「신선태을자금단(神仙太乙紫金丹): 조선의 만병통치약」, 《인문논총》 67
  (2012).

김성수, 「조선 전기 두창 유행과 『창진집』」, 《한국한의학연구원논문집》 16-1
  (2010).

김성수, 「조선 시대 의료체계와 『동의보감』」(경희대학교 박사논문, 2006).

김호, 「18세기 후반 居京 사족의 위생과 의료: 『欽英』을 중심으로」, 《서울학연
  구》 11(1998).

김호, 『허준의 동의보감 연구』(일지사, 2000).

김호, 「조선 왕실의 藥膳 '煎藥' 연구」, 《진단학보》 100(2005).

김호, 『조선의 명의들』(살림, 2007).

김호, 「조선 후기 통신사와 한일 의학교류: 필담록을 중심으로」, 《조선통신사연

구》6(2008).

김호, 「풍석의 의학론: 「인제지」의 '이용후생'을 중심으로」, 『풍석 서유구 연구
(上)』(성균관대출판부, 2014).

김호, 「五洲 李圭景의 醫藥論: 『五洲衍文長箋散稿』를 중심으로」, 《진단학보》
121(2014).

김호, 「1612년 溫疫 발생과 許浚의 『新纂辟溫方』」, 《조선시대사학보》74
(2015).

김호, 『조선왕실의 의료문화』(민속원, 2017).

김호, 「'權道'의 성리학자 김정국, 『警民編』의 역사적 의의」, 《동국사학》
63(2017).

김호, 「17세기 초 예안 사족 김광계의 접빈객과 일상정치」, 『일기를 통해 본 양
반들의 일상세계』(새물결, 2017).

김호, 「16~17세기 조선의 지방 醫局 운영: 경북 영주의 濟民樓를 중심으로」,
《국학연구》37(2018).

김호, 「15세기 초 박흥생의 목민론: 『居官箴戒』를 중심으로」, 《조선시대사학보》
85(2018).

김호, 「16세기 지방의 의서 편찬과 환난상휼의 實踐知」, 《조선시대사학보》
89(2019).

김호, 「시골 양반 역병 분투기: 18세기 구상덕의 『승총명록』을 중심으로」, 《역사
비평》131(2020).

김호, 「조선 시대 제주의 주변성과 의료」, 《한국학연구》59(2020).

김호, 「환난상휼의 실천, 16·17세기 향촌 사족들의 지방 의국 운영」, 《역사와 현
실》127(2023).

김호, 「'향당(鄕黨)의 공공화', 상주 사족의 존애원 설립과 유의 성람」, 《인문논
총》80-2(2023).

단국대학교 동양학연구소, 『신증유합(新增類合)』(단국대학교 출판부, 1992).

미셸 푸코, 이규현 옮김,『말과 사물』(민음사, 2012).

三木榮,『朝鮮醫學史及疾病史』(자가출판, 1963).

박지원, 김혈조 옮김,『열하일기 1』(돌베개, 2009).

서지연,「任彦國의 治腫 의학 연구」(경희대학교 석사논문, 2008).

신동원,「허준의 성홍열 연구: 동아시아 최초의 보고서」,《한국과학사학회지》
　　21-2(1999).

신동원,「臘藥,『언해납약증치방』, 그리고 허준」,《한국의사학회지》13-2(2000).

신동원,『조선사람 허준』(한겨레신문사, 2001).

신동원,『동의보감과 동아시아 의학사』(들녘, 2015).

안대현,「『창진방촬요』의 서지와 언어」,《국어사연구》7(2007).

안대회,『담바고 문화사』(문학동네, 2015).

염정섭,「16세기 후반 경상도 상주의 지역농법: 고상안의『농가월령』을 중심으
　　로」,《농업사연구》2-1(2003).

이경록,「조선 중종 19~20년의 전염병 창궐과 그 대응」,《중앙사론》39(2014).

이경록,『조선 전기의 의료제도와 의술』(역사공간, 2020).

이두순,『우해이어보와 다른 어보들』(한국농촌경제연구원, 2017).

이욱,「조선 시대 국가 祀典과 厲祭」,《종교연구》19(2000).

장윤수,『송당 박영, 문무겸비의 도학자』(예문서원, 2017).

정경주 옮김,『국역 왜인구청등록 2』(부산광역시사편찬위원회, 2005).

차성호,「성홍열」,『감염학』(대한감염학회, 2007).

하영휘 외,『간찰 속의 조선 시대(경남대학교 데라우치문고)』(국외소재문화재재
　　단, 2014).

한국정신문화연구원 어문연구실 편,『한국구비문학대계』(한국정신문화연구원,
　　1983).

홍한주, 김윤조 외 옮김,『지수염필』(소명출판사, 2013).

찾아보기

276

허준 평전

1판 1쇄 찍음	2024년 1월 19일
1판 1쇄 펴냄	2024년 1월 26일
지은이	김호
발행인	박근섭·박상준
펴낸곳	(주)민음사
출판등록	1966. 5. 19. 제16-490호
주소	서울특별시 강남구 도산대로1길 62(신사동)
	강남출판문화센터 5층
	(우편번호 06027)
대표전화	02-515-2000 | 팩시밀리 02-515-2007
홈페이지	www.minumsa.com

* 잘못 만들어진 책은 구입처에서 교환해 드립니다.